Bootstrap 4 ファーストガイド

CSS設計の手間を大幅に削減！

相澤裕介●著

本書で取り上げられているシステム名／製品名は、一般に開発メーカーの登録商標／商品名です。本書では、™および®マークを明記していませんが、本書に掲載されている団体／商品に対して、その商標権を侵害する意図は一切ありません。

はじめに

　一昔前は、「Webはパソコンで閲覧するもの」と考えられていました。しかし、スマートフォンやタブレットが普及した現在では、「パソコンでもモバイル端末でも見やすいWebサイトを制作するのが当然」と考えられています。
　このような背景から、1つのWebサイトをあらゆる端末に対応させる**レスポンシブWebデザイン**が注目を集めています。ただし、レスポンシブWebデザインの構築は一朝一夕に習得できるものではありません。メディアクエリーの使い方を知っていても"それなりの経験"が必要になります。このような場合にぜひ活用したいのが、本書で解説するBootstrapです。

　Bootstrapは**CSSフレームワーク**と呼ばれるツールの一つで、自分でCSSを記述しなくても、見た目に優れたWebサイトを制作できるのが特長です。また、レスポンシブWebデザインに対応しているため、簡単な記述で「パソコン」と「モバイル」の両方に対応するWebサイトを制作できます。ボタンやナビゲーションなどのパーツを「スマートフォン向け」のデザインに仕上げることも簡単です。そのほか、ドロップダウンやカルーセルなど、Webサイトでよく見かける機能を手軽に実現できるJavaScriptも用意されています。

　本書を手にした皆さんは、「Webサイトのレスポンシブ化を考えている」という方もいれば、「Webサイトを効率よくデザインしたい」と考えている方もいるでしょう。Bootstrapは両者の期待に応えてくれるツールです。もちろん、Bootstrapの全機能を完璧にマスターする必要はありません。便利で使いやすい部分だけを拝借しても何ら問題はありません。この機会に、Web制作の「新しいカタチ」として、Bootstrapの導入を検討してみてください。
　Bootstrapを使用するにあたって、特別な環境は何も必要ありません。BootstrapはCSSとJavaScriptで構成されているため、誰でも、どんなWebサーバーでも使用できます。もちろん、無償で使用することが可能です。

　本書は**Bootstrap 4.1.0**の使い方を解説した書籍です。旧バージョンのBootstrapを使ったことがある方は、「Bootstrap 4もすぐに使いこなせるだろう」と考えるかもしれません。確かに、全くの初心者よりは短期間で概要を把握できると思います。しかし、Bootstrapに慣れているが故にトラブルに陥ってしまう可能性もあります。
　Bootstrap 4は、前バージョンから大幅に仕様が変更されています。特に、「ブレイクポイントの新設」と「フレックスボックス（`display:flex`）の採用」が、各クラスの動作（書式指定）に大きな影響を与えています。
　過去の経験は「武器」にもなりますし、「トラブルの原因」にもなります。そこで、Bootstrap 3ユーザーに向けて、**Bootstrap 3からの変更点**も紹介しています。初心者の方だけでなく、経験のある方が「Bootstrap 4で変更された部分」を確認する際にも、本書が役に立つと思います。

本書は「HTMLとCSSの基本」を理解している方を対象に執筆された書籍です。HTMLやCSSの記述方法をよく知らない方は、先にHTMLとCSSを勉強してから本書を読み進めるようにしてください。

　Bootstrapを使うと、CSSを記述しなくてもWebサイトを制作できるようになります。しかし、微調整やカスタマイズを行う際に、CSSの知識や役に立つのも事実です。主要なプロパティだけでも構いませんので、CSSで書式を指定する方法を学んでおいてください。JavaScriptに関する知識は「あった方がよい」という程度で必須ではありません。JavaScriptをほとんど知らなくても、Bootstrapを問題なく使用できます。

　なお、本書では、サンプルHTMLの記述を可能な限り簡素化し、理解しやすい形で示すために、alt属性やrole属性、aria-*属性（WAI-ARIA）などの記述を省略しています。本来はこれらの属性も記述しておくのが基本ですが、Bootstrapの動作説明には直接関係しないため、あえて記述を省略しています。実際にWebサイトを制作する際は、状況に応じて属性の記述を追加するようにしてください。

　CSSフレームワークの概要を知り、Bootstrap 4を使ったWebサイトの制作方法を習得する。その一助として、本書を活用していただければ幸いです。

2018年4月　相澤 裕介

◆ サンプルファイルのダウンロード

　本書で紹介したサンプルは、以下のURLにアクセスすると参照できます。

　　http://cutt.jp/books/bs4_432/

　また、ブラウザに以下のURLを入力して、サンプルのHTMLファイルをダウンロードすることも可能です。学習を進める際の参考として活用してください。

　　http://cutt.jp/books/bs4_432/sample410.zip

目次

第1章　Bootstrap 4の特長と導入　　1

1.1　Bootstrapの特長　　2
- 1.1.1　CSSフレームワークとは？ ……… 2
- 1.1.2　Bootstrapの特長 ……… 4
- 1.1.3　Bootstrap 4がサポートするブラウザ ……… 9

1.2　Bootstrap 4の導入　　10
- 1.2.1　CDNサーバーを利用したBootstrap 4の読み込み ……… 10
- 1.2.2　Bootstrap 4のダウンロード ……… 13
- 1.2.3　jQueryとpopper.jsのダウンロード ……… 16
- 1.2.4　Webサーバーに配置するファイルとHTMLの記述 ……… 20

1.3　Bootstrapとクラス　　22
- 1.3.1　Bootstrapの基本的な利用方法 ……… 22
- 1.3.2　クラスとCSS ……… 24

1.4　Bootstrap導入後の変化　　26
- 1.4.1　要素に対して指定されるCSS ……… 26

第2章　グリッドシステムを利用したページレイアウト　　29

2.1　グリッドシステム　　30
- 2.1.1　領域を等分割するブロック配置 ……… 30
- 2.1.2　列数を指定したブロック配置 ……… 33
- 2.1.3　コンテナの適用 ……… 38
- 2.1.4　containerとcontainer-fluidの違い ……… 44
- 2.1.5　グリッドシステムの入れ子（ネスト） ……… 49
- 2.1.6　行内のブロック配置の指定 ……… 51

2.1.7	ブロック間隔の指定	56
2.1.8	ブロックを並べる順番の指定	59
2.1.9	ブロック幅に合わせて画像を表示	61

2.2 画面サイズに応じたレイアウト　　70

2.2.1	レスポンシブWebデザイン	70
2.2.2	画面サイズに応じて列幅を変更	72
2.2.3	列幅を指定するクラスを複数適用した場合	77
2.2.4	ブロック間隔と並び順の調整	82
2.2.5	画面サイズに応じて要素を表示／非表示	86
2.2.6	ブロックを縦に並べたときの間隔調整	90

2.3 印刷レイアウト　　95

2.3.1	グリッドシステムの印刷	95
2.3.2	印刷時に要素を非表示	99

第3章　コンテンツの書式指定　　103

3.1 文字と見出しの書式　　104

3.1.1	行揃え	104
3.1.2	文字の太さと斜体の指定	107
3.1.3	文字色と背景色	108
3.1.4	見出しとして表示	110
3.1.5	ジャンボトロン	112

3.2 リストの書式　　115

3.2.1	マーカーの削除	115
3.2.2	リストを横に並べて配置	117
3.2.3	定義リストの表示	118
3.2.4	横配置の定義リスト	119

3.3 画像の書式　　121

3.3.1	画像を幅100%で表示	121
3.3.2	画像のサムネール表示	122
3.3.3	画像の形状	124

3.4 ブロックレベル要素の書式　　126

3.4.1	ブロックレベル要素の幅と高さ	126
3.4.2	背景色と枠線	129

3.4.3	余白の指定	133
3.4.4	フロート（回り込み）	134

3.5 フレックスボックスの活用　　136

3.5.1	フレックスボックスの基本	136
3.5.2	アイテムの配置	138
3.5.3	上下方向の位置揃え	141
3.5.4	アイテムの折り返し	144
3.5.5	レスポンシブ対応	148

3.6 テーブルの書式　　153

3.6.1	テーブルの表示	153
3.6.2	見出しの強調	155
3.6.3	データ行を縞模様で表示	157
3.6.4	表の枠線の書式	159
3.6.5	マウスオーバーと行の強調	160
3.6.6	テーブルをコンパクトに表示	163
3.6.7	横スクロール可能なテーブル	164

3.7 カード　　167

3.7.1	カードの基本	167
3.7.2	画像を配置したカード	171
3.7.3	カードのヘッダーとフッター	175
3.7.4	カードの色	176
3.7.5	カードグループ	178
3.7.6	カードデッキ	180
3.7.7	カードカラム	182

3.8 メディアオブジェクト　　184

3.8.1	メディアオブジェクトの作成	184
3.8.2	メディアリストの作成	187
3.8.3	メディアオブジェクトの階層化	188

3.9 フォームの書式　　190

3.9.1	フォームの基本	190
3.9.2	サイズの指定	192
3.9.3	インライン フォーム	193
3.9.4	グリッドシステムを使ったフォームの配置	195
3.9.5	テキストボックスに関連する書式	198
3.9.6	チェックボックスとラジオボタン	200
3.9.7	プルダウンメニューとセレクトボックス	203

第4章 ナビゲーションの作成　205

4.1 ボタンの書式　206
- 4.1.1 ボタンの書式と色指定　206
- 4.1.2 ボタンのサイズ　209
- 4.1.3 ボタンの状況表示　211
- 4.1.4 ボタングループ　212
- 4.1.5 ボタンツールバー　215

4.2 ナビゲーションの作成　217
- 4.2.1 ナビゲーションの基本構成　217
- 4.2.2 タブ形式のナビゲーション　219
- 4.2.3 ピル形式のナビゲーション　221
- 4.2.4 ナビゲーションを幅100%で配置　222
- 4.2.5 ナビゲーションのレスポンシブ対応　223

4.3 ナビゲーションバーの作成　227
- 4.3.1 ナビゲーションバーの基本構成　227
- 4.3.2 ナビゲーションリストの追加　230
- 4.3.3 ナビゲーションバーを画面に固定　232
- 4.3.4 フォームを配置したナビゲーション　235
- 4.3.5 レスポンシブ対応のナビゲーションバー　236
- 4.3.6 ドロップダウンの活用　241

4.4 パンくずリストの作成　243
- 4.4.1 パンくずリストの作成　243

4.5 ページネーション　245
- 4.5.1 ページネーションの作成　245
- 4.5.2 ページネーションのサイズ　247

4.6 リストグループの作成　249
- 4.6.1 リストグループの作成　249
- 4.6.2 横線で区切ったリストグループ　252
- 4.6.3 リストグループの色　253
- 4.6.4 見出しと本文で構成されるリストグループ　254
- 4.6.5 リストグループのレスポンシブ化　255
- 4.6.6 リストグループを使った表示切り替え　257

4.7 バッジの活用　　260

 4.7.1　バッジの作成 ……… 260
 4.7.2　ピル形式のバッジ ……… 262
 4.7.3　リストグループ内にバッジを配置 ……… 263

第5章　JavaScriptを利用したコンテンツ　　265

5.1 ドロップダウン　　266

 5.1.1　ドロップダウン ボタンの作成 ……… 266
 5.1.2　ボタンとキャレットの独立 ……… 269
 5.1.3　サブメニューを表示する方向の指定 ……… 270
 5.1.4　サブメニュー表示のカスタマイズ ……… 273
 5.1.5　汎用的なドロップダウン ……… 275

5.2 モーダルダイアログ　　277

 5.2.1　モーダルダイアログの作成 ……… 277
 5.2.2　モーダルダイアログの応用例 ……… 280
 5.2.3　モーダルダイアログのサイズ ……… 281

5.3 アラート　　284

 5.3.1　アラートの作成 ……… 284
 5.3.2　アラートを閉じる ……… 285
 5.3.3　アラート内の見出しとリンク ……… 286

5.4 カルーセル　　287

 5.4.1　カルーセルの作成 ……… 287
 5.4.2　リンクの設置 ……… 292
 5.4.3　カルーセル内に文字を配置 ……… 293

5.5 タブ切り替え　　295

 5.5.1　タブ切り替えの作成 ……… 295

5.6 アコーディオン　　299

 5.6.1　アコーディオンの基本 ……… 299
 5.6.2　カードを活用したアコーディオン ……… 300

5.7 ツールチップとポップオーバー　303

- 5.7.1 ツールチップの表示　303
- 5.7.2 ポップオーバーの表示　305

第6章　Bootstrapのカスタマイズ　309

6.1 テーマとテンプレート　310

- 6.1.1 公式サイトに用意されているテーマ　310
- 6.1.2 テーマやテンプレートの検索　312
- 6.1.3 テーマやテンプレートを利用するときの注意点　314
- 6.1.4 テーマの使い方　315

6.2 カスタマイズサイトの活用　316

- 6.2.1 Bootstrap Magic 4.0を使ったカスタマイズ　316
- 6.2.2 Free Bootstrap Theme Builderを使ったカスタマイズ　323

6.3 Sassを使ったカスタマイズ　324

- 6.3.1 Sassとは？　324
- 6.3.2 Sassファイルのダウンロード　325
- 6.3.3 SassをCSSに変換する　327

付録　Bootstrap簡易リファレンス　329

- A.1 HTMLの雛形　330
- A.2 グリッドシステムとレスポンシブWebデザイン　331
- A.3 コンテンツの書式指定　335
- A.4 ナビゲーションの書式指定　349
- A.5 JavaScriptを利用したコンテンツ　356

索引　366

Bootstrap 4の特長と導入

Bootstrapは、Webサイトを効率よく制作するためのツールの一つとなります。本書の第1章では、Bootstrapの特長と導入方法について解説します。

1.1 Bootstrapの特長

Bootstrapは、Web制作時の書式指定を簡略化してくれるCSSフレームワークです。また、1つのWebサイトをPCとモバイルの両方に対応させる「レスポンシブWebデザイン」を実現するツールとしてBootstrapが利用される場合もあります。

1.1.1 CSSフレームワークとは？

　Bootstrapは最も広く利用されている**CSSフレームワーク**であり、Web制作を補助してくれるツールの一つとなります。CSSフレームワークは「CSSの書式指定を集めたライブラリ集」のような存在で、自分でCSSを記述しなくても見た目に優れたWebサイトを制作できるのが特長です。

　通常、Webサイトを制作するときは、ページの内容をHTMLで記述し、そのレイアウトやデザインをCSSで指定していく、というのが一般的な手順になります。では、HTMLとCSSについて学習すれば「誰でも見た目のよいWebサイトを制作できる」といえるでしょうか？　その答えは必ずしもYesではありません。Webサイトをデザインしようと自分でCSSを記述してみたものの、「なんか上手くまとまらない……」という経験をした方も少なくないと思われます。

　CSSフレームワークを使うと、**自分でCSSを記述しなくても、見た目のよい、まとまりのあるWebサイト**を制作できるようになります。個々のパーツデザインをカスタマイズすることも可能で、決まり一辺倒ではないユニークなデザインに仕上げることも可能です。要するに、少しくらいデザインが苦手な方でも、見た目に優れたWebサイトを制作できるのがCSSフレームワークの魅力です。

　また、スマートフォンやタブレットが普及した現在では、小さい画面でも見やすいWebサイトの構築が求められています。そこで、画面サイズに応じてレイアウトを変化させる**レスポンシブWebデザイン**が注目されています。ただし、レスポンシブWebデザインを実現するには「それなりの知識と経験」が必要になります。このような場合に、レスポンシブWebデザインを手軽に実現するためのツールとしてBootstrapが活用されるケースもあります。

　Bootstrapの公式サイト（http://getbootstrap.com/）を見ると、各パーツを組み合わせて作成した「ページ構成のサンプル」を参照できます。これらのHTMLを参考にしながら、実際にWebサイトを制作していくことも可能です。

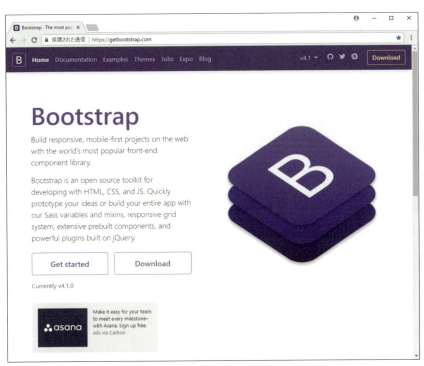

図1.1.1-1　Bootstrapの公式サイト（http://getbootstrap.com/）

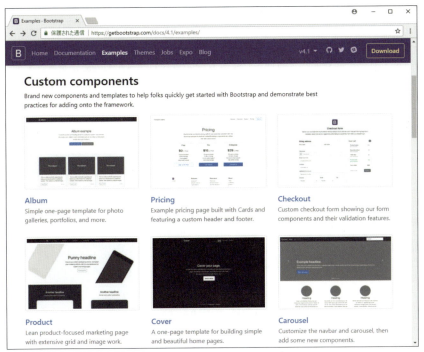

図1.1.1-2　Bootstrapの公式サイトに用意されているサンプル
（https://getbootstrap.com/docs/4.1/examples/）

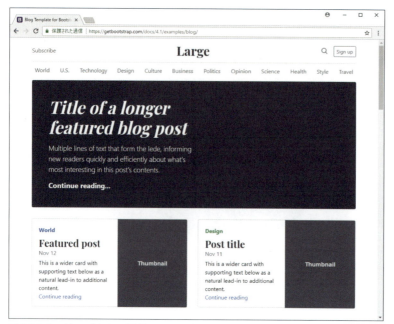

図1.1.1-3　サンプルの一例（https://getbootstrap.com/docs/4.1/examples/blog/）

▼ Bootstrap 3 からの変更点

― **ver.3とver.4の互換性は極めて低い** ―

　Bootstrap 4は、旧バージョンとなるBootstrap 3をバージョンアップしたものですが、ver.3とver.4の互換性は極めて低いと考えるのが基本です。Bootstrap 4は、Bootstrap 3の上位互換ではありません。特に注意すべき点は、グリッドシステムの仕様が大幅に変更されていることです。このため、Bootstrap 3で制作したWebサイトにBootstrap 4を導入すると（CSSファイルを置き換えると）、たいていの場合、レイアウトが大きく乱れてしまいます。同じBootstrapでも「使い方が異なるツール」と認識しておく必要があります。

1.1.2　Bootstrapの特長

　続いては、Bootstrapの特長をもう少し具体的に紹介していきます。以降に、Bootstrapの代表的な特長を挙げておくので、「Bootstrapがなぜ多くの支持を集めているのか？」を理解するときの参考にしてください。

(1) グリッドシステム

　Webサイトは、各コンテンツの配置を工夫することでページ全体をデザインしていきます。この際に必須となるのがfloatやフレックスボックスなどの利用です。CSSの記述に慣れている方にとってはそれほど難しいテクニックではありませんが、複雑なレイアウト構成にすると、それだけCSSやHTMLの記述も複雑になってしまいます。

　これらの問題を解決するために、Bootstrapでは**各領域を12分割した列（カラム）で構成するグリッドシステム**が採用されています。このため、各コンテンツが「何列分の幅を使用するか？」を指定するだけで、ページ全体のレイアウトを自由に組み立てられます。

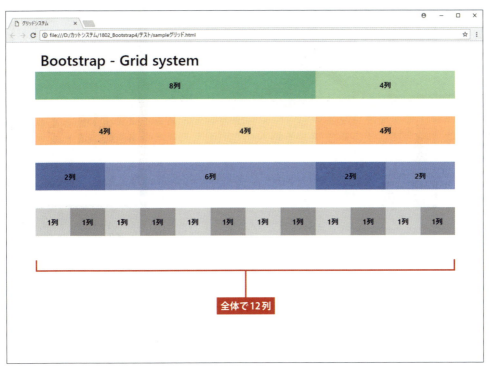

図1.1.2-1　グリッドシステムのイメージ

(2) レスポンシブWebデザイン

　昨今のスマートフォンの普及率を考えると、画面の小さい端末でも快適に閲覧できるWebサイトの構築が不可欠といえます。「PC用」と「スマホ用」のWebサイトを別々に用意する方法もありますが、この場合は2つのWebサイトを制作・管理する必要があり、それだけ手間が増えてしまいます。そこで、1つのWebサイトで様々な画面サイズに対応できる**レスポンシブWebデザイン**が注目を集めています。

　たとえば、画面の大きいパソコンではページ全体を2分割した構成で表示し、画面の小さいスマートフォンではページ全体を1列に整形しなおして表示する。このような仕組みを単一のHTML & CSSで実現するのがレスポンシブWebデザインです。

Bootstrapはレスポンシブ Web デザインにも対応しているため、画面サイズに応じてレイアウトが変化する Web サイトを手軽に構築できます。表示するコンテンツを「パソコン」と「モバイル」で切り替えたり、小さい画面のときはメニューをボタン表示にしたりするなど、状況に応じてレイアウトが変化する Web サイトを手軽に構築できます。

■パソコンで閲覧した場合　　　　　　　　　　　　　　　■スマートフォンで閲覧した場合

図 1.1.2-2　レスポンシブ Web デザインの例

（3）各パーツのデザイン

　Bootstrap には、ボタンなどを手軽にデザインできる CSS が用意されています。スマートフォン向けの Web サイトでよく見かける**ボタングループ**を作成することも可能です。画面の小さいスマートフォンでも快適な操作性を実現するには、これまで以上にインターフェースに気を配らなければいけません。「見た目」と「操作性」の両方を兼ね備えた Web サイトを構築するという点においても、Bootstrap が便利に活用できると思います。

　もちろん、見出しや表、フォームなどのデザインを簡単に指定できる機能も用意されています。これらも Web を効率よく制作するための重要なポイントになるはずです。

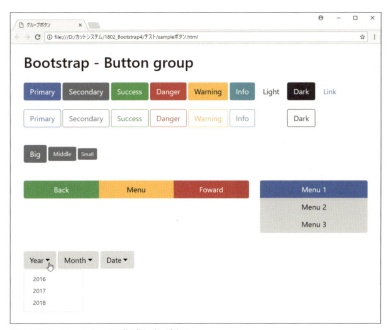

図1.1.2-3　Bootstrapで作成したボタン

（4）JavaScriptコンポーネント

　BootstrapにはJavaScriptライブラリも用意されています。これを利用すると、ドロップダウンメニューやカルーセルのように動きのあるコンポーネントを簡単に作成できます。Webでよく見かけるコンポーネントを手軽に利用できるのも、Bootstrapを導入する利点の一つといえます。

図1.1.2-4　ナビゲーションバーとドロップダウンメニュー

図1.1.2-5　カルーセル

（5）カスタマイズ性

　Bootstrapを利用すると、自分でデザインを考えなくても、見た目のよいWebサイトを制作できます。その反面、他のBootstrapサイトと似たようなデザインになってしまうことを嫌う方もいるでしょう。このような場合は、自作のCSSを追加することで、オリジナルなデザインに仕上げていくことができます。

　また、Bootstrapそのものをカスタマイズすることも可能です。BootstrapはSassで開発されており、CSSの基となるSassファイルも配布されています。これを変更することでBootstrapのデザインや仕様を自由にカスタマイズできます。ただし、そのためにはSassの使い方を習得しておく必要があります。少しだけ上級者向けの内容になりますが、この機会にSassの使い方も学習しておくとWeb制作の幅が広がります。Sassは特に難しい言語ではないので、CSSと簡単なプログラミング知識があれば、すぐに使い方を習得できると思います。

　Sassについて詳しく勉強したい方は、「Sassファーストガイド」という書籍を参照してみるとよいでしょう。2015年に発刊された少し古い書籍になりますが、Sassの基本的な使い方を学ぶ際に役立つと思われます。

図1.1.2-6　Sassファーストガイド（ISBN　978-4-87783-386-2）

1.1.3 Bootstrap 4がサポートするブラウザ

続いては、Bootstrap 4がサポートするブラウザについて紹介しておきます。公式サイトによると、Bootstrap 4が正しく動作するブラウザは以下のように示されています。

Mobile devices

Generally speaking, Bootstrap supports the latest versions of each major platform's default browsers. Note that proxy browsers (such as Opera Mini, Opera Mobile's Turbo mode, UC Browser Mini, Amazon Silk) are not supported.

	Chrome	Firefox	Safari	Android Browser & WebView	Microsoft Edge
Android	Supported	Supported	N/A	Android v5.0+ supported	Supported
iOS	Supported	Supported	Supported	N/A	Supported
Windows 10 Mobile	N/A	N/A	N/A	N/A	Supported

Desktop browsers

Similarly, the latest versions of most desktop browsers are supported.

	Chrome	Firefox	Internet Explorer	Microsoft Edge	Opera	Safari
Mac	Supported	Supported	N/A	N/A	Supported	Supported
Windows	Supported	Supported	Supported, IE10+	Supported	Supported	Not supported

For Firefox, in addition to the latest normal stable release, we also support the latest Extended Support Release (ESR) version of Firefox.

図1.1.3-1 Bootstrap 4がサポートするブラウザ
（https://getbootstrap.com/docs/4.1/getting-started/browsers-devices/）

主要なブラウザには対応していますが、Internet Explorerが「IE10以上のみ対応」となることに注意してください。IE8やIE9にも対応するWebサイトを制作するには、旧バージョンであるBootstrap 3を利用しなければいけません。

1.2 Bootstrap 4の導入

続いては、Bootstrap 4の導入手順を解説します。Bootstrap 4は「CSSファイル」と「JavaScriptファイル」で構成されているため、各ファイルをHTMLから読み込むだけで、すぐに利用することが可能です。

1.2.1 CDNサーバーを利用したBootstrap 4の読み込み

Bootstrap 4（v4.1.0）を利用するに際に必要となるファイルは以下の4つです。

- **bootstrap.min.css** ……………………（Bootstrap 4本体）
- **jquery-3.3.1.slim.min.js** ……………（スリムビルド版のjQuery）
- **popper.min.js** …………………………（popper.js）
- **bootstrap.min.js** ………………………（Bootstrap 4のJavaScript）

※ファイル名にある「.min」の文字は圧縮版であることを示しています。

これらのファイルは**CDNサーバー**でも配布されているため、HTMLファイルから読み込むだけで利用できます。以下に、Bootstrap 4.1.0を利用するときの**HTMLの雛形**を掲載しておくので、これを参考にHTMLを記述してください。

sample121-01.html

```html
 1  <!doctype html>
 2  <html lang="ja">
 3  
 4  <head>
 5    <meta charset="utf-8">
 6    <meta name="viewport" content="width=device-width, initial-scale=1, shrink-to-fit=no">
 7    <link rel="stylesheet"
 8          href="https://stackpath.bootstrapcdn.com/bootstrap/4.1.0/css/bootstrap.min.css"
 9          integrity="sha384-9gVQ4dYFwwWSjIDZnLEWnxCjeSWFphJiwGPXr1jddIhOegiu1FwO5qRGvFXOdJZ4"
10          crossorigin="anonymous">
11    <title>●ページタイトル●</title>
12  </head>
13
```

```
14  <body>
15
16    <!-- ここにページ内容を記述 -->
17
18    <script src="https://code.jquery.com/jquery-3.3.1.slim.min.js"
19            integrity="sha384-q8i/X+965DzO0rT7abK41JStQIAqVgRVzpbzo5smXKp4YfRvH+8abtTE1Pi6jizo"
20            crossorigin="anonymous"></script>
21    <script src="https://cdnjs.cloudflare.com/ajax/libs/popper.js/1.14.0/umd/popper.min.js"
22            integrity="sha384-cs/chFZiN24E4KMATLdqdvsezGxaGsi4hLGOzlXwp5UZB1LY//20VyM2taTB4QvJ"
23            crossorigin="anonymous"></script>
24    <script src="https://stackpath.bootstrapcdn.com/bootstrap/4.1.0/js/bootstrap.min.js"
25            integrity="sha384-uefMccjFJAIv6A+rW+L4AHf99KvxDjWSu1z9VI8SKNVmz4sk7buKt/6v9KI65qnm"
26            crossorigin="anonymous"></script>
27  </body>
28
29  </html>
```

　各行の記述について簡単に補足しておきましょう。1行目はHTML5に準拠することを示す宣言文です。2行目のhtml要素では、言語に**"ja"**（日本語）を指定しています。

　4〜12行目はhead要素の記述です。5行目にあるmeta要素で文字コードを指定しています。Webの世界では文字コードに**UTF-8**を使用するのが一般的です。よって、特に理由がない限り、文字コードにはUTF-8を指定するようにしてください。

　6行目の**meta要素**はモバイル端末向けの指定（**viewport**）です。表示領域の幅やズーム倍率などを指定しています。Bootstrap 4を利用するときは、**width=device-width**（端末画面の幅に合わせる）、**initial-scale=1**（ズーム倍率1）、**shrink-to-fit=no**（縮小表示しない、iOS9用の対策）を指定するのが基本です。

　7〜10行目にある**link要素**は、Bootstrap 4の本体となる**bootstrap.min.css**を読み込むための記述です。このファイルはCDNサーバーで配布されているため、**href属性**に前ページに示したURLを記述するだけで読み込むことができます。
　link要素内にある**integrity属性**は、「CDNサーバーから読み込むファイルが正式なものであるか？」を確認するためのハッシュ値となります。万が一、悪意のある攻撃によりCDNサーバーの内容が書き換えられてしまった場合に、integrity属性を追加しておくと、不正なファイルの読み込みを回避できるようになります。必須ではありませんが、セキュリティ対策の一環として記述しておくことをお勧めします。なお、ハッシュ値は無意味な英数字の羅列になるため、入力ミスを犯す危険性が極めて高いと考えられます。よって、Bootstrapの公式サイトからコピー＆ペーストして入力するのが確実です。

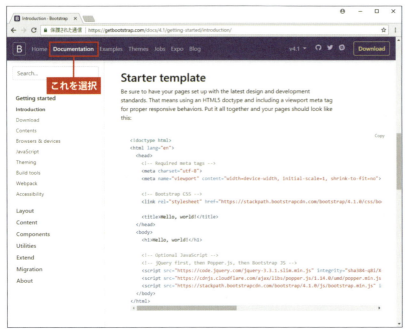

図1.2.1-1　公式サイトに用意されているHTMLの雛形－CDNを利用する場合
（https://getbootstrap.com/docs/4.1/getting-started/introduction/）

　続いて、Bootstrap 4で使用するJavaScriptファイルを読み込みます。これらのファイルは、Webページの表示を高速化するために**body要素の末尾**で読み込むのが一般的です。

```
18  <script src="https://code.jquery.com/jquery-3.3.1.slim.min.js"
19          integrity="sha384-q8i/X+965Dz0vrT7abK41JStQIAqVgRVzpbzo5smXKp4YfRvH+8abtTE1Pi6jizo"
20          crossorigin="anonymous"></script>
21  <script src="https://cdnjs.cloudflare.com/ajax/libs/popper.js/1.14.0/umd/popper.min.js"
22          integrity="sha384-cs/chFZiN24E4KMATLdqdvsezGxaGsi4hLGOzlXwp5UZB1LY//20VyM2taTB4QvJ"
23          crossorigin="anonymous"></script>
24  <script src="https://stackpath.bootstrapcdn.com/bootstrap/4.1.0/js/bootstrap.min.js"
25          integrity="sha384-uefMccjFJAIv6A+rW+L4AHf99KvxDjWSu1z9VI8SKNVmz4sk7buKt/6v9KI65qnm"
26          crossorigin="anonymous"></script>
27  </body>
```

　18～20行目はjQueryの読み込み、21～23行目はpopper.jsの読み込み、24～26行目はBootstrap 4で使用するJavaScriptの読み込みです。いずれもハッシュ値の入力が面倒になるので、図1.2.1-1に示したWebページからコピー＆ペーストするようにしてください。

　なお、Bootstrap 4に用意されているJavaScript機能を利用しない場合は、18～26行目の記述を省略しても構いません。この部分の記述の有無は、各自が利用する機能に応じて判断するようにしてください。

以上で、Bootstrap 4を利用するための準備は完了です。制作するWebサイトに合わせて`<head>`～`</head>`を補完し、`<body>`～`</body>`にページ内容を記述していくと、Webページが完成します。

▼Bootstrap 3からの変更点

─ ポップアップ表示にpopper.jsを使用 ─

　Bootstrap 4では、コメントなどのポップアップ表示にpopper.jsを使用するようになりました。このため、popper.jsを読み込んでおく必要があります。それぞれのJavaScriptファイルを読み込む順番は、「jQuery」→「popper.js」→「bootstrap.js」となります。読み込む順番を間違えると、JavaScriptが正しく動作しなくなることに注意してください。

1.2.2　Bootstrap 4のダウンロード

　各種ファイルをCDNサーバーから読み込むのではなく、自分のWebサーバーに設置することも可能です。この場合は、各ファイルを公式サイトからダウンロードして利用します。続いては、Bootstrap 4をダウンロードして利用するときの手順を紹介します。

① Bootstrapの公式サイト（https://getbootstrap.com/）にアクセスし、［Download］ボタンをクリックします。

図1.2.2-1　Bootstrapの公式サイト（https://getbootstrap.com/）

② 画面を少し下へスクロールし、「Compiled CSS and JS」の項目にある［Download］ボタンをクリックします。

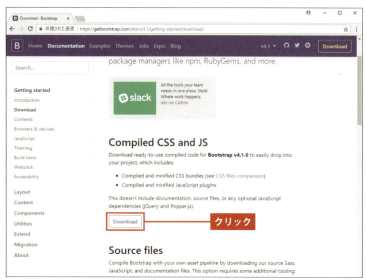

図1.2.2-2　Bootstrap 4のダウンロード

③ ダウンロードしたファイル（zip圧縮）を解凍すると、「css」と「js」の2つのフォルダーが表示されます。

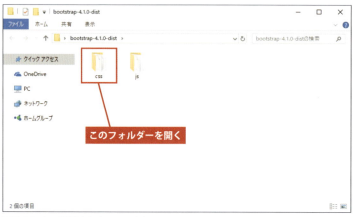

図1.2.2-3　解凍されたファイル

④「css」フォルダーを開くと、以下のようなファイルが表示されます。Bootstrap 4を利用するときは、この中にある「bootstrap.min.css」をHTMLファイルから読み込みます。

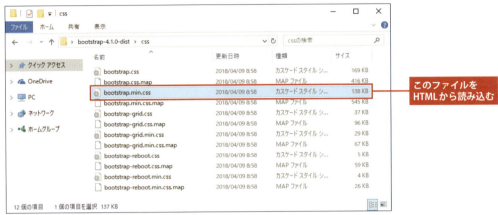

図1.2.2-4　Bootstrap 4のCSSファイル

　他のファイルは、CSSの記述内容を確認したり、Bootstrap 4の機能を部分的に利用したりするときに用いるファイルです。よって、通常の利用方法では「bootstrap.min.css」以外のファイルをWebサーバーに設置（アップロード）する必要はありません。念のため、各ファイルの内容を紹介しておくので参考にしてください。

・**bootstrap.css**
　Bootstrap 4の書式指定が記述されているCSSファイルです。要素やクラスに「どのような書式が指定されているか？」を確認するときに参照します。

・**bootstrap.min.css**（通常はこのファイルを読み込む）
　「bootstrap.css」と内容は同じですが、こちらは半角スペースや改行などを削除してファイル容量を小さくした圧縮版になります。Bootstrap 4を利用するときは、このファイルをHTMLから読み込みます。

・**bootstrap-grid.css／bootstrap-grid.min.css**
　Bootstrap 4からグリッドシステムに関連する記述だけを抜き出したCSSファイルです。グリッドシステムだけを利用する場合は、このCSSファイルをHTMLから読み込みます。名前に「min」が含まれるCSSファイルは、半角スペースや改行などを削除した圧縮版です。

・**bootstrap-reboot.css／bootstrap-reboot.min.css**
　Bootstrap 4からReboot（各要素の初期設定）だけを抜き出したCSSファイルです。名前に「min」が含まれるCSSファイルは、半角スペースや改行などを削除した圧縮版です。

・拡張子が「.map」のファイル
　SassファイルをCSSファイルに変換するときに自動生成されるマップファイルです。通常は必要ないので、よく分からない方は無視しても構いません。

　一方、「js」フォルダーには、以下のようなファイルが収録されています。これらのうち実際に使用するファイルは**bootstrap.bundle.min.js**もしくは**bootstrap.min.js**となります。これについては1.2.3項で詳しく解説します。

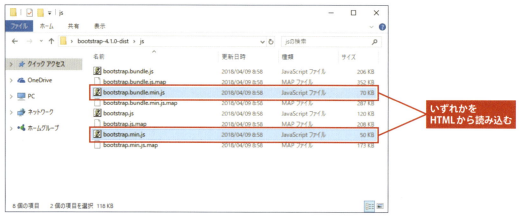

図1.2.2-5　Bootstrap 4のJavaScriptファイル

1.2.3　jQueryとpopper.jsのダウンロード

　Bootstrap 4を利用するには、**jQuery**や**popper.js**のJavaScriptファイルも入手しておく必要があります。

■ jQueryのダウンロード
　jQueryのJavaScriptファイルは、jQueryの公式サイトからダウンロードできます。ただし、最新バージョンのjQueryではなく、Bootstrapが対応するバージョンをダウンロードする必要があることに注意してください。Bootstrap 4（v4.1.0）における対応バージョンは**jQuery 3.3.1**となります。よって、「jQuery Core 3.3.1」の「slim minified」を右クリックし、リンク先をダウンロードします。

図1.2.3-1　jQueryのダウンロード（http://code.jquery.com/jquery/）

図1.2.3-2　jQueryのダウンロード

なお、各バージョンの右側に並んでいるリンク文字は、それぞれ以下のファイルに対応しています。

- **uncompressed** ……………… フル機能のjQuery
- **minified** …………………… フル機能のjQuery（圧縮版）
- **slim** ………………………… 一部の機能を省略したスリムビルド版のjQuery
- **slim minified** ……………… 一部の機能を省略したスリムビルド版のjQuery（圧縮版）

Bootstrap 4は、スリムビルド版のjQueryでも正しく動作します。もちろん、フル機能のjQuery（minified）を利用しても問題はありません。Ajaxやエフェクトモジュールなどの機能が必要になる場合は、フル機能のjQueryを利用するようにしてください。

■ popper.jsのダウンロード

　popper.jsのJavaScriptファイルは、GitHubのWebサイトからダウンローできます。こちらもBootstrap 4が対応するバージョンをダウンロードしなければいけません。Bootstrap 4（v4.1.0）における対応バージョンは **popper.js 1.14.0** となります。よって、「v1.14.0」の「Source code (zip)」をクリックしてファイルをダウンロードします。

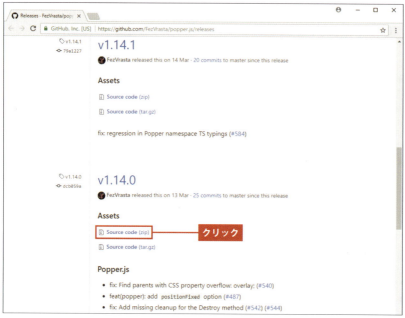

図1.2.3-3　popper.jsのダウンロード（https://github.com/FezVrasta/popper.js/releases）

　ダウンロードしたファイルを解凍し、「**dist**」→「**umd**」とフォルダーを開いていくと、**popper.min.js** というファイルを見つけられます。Bootstrap 4を利用するときは、このファイルをHTMLから読み込むのが基本です。他のフォルダーにあるJavaScriptファイルを利用すると、ポップアップ表示が正しく動作しなくなってしまうことに注意してください。

図1.2.3-4　popper.jsのJavaScriptファイル（umdフォルダー内）

また、popper.jsをダウンロードせずにBootstrap 4を利用する方法も用意されています。この場合は、Bootstrap 4の「js」フォルダー内にある**bootstrap.bundle.min.js**をHTMLから読み込みます（P13〜16参照）。「js」フォルダーには4つのJavaScriptファイルが収録されています。これらのうち名前に「bundle」を含むファイルは、Bootstrap 4に加えてpopper.jsを同梱したJavaScriptファイルとなります。

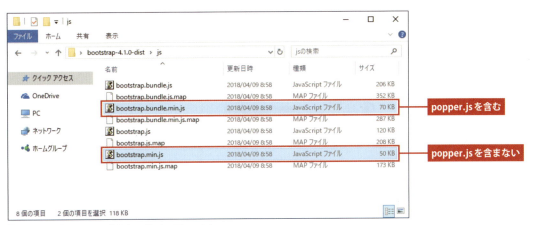

図1.2.3-5　Bootstrap 4のJavaScriptファイル

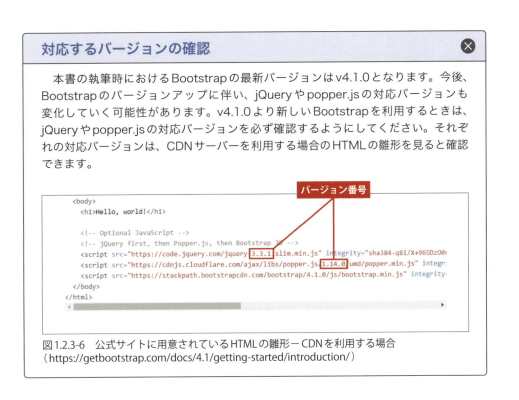

図1.2.3-6　公式サイトに用意されているHTMLの雛形 ― CDNを利用する場合
（https://getbootstrap.com/docs/4.1/getting-started/introduction/）

1.2.4　Webサーバーに配置するファイルとHTMLの記述

必要なファイルを入手できたら、それらをWebサーバーへアップロードし、link要素やscript要素で読み込みます。この手順は、通常のCSSファイルやJavaScriptファイルを読み込む場合と同じです。

念のため、HTMLの記述例を以下に紹介しておきます。たとえば、図1.2.4-1のフォルダー構成で各ファイルを設置する場合は、sample124-01.htmlのようにHTMLを記述します。

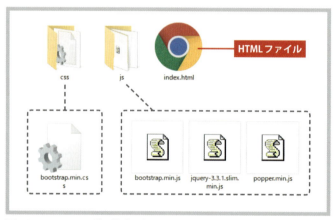

図1.2.4-1　フォルダー構成の例

sample124-01.html

```html
<!doctype html>
<html lang="ja">

<head>
  <meta charset="utf-8">
  <meta name="viewport" content="width=device-width, initial-scale=1, shrink-to-fit=no">
  <link rel="stylesheet" href="css/bootstrap.min.css">
  <title>●ページタイトル●</title>
</head>

<body>

<!-- ここにページ内容を記述 -->

<script src="js/jquery-3.3.1.slim.min.js"></script>
<script src="js/popper.min.js"></script>
<script src="js/bootstrap.min.js"></script>
</body>

</html>
```

popper.min.jsの代わりに**bootstrap.bundle.min.js**を読み込む方法もあります。この場合におけるフォルダー構成の例とHTMLの記述は以下のようになります。

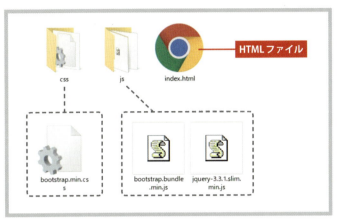

図1.2.4-2　フォルダー構成の例

sample124-02.html

```html
<!doctype html>
<html lang="ja">

<head>
  <meta charset="utf-8">
  <meta name="viewport" content="width=device-width, initial-scale=1, shrink-to-fit=no">
  <link rel="stylesheet" href="css/bootstrap.min.css">
  <title>●ページタイトル●</title>
</head>

<body>

<!-- ここにページ内容を記述 -->

<script src="js/jquery-3.3.1.slim.min.js"></script>
<script src="js/bootstrap.bundle.min.js"></script>
</body>

</html>
```

もちろん、上記のフォルダー構成は一つの例であり、異なるフォルダー構成にしても特に問題はありません。その場合は、**href属性やsrc属性のパス**を状況に合わせて変更するようにしてください。

1.3 Bootstrapとクラス

続いては、Bootstrapの基本的な利用方法について解説します。Bootstrapはクラス（class）を使って書式を指定する仕組みになっています。念のため、クラスの使い方を復習しておくとよいでしょう。

1.3.1 Bootstrapの基本的な利用方法

　Bootstrapを読み込んだHTMLでは、各要素に**クラス**を適用することにより書式指定を行います。たとえば、img要素にrounded-circleというクラスを適用すると、図1.3.1-1のように画像を円形（または楕円形）に切り抜いて表示できます。

```
<img src="pic1.jpg" class="rounded-circle">
```

図1.3.1-1　rounded-circleのクラスを適用した画像（img要素）

　1つの要素に複数のクラスを適用しても構いません。この場合は、それぞれのクラスを半角スペースで区切って列記します。次ページの例は、jumbotronとtext-centerの2つのクラスをdiv要素に適用した場合の例です。

```
<div class="jumbotron text-center">
  <h1>Bootstrap</h1>
  <p>このブロックはジャンボトロンの中央揃えで作成されています。</p>
</div>
```

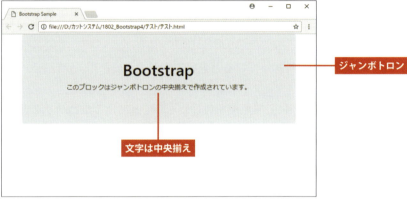

図1.3.1-2　jumbotronとtext-centerのクラスを適用したdiv要素

　jumbotronは「周囲を囲ってタイトルのように表示する書式」、text-centerは「文字を中央揃えで配置する書式」が指定されたクラスとなります。これらを組み合わせて適用することにより、図1.3.1-2のようなデザインを実現しています。

　このように、Bootstrapでは各要素にクラスを適用してWebページをデザインしていきます。もちろん、CSSを自分で記述して書式指定を追加しても構いません。たとえば、先ほどの例に「背景色：薄い青色」（background-color:#449）、「文字色：白色」（color:#FFF）のCSSを追加すると、div要素の表示は図1.3.1-3のようになります。

```
<div class="jumbotron text-center" style="background-color:#449; color:#FFF;">
  <h1>Bootstrap</h1>
  <p>このブロックはジャンボトロンの中央揃えで作成されています。</p>
</div>
```

図1.3.1-3　CSSで色を変更した場合

クラスを適用して書式を指定するには、Bootstrapで利用できるクラスの名前と役割を把握しておく必要があります。これについては、本書の第2章以降で詳しく解説していきます。

1.3.2　クラスとCSS

　読者の皆さんはすでにクラスの使い方を知っていると思いますが、念のため、クラスについて簡単に解説しておきます。

　クラスは「CSSの書式指定をひとまとめにして名前を付けたもの」と考えることができます。たとえば、`big-red`という名前のクラスを作成し、このクラスに「文字サイズ：30px」と「文字色：赤色」の書式をCSSで指定したとします。この場合、各要素に`big-red`のクラスを適用するだけで、「文字サイズ：30px、文字色：赤色」の書式を指定できます。

　Bootstrapの本体ともいえる**bootstrap.min.css**には、数多くの書式指定がクラスとして登録されています。このため、Bootstrapを利用すると、各要素にクラスを適用するだけで書式指定を完了できます。自分でCSSを記述する必要はありません。

　各クラスに指定されている書式は、**bootstrap.css**をテキストエディターで開くと確認できます。たとえば、P22で紹介した`rounded-circle`のクラスには「`border-radius:50%`」というCSSが指定されています。つまり、四隅を縦横50%の半径で丸くすることにより、画像を円形（または楕円形）で表示している訳です。

bootstrap.css

```
6196    .rounded-circle {
6197      border-radius: 50% !important;
6198    }
```

　同様に、`text-center`や`jumbotron`のクラスには、以下のような書式が指定されています。

bootstrap.css

```
8705    .text-center {
8706      text-align: center !important;
8707    }
```

bootstrap.css

```
4837    .jumbotron {
4838      padding: 2rem 1rem;
4839      margin-bottom: 2rem;
4840      background-color: #e9ecef;
4841      border-radius: 0.3rem;
4842    }
```

　これらのほかにもBootstrapのCSSファイルには数多くのクラスが登録されています。よって、各要素に最適なクラスを適用していくだけで、Webページのデザインを仕上げることができます。

　「bootstrap.css」には約9,000行ものCSSが記述されているため、その記述内容を全て読み解くには相当の手間と読解力を要します。でも心配はいりません。各クラスの名前と使い方さえ覚えておけば、「bootstrap.css」の記述内容を知らなくてもBootstrapを利用できます。「bootstrap.css」は、CSSの上級者が記述内容を確認するために用意されているファイルで、必ずしも必要となるファイルではありません。

　Bootstrapを利用するにあたって必要となる知識は、各クラスの使い方を理解していること。これさえ理解していれば、CSSに詳しくない初心者の方でも、Bootstrapを問題なく利用できると思います。

!importantについて

　先ほど示したCSSにある!importantの記述は、書式指定に優先権を与えるもので、セレクタの記述方法に関係なく、その書式指定を常に優先的に扱うための記述となります。

　通常、CSSの書式指定は、「ID名のセレクタ」の優先順位が最も高く、続いて「クラス名のセレクタ」→「要素名のセレクタ」という具合に、より限定的なセレクタほど優先順位が高くなる仕組みになっています。この優先順位を無視して、常に「最優先の書式指定」として扱うための記述が!importantです。CSSで定められている仕様の一つなので、この機会にぜひ覚えておいてください。

1.4 Bootstrap導入後の変化

Bootstrap 4のCSSファイルには、各クラスの書式指定だけでなく、要素に対する書式指定も登録されています。続いては、Bootstrap 4を利用することにより書式が変化する要素について簡単に紹介しておきます。

1.4.1 要素に対して指定されるCSS

　BootstrapのCSSファイルには、h1やh2、h3、aなどの要素に対する書式指定も登録されています。このため、クラスを適用しなくてもBootstrap独自のデザインで文字などが表示される場合があります。

　具体的な例で見ていきましょう。図1.4.1-1は「通常のHTML」と「Bootstrapを適用したHTML」で各要素の表示を比較した例です。

■ 通常のHTML　　　　　　　　　　　　　■ Bootstrapを適用したHTML

図1.4.1-1　各要素の表示の比較

　この例を見ると、「Bootstrapを適用したHTML」では上下左右の余白がなくなっていることに気付くと思います。これは、body要素に対して「margin:0」のCSSが指定されているためです。また、文字サイズやフォントなどの書式も「通常のHTML」と「Bootstrapを適用したHTML」で全体的に変化しています。

このように「bootstrap.min.css」を読み込んだHTMLは、クラスを指定していない要素もBootstrap独自の書式で表示されます。ここで紹介した要素のほかにも、Bootstrap独自の書式が指定されている要素は沢山あります。詳しく知りたい方は、Bootstrapの公式サイトで「Reboot」の項目を確認してみるとよいでしょう。

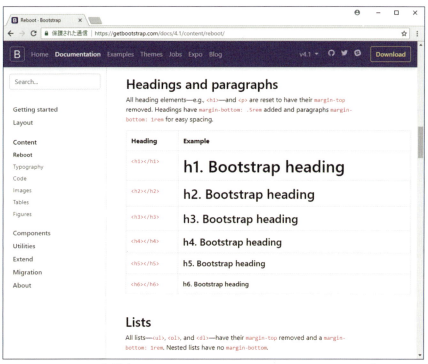

図1.4.1-2　Rebootの解説（https://getbootstrap.com/docs/4.1/content/reboot/）

　Webサイトを制作するときは、Google ChromeやFirefox、Safari、Edge、Internet Explorerなどのブラウザで表示を確認しながら作業を進めていくのが一般的です。さらには、WindowsとMac OSで表示を比較したり、スマートフォンやタブレットで閲覧したときの様子を確認したりする必要もあります。当然ながら、各端末にインストールされているフォントは異なるため、環境に応じて文字の表示は変化します。よって、Bootstrap独自の書式を詳しく検証することに、あまり意味はありません。各要素に「Bootstrap独自の書式」が指定されている場合がある、と認識しておく程度で十分です。

グリッドシステムを利用した
ページレイアウト

第2章では、グリッドシステムとレスポンシブWebデザインについて解説します。ページレイアウトに欠かせない機能なので、よく使い方を学習しておいてください。

2.1 グリッドシステム

Bootstrapには、ページレイアウトに活用できるグリッドシステムが用意されています。この機能を使うと、ページ内の配置を自在にコントロールできるようになります。Bootstrapの要ともいえる機能なので、その仕組みをよく理解しておいてください。

2.1.1 領域を等分割するブロック配置

本書の冒頭でも紹介したように、Bootstrapにはレイアウトを手軽に指定できる**グリッドシステム**が用意されています。この機能はページ全体を縦に分割したり、ブロックを縦横に配置してページレイアウトを構成したりする場合に活用できます。まずは、各ブロックを**等分割**して配置する方法から解説します。

グリッドシステムを使用するときは、はじめに**row**のクラスを適用したdiv要素を作成します。続いて、その中に**col**のクラスを適用したdiv要素を記述し、各ブロックを作成していきます。たとえば、領域を3等分するようにブロックを配置するときは、以下のようにHTMLを記述します。

sample211-01.html

```
11  <body>
12
13  <h1>Grid system（等幅に分割）</h1>
14  <div class="row">
15    <div class="col" style="background:#FB8;height:200px;">ブロックA</div>
16    <div class="col" style="background:#FD9;height:200px;">ブロックB</div>
17    <div class="col" style="background:#FB8;height:200px;">ブロックC</div>
18  </div>
19
20  <script src="js/jquery-3.2.1.slim.min.js"></script>
21  <script src="js/bootstrap.bundle.min.js"></script>
22  </body>
```

このサンプルにおけるbody要素以外の部分は、P21に示したHTML（sample124-02.html）と同じです。<head>〜</head>などの記述については、sample124-02.htmlを参照してください。

このサンプルをブラウザで閲覧すると、図2.1.1-1のようにWebページが表示されます。3つのブロックが同じ幅で横に並べられているのを確認できると思います。なお、ここではdiv要素にstyle属性で「背景色」と「高さ」を指定していますが、これらの記述は各ブロックの範囲を見やすくするためのものであり、必須ではありません。

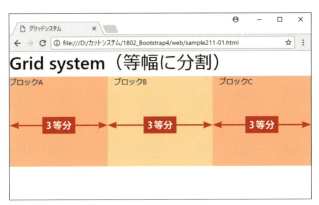

図2.1.1-1　領域を3等分したブロック配置

もちろん、2等分や4等分などのレイアウトも作成できます。この場合は、**col**のクラスを適用したdiv要素を「分割する数」に応じて列記します。また、横一列にブロックを並べるのではなく、複数行にわたって縦横にブロックを配置することも可能です。**row**を適用したdiv要素は行に対応しているため、以下のようにrowのクラスを2回繰り返すと、2行構成のレイアウトに仕上げることができます。

sample211-02.html

```html
13    <h1>Grid system（等幅に分割）</h1>
14    <div class="row">
15      <div class="col" style="background:#FB8;height:200px;">ブロックA</div>
16      <div class="col" style="background:#FD9;height:200px;">ブロックB</div>
17    </div>
18    <div class="row">
19      <div class="col" style="background:#79F;height:200px;">ブロックC</div>
20      <div class="col" style="background:#9BF;height:200px;">ブロックD</div>
21      <div class="col" style="background:#79F;height:200px;">ブロックE</div>
22      <div class="col" style="background:#9BF;height:200px;">ブロックF</div>
23    </div>
```

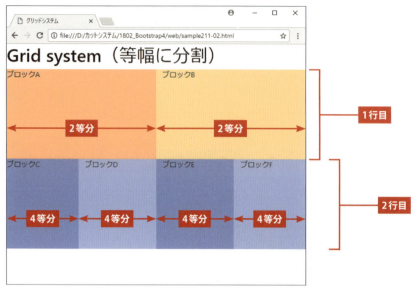

図2.1.1-2　2行構成（2等分と4等分）のブロック配置

　もちろん、同様の手法で3行以上のレイアウトを作成することも可能です。このようにrowのクラスを何回も繰り返すと、ブロックを縦横に配置したレイアウトを実現できます。

　ただし、先ほどの例のように記述した場合は、画面下部にスクロールバーが表示されることに注意してください。これは「ページ全体の幅」が「ウィンドウ幅」より少しだけ大きく設定されてしまうことが原因です。これについては2.1.3項（P38～41）で詳しく解説するので、とりあえずは無視しておいてください。

図2.1.1-3　グリッドシステムと横スクロールバー

▼ Bootstrap 3 からの変更点

── グリッドシステムはフレックスボックス仕様に ──

　Bootstrap 3では、グリッドシステムの実現に`float:left`のCSSが使用されていました。一方、Bootstrap 4では、フレックスボックス（`display:flex`）を使ってグリッドシステムを実現するように仕様が変更されています。このため、グリッドシステムの使い方が大きく変化しています。旧バージョンと書き方が似ている部分もありますが、根本的な仕組みが異なることに注意してください。

2.1.2 列数を指定したブロック配置

各ブロックを等幅に分割するのではなく、幅を**列数**で指定してブロック配置を行う方法も用意されています。この場合は、ブロックを作成するdiv要素に**col-N**のクラスを適用します。**Nの部分には1〜12の数値を記述**し、この数値で各ブロックの幅を指定します。

Bootstrapのグリッドシステムは**領域全体を12列**で構成する仕組みになっています。よって、各列の合計が12列になるようにクラスを指定するのが基本です。たとえば、2列分、3列分、7列分の幅でブロックを横に並べる場合は、以下のようにHTMLを記述します。

sample212-01.html

```html
    ⋮
14  <div class="row">
15    <div class="col-2" style="background:#FB8;height:200px;">ブロックA</div>
16    <div class="col-3" style="background:#FD9;height:200px;">ブロックB</div>
17    <div class="col-7" style="background:#FB8;height:200px;">ブロックC</div>
18  </div>
    ⋮
```

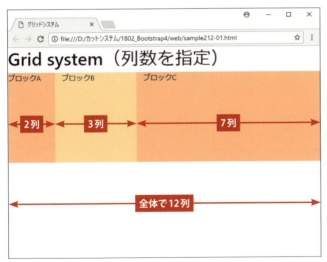

図2.1.2-1　2列－3列－7列のブロック配置

もちろん、rowのクラスを繰り返して2行以上のグリッド構成にしても構いません。また、`col`と`col-N`のクラスを混在させることも可能です。この場合、col-Nを適用したブロックは「指定した列幅」になり、colを適用したブロックは「残りの幅を等分割」するように配置されます。

たとえば、以下のようにHTMLを記述すると、2行目の左端のブロックは2列分、右端のブロックは3列分の幅が確保され、中央の2ブロックは3.5列分(※)の幅になります。

※(全体12列−左端2列−右端3列)÷2ブロック＝7／2列＝3.5列

```html
sample212-02.html
      ⋮
<div class="row">
  <div class="col-2" style="background:#FB8;height:200px;">ブロックA</div>
  <div class="col-3" style="background:#FD9;height:200px;">ブロックB</div>
  <div class="col-7" style="background:#FB8;height:200px;">ブロックC</div>
</div>
<div class="row">
  <div class="col-2" style="background:#79F;height:200px;">ブロックD</div>
  <div class="col"   style="background:#9BF;height:200px;">ブロックE</div>
  <div class="col"   style="background:#79F;height:200px;">ブロックF</div>
  <div class="col-3" style="background:#9BF;height:200px;">ブロックG</div>
</div>
      ⋮
```

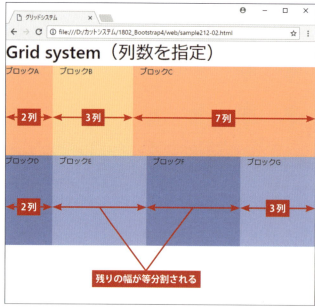

図2.1.2-2　2列−等幅−等幅−3列のブロック配置

▼ Bootstrap 3 からの変更点

―― col-xs-N のクラスは廃止 ――

　Bootstrap 3 では col-xs-N のクラスで列数を指定しましたが、Bootstrap 4 から **col-N** のように xs の文字を省略したクラス名に変更されました。col-N のクラスは、全ての画面サイズに影響を及ぼす汎用的なクラスとなるため、xs の添字は記述しません。P70 以降で解説するレスポンシブ Web デザイン（ブレイクポイント）にも関連する話なので、間違えないように注意してください。

　参考までに、指定した列数の合計が 12 列にならない場合の挙動についても紹介しておきます。少し変則的な使い方になりますが、この挙動を応用できるケースもあるので、ぜひ覚えておいてください。

■ 合計幅が 12 列より少ない場合

　不足している分だけ右側に空白が設けられます。たとえば、5 列－3 列の 2 ブロックを配置した場合は、右端に 4 列分の空白が設けられます。

sample212-03.html

```html
    ：
<div class="row">
  <div class="col-5" style="background:#FB8;height:200px;">ブロックA</div>
  <div class="col-3" style="background:#FD9;height:200px;">ブロックB</div>
</div>
    ：
```

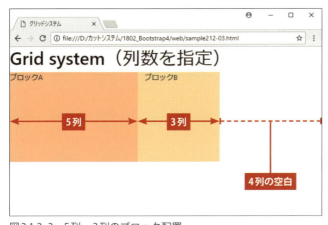

図 2.1.2-3　5 列－3 列のブロック配置

■合計幅が12列より多い場合

合計12列の幅に収まらない場合は、以降のブロックが次の行に送られて配置されます。たとえば、8列－3列－3列－2列の4ブロックを配置した場合は、合計12列を超える後半の2ブロックが次の行に送られて配置されます。

sample212-04.html

```html
    ⋮
14  <div class="row">
15    <div class="col-8" style="background:#FB8;height:200px;">ブロックA</div>
16    <div class="col-3" style="background:#FD9;height:200px;">ブロックB</div>
17    <div class="col-3" style="background:#FB8;height:200px;">ブロックC</div>
18    <div class="col-2" style="background:#FD9;height:200px;">ブロックD</div>
19  </div>
    ⋮
```

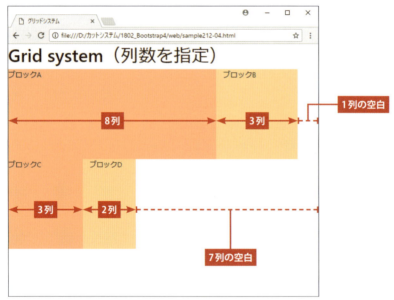

図2.1.2-4　8列－3列－3列－2列のブロック配置

■w-100のクラスを使った強制改行

指定した位置で強制的に改行してブロックを配置する方法もあります。この場合は、強制改行する位置に「w-100のクラスを適用したdiv要素」を挿入します。このテクニックは、見た目を複数行のレイアウトにしながら、構文的には1行のグリッドシステムとして記述したい場合に活用できます。

sample212-05.html

```html
14  <div class="row">
15    <div class="col-8" style="background:#FB8;height:200px;">ブロックA</div>
16    <div class="w-100"></div>
17    <div class="col-3" style="background:#FD9;height:200px;">ブロックB</div>
18    <div class="col-3" style="background:#FB8;height:200px;">ブロックC</div>
19    <div class="col-2" style="background:#FD9;height:200px;">ブロックD</div>
20  </div>
```

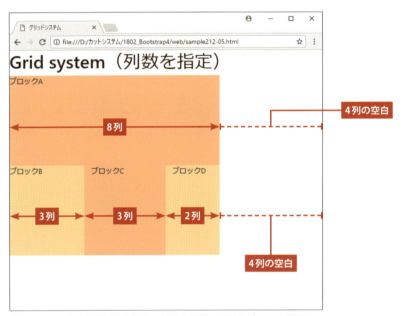

図2.1.2-5　8列―（強制改行）―3列―3列―2列のブロック配置

要素の幅を指定するクラス

`w-100`のクラスは、要素を幅100％（`width:100%`）に指定するクラスです。このクラスを上記のように活用すると、「幅100％、高さ0の`div`要素」が挿入され、その結果としてブロック配置が強制改行されることになります。なお、`w-100`と同様のクラスとして、`w-25`（幅25％）、`w-50`（幅50％）、`w-75`（幅75％）といったクラスも用意されています。

2.1.3　コンテナの適用

　ここまでの解説でグリッドシステムの基本的な使い方を理解できたと思います。しかし、グリッドシステムを使用したときに「ページ全体の幅」が「ウィンドウ幅」より大きくなってしまうのが何とも不可解です。

　実は、これまでに解説してきたグリッドシステムの使い方は、厳密には正しい記述方法とはいえません。というのも、グリッドシステムを使用するときは、その範囲を **container** または **container-fluid** のクラスで囲む決まりになっているからです。

　containerならびにcontainer-fluidのクラスには、**左右に余白を設けてページ中央に配置する**といった書式が指定されています。まずは簡単な例から示していきましょう。

　以下は、「通常の場合」と「container-fluidのクラスで囲んだ場合」について、h1要素の表示を比較した例です。各々のh1要素は、範囲が分かりやすいようにstyle属性で「背景色」を指定してあります。

sample213-01.html

```
13    <h1 style="background:#6D9;">コンテナなしの場合</h1>
14
15    <div class="container-fluid">
16      <h1 style="background:#6D9;">コンテナありの場合</h1>
17    </div>
```

図2.1.3-1　コンテナの役割

　この結果を見ると、container-fluidのクラスで囲んだh1要素は、左右に余白が設けられているのを確認できます。このように、containerならびにcontainer-fluidのクラスは、左右に余白を設けたい場合に使用するクラスとなります。もちろん、これらのクラスをh1以外の要素に対して使用しても構いません。

たとえば、ページ全体をウィンドウ中央に配置したい場合、ページ全体をdiv要素で囲み、このdiv要素に対して余白を指定するケースがあります。このような場合にcontainerやcontainer-fluidのクラスを活用できます

　ここからは、グリッドシステムに話を戻して解説を進めていきます。前述したように、グリッドシステムを使用するときは、その範囲をcontainerまたはcontainer-fluidのクラスで囲む決まりになっています。この決まりに従うと、グリッドシステムを使用するときは、以下のようにHTMLを記述するのが正しい使い方となります。なお、今回の例では、ページ全体をcontainer-fluidのクラスで囲んでいます。

sample213-02.html

```html
13    <div class="container-fluid">        <!-- 全体を囲むコンテナ -->
14      <h1 style="background:#6D9;">Grid system（コンテナあり）</h1>
15      <div class="row">
16        <div class="col-8" style="background:#FB8;height:200px;">ブロックA</div>
17        <div class="col-4" style="background:#FD9;height:200px;">ブロックB</div>
18      </div>
19      <div class="row">
20        <div class="col-3" style="background:#79F;height:200px;">ブロックC</div>
21        <div class="col-3" style="background:#9BF;height:200px;">ブロックD</div>
22        <div class="col-6" style="background:#79F;height:200px;">ブロックE</div>
23      </div>
24    </div>        <!-- 全体を囲むコンテナ -->
```

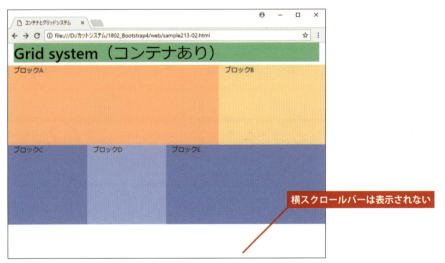

図2.1.3-2　コンテナで囲ったグリッドシステム

この場合は「ページ全体の幅」と「ウィンドウ幅」が等しくなるため、画面下部にスクロールバーは表示されません。ページ全体をcontainer-fluidのクラスで囲っているのだから「左右に余白が設けられるはず……」と思うかもしれませんが、そのような結果にはなりません。
　この仕組みを理解するには、「bootstrap.css」をテキストエディターで開いて、CSSの記述内容を確認しておく必要があります。

bootstrap.css

```css
556  .container {
557    width: 100%;
558    padding-right: 15px;
559    padding-left: 15px;
560    margin-right: auto;
561    margin-left: auto;
562  }
563
564  @media (min-width: 576px) {
565    .container {
         ⋮

588  .container-fluid {
589    width: 100%;
590    padding-right: 15px;
591    padding-left: 15px;
592    margin-right: auto;
593    margin-left: auto;
594  }
595
596  .row {
597    display: -ms-flexbox;
598    display: flex;
599    -ms-flex-wrap: wrap;
600    flex-wrap: wrap;
601    margin-right: -15px;
602    margin-left: -15px;
603  }
```

　containerとcontainer-fluidのクラスには、「左右15pxの余白」（padding）と「中央に配置」（margin）の書式が指定されています。一方、グリッドシステムに用いる**row**のクラスには、「左右に-15pxの余白」（margin）の**ネガティブマージン**が指定されています。つまり、rowのクラスを適用すると、領域が左右に15px広げられることになります。これらを踏まえると、左右の余白に関わる挙動は次ページのように要約できます。

■ container（またはcontainer-fluid）だけを適用した場合
左右に15pxの余白が設けられる

■ rowだけを適用した場合
領域が左右に15px広げられる

■ container（またはcontainer-fluid）で囲み、rowを適用した場合
左右の余白が相殺されるため、余白は0になる

こういった仕組みをよく理解していないと、予想外のトラブルを招く恐れがあります。グリッドシステムを使用するときは、その範囲をcontainerまたはcontainer-fluidのクラスで囲み、さらに各行をrowのクラスで囲むのが基本です。

なお、グリッドシステムを使用する際に、**no-gutters**というクラスを併用して左右に余白を設けることも可能です。no-guttersのクラスは、rowのクラスに指定されている**-15pxのネガティブマージンを取り消す**という機能があります。

たとえば、以下の例のように、rowに続けてno-guttersのクラスを併記すると、グリッドシステムの左右にも15pxの余白を設けることができます。

sample213-03.html

```html
13  <div class="container-fluid">         <!-- 全体を囲むコンテナ -->
14    <h1 style="background:#6D9;">Grid system（コンテナあり、no-gutters）</h1>
15    <div class="row no-gutters">
16      <div class="col-8" style="background:#FB8;height:200px;">ブロックA</div>
17      <div class="col-4" style="background:#FD9;height:200px;">ブロックB</div>
18    </div>
19    <div class="row no-gutters">
20      <div class="col-3" style="background:#79F;height:200px;">ブロックC</div>
21      <div class="col-3" style="background:#9BF;height:200px;">ブロックD</div>
22      <div class="col-6" style="background:#79F;height:200px;">ブロックE</div>
23    </div>
24  </div>          <!-- 全体を囲むコンテナ -->
```

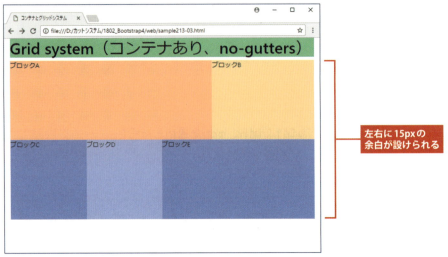

図2.1.3-3　no-guttersのクラスを併用したグリッドシステム

　また、**コンテナなし**でグリッドシステムを使いたい場合にも、no-guttersのクラスが活用できます。no-guttersのクラスを併記すると、グリッドシステムの領域が「左右に15px広げられる」という状態が解消されます。このため、コンテナで囲まなくても横スクロールバーは表示されなくなります。

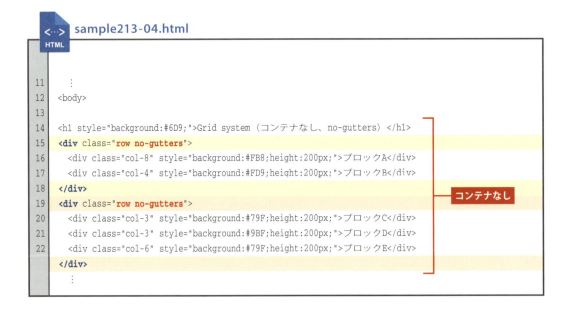

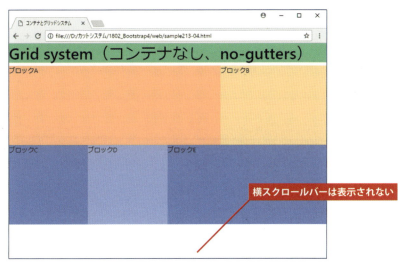

図 2.1.3-4　コンテナを使わないグリッドシステム

　少し頭が混乱している方も多いと思うので、左右の余白について状況を整理しておきましょう。以下を参考に、コンテナ（`container`または`container-fluid`）と`row`、`no-gutters`の関係を再確認してください。

■ **コンテナあり（基本的な使い方）**
　・通常の要素
　　　左右に**15pxの余白**が設けられる
　・グリッドシステム
　　　左右の**余白は0**
　　　（`row`により余白が相殺される）

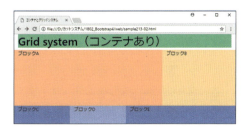

■ **コンテナあり、`no-gutters`のクラスを併記**
　・通常の要素
　　　左右に**15pxの余白**が設けられる
　・グリッドシステム
　　　左右に**15pxの余白**が設けられる

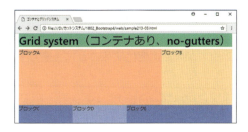

■ **コンテナなし、`no-gutters`のクラスを併記**
　・通常の要素
　　　左右の**余白は0**
　・グリッドシステム
　　　左右の**余白は0**

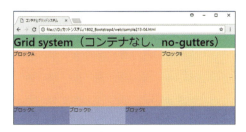

念のため、CSSに詳しい方に向けて、no-guttersのクラスに指定されている書式も紹介しておきます。

```
bootstrap.css
605  .no-gutters {
606    margin-right: 0;
607    margin-left: 0;
608  }
609
610  .no-gutters > .col,
611  .no-gutters > [class*="col-"] {
612    padding-right: 0;
613    padding-left: 0;
614  }
```

　このクラスには、左右のmarginを0にする書式が指定されています。その結果、rowのクラスに指定されていた「-15pxのネガティブマージン」が上書きされ、左右の余白が0になります。だたし、各ブロックを示すdiv要素（colやcol-Nのクラス）にも影響を与えることに注意しなければいけません。no-guttersを適用すると、各ブロック内の余白（padding）も0になります。これについては、2.1.9節（P68〜69）で詳しく解説します。

2.1.4　containerとcontainer-fluidの違い

　続いては、**container**と**container-fluid**の違いについて解説します。いずれも「左右に15pxの余白を設けて中央に配置するクラス」となりますが、どちらを適用するかでページレイアウトが大きく変化することに注意してください。

　まずは**container-fluid**のクラスについて解説します。このクラスは「ウィンドウ幅」に応じて「内部の幅」を変化させる場合に使用します。具体的な例で見ていきましょう。
　以下は、ページ全体をcontainer-fluidのクラスで囲み、「h1要素」と「3列－4列－5列のブロック配置」を記述した場合の例です。

sample214-01.html

```html
13  <div class="container-fluid">         <!-- 全体を囲むコンテナ -->
14    <h1 style="background:#6D9;">可変幅のコンテナ</h1>
15    <div class="row">
16      <div class="col-3" style="background:#FB8;height:200px;">ブロックA</div>
17      <div class="col-4" style="background:#FD9;height:200px;">ブロックB</div>
18      <div class="col-5" style="background:#FB8;height:200px;">ブロックC</div>
19    </div>
20  </div>                                  <!-- 全体を囲むコンテナ -->
```

　このHTMLファイルをブラウザで開いてウィンドウ幅を変化させていくと、「ウィンドウ幅」に応じて「内部の幅」が変化していくのを確認できます。h1要素の左右には15pxの余白（padding）が設けられますが、グリッドシステムの部分はrowのクラスにより余白が相殺されるため、左右の余白はなくなります。この仕組みは2.1.3項で解説したとおりです。

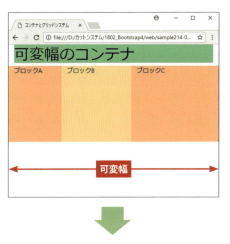

図2.1.4-1　可変幅のコンテナ

続いては、**container**のクラスでページ全体を囲んだ場合の例を示します。containerは「内部の幅」を固定して中央に配置するときに使用します。ただし、その挙動は少々複雑です。

sample214-02.html

```html
     :
13  <div class="container">      <!-- 全体を囲むコンテナ -->
14    <h1 style="background:#6D9;">固定幅のコンテナ</h1>
15    <div class="row">
16      <div class="col-3" style="background:#FB8;height:200px;">ブロックA</div>
17      <div class="col-4" style="background:#FD9;height:200px;">ブロックB</div>
18      <div class="col-5" style="background:#FB8;height:200px;">ブロックC</div>
19    </div>
20  </div>             <!-- 全体を囲むコンテナ -->
     :
```

先ほどと同様に、HTMLファイルをブラウザで開いてウィンドウ幅を変化させていきます。ウィンドウ幅が小さいうちは「ウィンドウ幅」に応じて「内部の幅」が変化し、ある一定のラインを超えると「内部の幅」が固定されるのを確認できると思います。

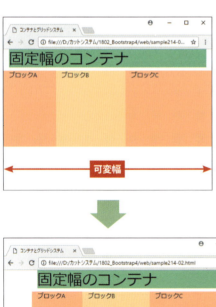

図2.1.4-2　固定幅のコンテナ

さらに「ウィンドウ幅」を大きくしていくと、「内部の幅」が段階的に大きくなっていくのを確認できます。

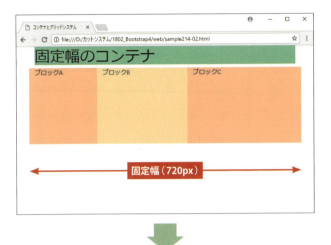

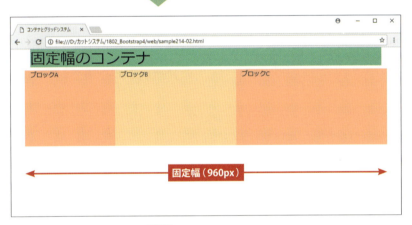

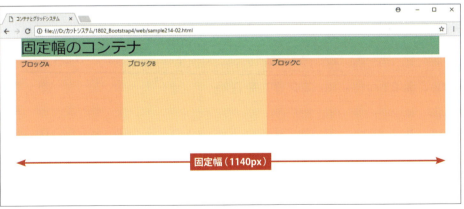

図2.1.4-3　固定幅のコンテナ

このように、containerのクラスを適用した場合は、その内部が段階的な固定幅で表示される仕組みになっています。より詳しく解説すると、「ウィンドウ幅」（Webページの表示幅）に応じて「内部の幅」が以下のように変化する仕組みになっています。

■ **ウィンドウ幅：576px未満**
　　内部の幅：ウィンドウ幅と同じ（100％）

■ **ウィンドウ幅：576〜768px未満**
　　内部の幅：540px

■ **ウィンドウ幅：768〜992px未満**
　　内部の幅：720px

■ **ウィンドウ幅：992〜1200px未満**
　　内部の幅：960px

■ **ウィンドウ幅：1200px以上**
　　内部の幅：1140px

ただし、グリッドシステムを使用していない部分（rowのクラスを適用していない要素）は、左右に15pxずつ余白が設けられるため、実際の表示幅は上記に示した「内部の幅」より30pxだけ小さくなります。

containerとcontainer-fluidのどちらを使用するかは、作成するWebサイトのデザインに応じて決定します。**ウィンドウ幅に連動させて「内部の幅」を変化させる場合はcontainer-fluidのクラス、ウィンドウ幅に関わらず「内部の幅」を固定しておきたい場合はcontainerのクラスを使用します。** ただし、containerのクラスを適用しても、固定幅は段階的に変化することを忘れないようにしてください。

---

body要素にcontainerのクラスを適用　　❌

　　コンテナを使ってページ全体を囲むと、ただでさえ頻発しがちなdiv要素がさらに1組増えることになり、</div>の書き忘れなどによるトラブルが発生しやすくなります。このようなトラブルを避けるには、ページ全体を囲むdiv要素にコメントを追加しておくとよいでしょう。
　　また、body要素に対してcontainerやcontainer-fluidのクラスを適用する方法も考えられます。あらゆる状況に対応できる方法ではありませんが、div要素の入れ子を少なくするテクニックの一つとして覚えておいてください。

▼Bootstrap 3からの変更点

Bootstrap 4のブレイクポイント

　Bootstrap 3におけるブレイクポイントは **768px**／**992px**／**1200px** の3カ所でしたが、Bootstrap 4では、新たに **576px** のブレイクポイントが新設されました。また、`container` のクラスにより指定される「内部の幅」も以下のように変更されています。

■`container`のクラスにより指定される「内部の幅」

ウィンドウ幅 （画面サイズ）	0px 〜	576px 〜	768px 〜	992px 〜	1200px 〜
Bootstrap 3	指定なし（100%）		750px	970px	1170px
Bootstrap 4	100%	540px	720px	960px	1140px

　さらに、幅の指定方法にも変更が加えられていることに注意してください。Bootstrap 3では`width`で幅が指定されていましたが、Bootstrap 4では`max-width`で幅が指定されています。若干の変更ではありますが、レイアウトに影響を及ぼす場合もあるので注意するようにしてください。

2.1.5　グリッドシステムの入れ子（ネスト）

　グリッドシステムを使って配置したブロック内に「新しいグリッドシステム」を構築することも可能です。つまり、グリッドシステムの**ネスト**（**入れ子**）にも対応している訳です。この場合は「内側のグリッドシステム」も幅が12列に分割されると考えてください。

　具体的な例で見ていきましょう。次ページの例では、グリッドシステムを使って9列－3列のブロック配置を行い、さらに1番目のブロック（9列のブロック）の中に「新しいグリッドシステム」を構築しています。「内側のグリッドシステム」は3行で構成されており、1行目は12列の1ブロック、2行目は6列－3列－3列の3ブロック、3行目は3つのブロックが等幅で配置されています。

　なお、各ブロックの範囲が分かりやすいように、「外側のグリッドシステム」には枠線、「内側のグリッドシステム」には背景色の書式を指定してあります。また、この例はページ全体を`container`（固定幅）のクラスで囲ってあります。

sample215-01.html

```html
     ⋮
11  <body>
12
13  <div class="container">          <!-- 全体を囲むコンテナ -->
14
15  <h1>Grid system（ネスト）</h1>
16  <div class="row">
17    <div class="col-9" style="border:solid 1px #000;height:650px;">
18      <div class="row">
19        <div class="col-12" style="background:#6D9;height:200px"><h3>新着情報</h3></div>
20      </div>
21      <div class="row">
22        <div class="col-6" style="background:#FB8;height:150px;">商品A</div>
23        <div class="col-3" style="background:#FD9;height:150px;">商品B</div>
24        <div class="col-3" style="background:#FB8;height:150px;">商品C</div>
25      </div>
26      <div class="row">
27        <div class="col" style="background:#79F;height:150px;">商品D</div>
28        <div class="col" style="background:#9BF;height:150px;">商品E</div>
29        <div class="col" style="background:#79F;height:150px;">商品F</div>
30      </div>
31    </div>
32    <div class="col-3" style="border:solid 1px #000;height:650px;">
33      <h2>Side Bar</h2>
34    </div>
35  </div>
36
37  </div>            <!-- 全体を囲むコンテナ -->
     ⋮
```

この例のように、少し複雑なレイアウトを実現したいときはグリッドシステムを入れ子にして記述します。このとき**「内側のグリッドシステム」も12列に分割される**ことに注意してください。つまり「内側のグリッドシステム」も各行の合計が12列になるように列幅を指定しなければいけません。次ページに、sample215-01.htmlをブラウザで表示した様子を紹介しておくので参考にしてください。

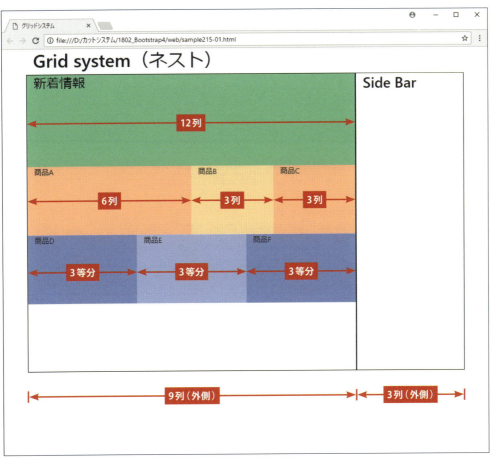

図2.1.5-1　グリッドシステムのネスト

2.1.6　行内のブロック配置の指定

　続いては、行内のブロック配置を変更する方法を紹介します。P35で解説したように、行内にあるブロックの合計幅が12列より少なかった場合は、各ブロックが**左揃え**で配置されます。この配置を**中央揃え**や**右揃え**に変更することも可能です。各行のブロック配置を変更するときは、`row`のクラスに加えて以下のクラスを追記します。

```
justify-content-start   ………… 左揃え（初期値）
justify-content-center  ………… 中央揃え
justify-content-end     ………… 右揃え
```

具体的な例で見ていきましょう。以下は、3列－2列－3列のブロック配置を3行にわたって繰り返した場合の例です。各行の合計は3列＋2列＋3列＝8列しかないため、4列分の空白が生じます。このような場合に、「どこに揃えてブロックを配置するか？」を指定するのが`justify-content-xxx`のクラスです。

sample216-01.html

```html
    ：
<div class="container-fluid">          <!-- 全体を囲むコンテナ -->
  <h1>Grid System（行内の配置）</h1>
  <div class="row justify-content-start">
    <div class="col-3" style="background:#FB8;height:150px;">ブロックA</div>
    <div class="col-2" style="background:#FD9;height:150px;">ブロックB</div>
    <div class="col-3" style="background:#FB8;height:150px;">ブロックC</div>
  </div>
  <div class="row justify-content-center">
    <div class="col-3" style="background:#79F;height:150px;">ブロックD</div>
    <div class="col-2" style="background:#9BF;height:150px;">ブロックE</div>
    <div class="col-3" style="background:#79F;height:150px;">ブロックF</div>
  </div>
  <div class="row justify-content-end">
    <div class="col-3" style="background:#6D9;height:150px;">ブロックG</div>
    <div class="col-2" style="background:#BFA;height:150px;">ブロックH</div>
    <div class="col-3" style="background:#6D9;height:150px;">ブロックI</div>
  </div>
</div>          <!-- 全体を囲むコンテナ -->
    ：
```

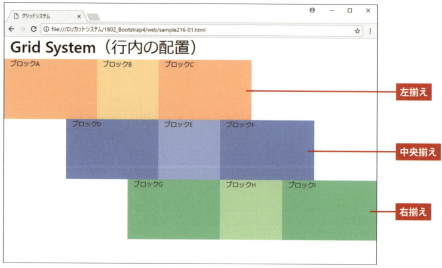

図2.1.6-1　行内の配置（左揃え／中央揃え／右揃え）

そのほか、各ブロックを等間隔で配置するクラスも用意されています。

justify-content-between ……… 均等割り付け
justify-content-around ……… 各ブロックの左右に均等の間隔

以下に、これらのクラスを適用したときの例を紹介しておくので、それぞれのブロック配置を把握するときの参考にしてください。

sample216-02.html
```html
    ：
<div class="container-fluid">       <!-- 全体を囲むコンテナ -->
  <h1>Grid System（行内の配置）</h1>
  <div class="row justify-content-between">
    <div class="col-3" style="background:#FB8;height:150px;">ブロックA</div>
    <div class="col-2" style="background:#FD9;height:150px;">ブロックB</div>
    <div class="col-3" style="background:#FB8;height:150px;">ブロックC</div>
  </div>
  <div class="row justify-content-around">
    <div class="col-3" style="background:#79F;height:150px;">ブロックD</div>
    <div class="col-2" style="background:#9BF;height:150px;">ブロックE</div>
    <div class="col-3" style="background:#79F;height:150px;">ブロックF</div>
  </div>
</div>       <!-- 全体を囲むコンテナ -->
    ：
```

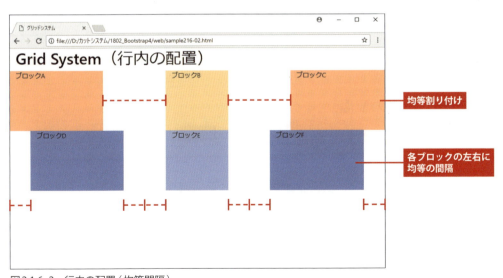

図2.1.6-2　行内の配置（均等間隔）

さらに、行内の縦方向についてブロック配置を指定するクラスも用意されています。これらのクラスは、各ブロックの「高さ」が異なる場合に活用できます。

align-items-start …………………… 上揃え（初期値）
align-items-center …………………… 上下中央揃え
align-items-end ……………………… 下揃え

sample216-03.html

```html
      :
13  <div class="container-fluid">          <!-- 全体を囲むコンテナ -->
14    <h1>Grid System（行内の配置）</h1>
15    <div class="row align-items-start">
16      <div class="col-5" style="background:#FB8;height:130px;">ブロックA</div>
17      <div class="col-4" style="background:#FD9;height:100px;">ブロックB</div>
18      <div class="col-3" style="background:#FB8;height: 70px;">ブロックC</div>
19    </div>
20    <div class="row align-items-center">
21      <div class="col-5" style="background:#79F;height:130px;">ブロックD</div>
22      <div class="col-4" style="background:#9BF;height:100px;">ブロックE</div>
23      <div class="col-3" style="background:#79F;height: 70px;">ブロックF</div>
24    </div>
25    <div class="row align-items-end">
26      <div class="col-5" style="background:#6D9;height:130px;">ブロックG</div>
27      <div class="col-4" style="background:#BFA;height:100px;">ブロックH</div>
28      <div class="col-3" style="background:#6D9;height: 70px;">ブロックI</div>
29    </div>
30  </div>          <!-- 全体を囲むコンテナ -->
      :
```

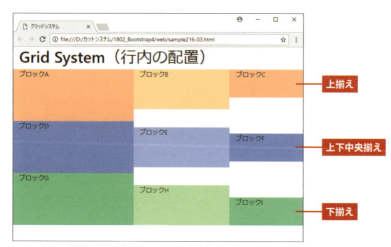

図2.1.6-3　行内の配置（上揃え／上下中央揃え／下揃え）

各ブロックに対して、縦方向の配置を個別に指定できるクラスも用意されています。このクラスは、各ブロックを示すdiv要素（colやcol-N）に対して適用します。

 align-self-start …………………… そのブロックを上揃えで配置
 align-self-center ……………… そのブロックを上下中央揃えで配置
 align-self-end ………………………… そのブロックを下揃えで配置

こちらも具体的な例を示しておきましょう。今回の例では、各行の範囲を把握しやすいように枠線を描画してあります。「行の高さ」を指定しなかった場合は、その行内にある「最も高さの大きいブロック」が行の高さの基準になります。

sample216-04.html

```
13  <div class="container">        <!-- 全体を囲むコンテナ -->
14    <h1>Grid System（行内の配置）</h1>
15    <div class="row" style="height:180px;border:solid 1px #000;">
16      <div class="col-5 align-self-start"  style="background:#FB8;height:90px;">ブロックA</div>
17      <div class="col-4 align-self-center" style="background:#FD9;height:90px;">ブロックB</div>
18      <div class="col-3 align-self-end"    style="background:#FB8;height:90px;">ブロックC</div>
19    </div>
20    <div class="row" style="border:solid 1px #000;">
21      <div class="col-5 align-self-start"  style="background:#79F;height:180px;">ブロックD</div>
22      <div class="col-4 align-self-center" style="background:#9BF;height:100px;">ブロックE</div>
23      <div class="col-3 align-self-end"    style="background:#79F;height:100px;">ブロックF</div>
24    </div>
25  </div>        <!-- 全体を囲むコンテナ -->
```

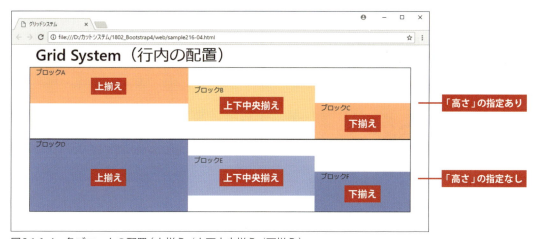

図2.1.6-4　各ブロックの配置（上揃え／上下中央揃え／下揃え）

2.1.7 ブロック間隔の指定

続いては、間隔を空けてブロックを配置する方法を紹介します。Bootstrap 4には**offset-N**というクラスが用意されています。このクラスは**ブロックの左側に間隔を設ける**ときに利用するもので、**Nの部分に1～12の数値を記述**して「間隔の幅」を列数で指定します。

具体的な例で解説していきましょう。以下は、各行に2つのブロックを配置した場合の例です。offset-Nのクラスを利用することで、市松模様のようにブロックを配置しています。

sample217-01.html

```
13  <div class="container-fluid">       <!-- 全体を囲むコンテナ -->
14    <h1>Grid System（間隔の指定）</h1>
15    <div class="row">
16      <div class="col-3"          style="background:#FB8;height:150px;">ブロックA</div>
17      <div class="col-3 offset-3" style="background:#FD9;height:150px;">ブロックB</div>
18    </div>
19    <div class="row">
20      <div class="col-3 offset-3" style="background:#79F;height:150px;">ブロックC</div>
21      <div class="col-3 offset-3" style="background:#9BF;height:150px;">ブロックD</div>
22    </div>
23    <div class="row">
24      <div class="col-3"          style="background:#6D9;height:150px;">ブロックE</div>
25      <div class="col-3 offset-3" style="background:#BFA;height:150px;">ブロックF</div>
26    </div>
27  </div>        <!-- 全体を囲むコンテナ -->
```

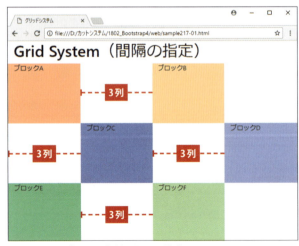

図2.1.7-1　ブロック左側の間隔の指定

グリッドシステムの1行目にある「ブロックB」には、offset-3のクラスが追加されています。このため、左側に「3列分の間隔」を設けた状態でブロックが配置されます。3行目にある「ブロックF」も同様です。2行目にある「ブロックC」と「ブロックD」は、両方にoffset-3のクラスが追加されています。よって、各ブロックの左側に「3列分の間隔」が設けられます。このようにoffset-Nで間隔を調整することにより、市松模様のブロック配置を実現しています。

　もちろん、offset-Nに3以外の数値を記述しても構いません。たとえば、offset-5を指定すると「5列分の間隔」をブロックの左側に設けることができます。

　また、**ml-auto**や**mr-auto**のクラスを適用してブロックの配置を調整する方法も用意されています。これらのクラスには、それぞれ以下の書式が指定されています。

```
ml-auto ……… margin-left:auto （右寄せ）
mr-auto ……… margin-right:auto（左寄せ）
```

　これらのクラスは、間隔を列数で指定するのではなく、「右寄せ」や「同じ幅の間隔」を指定する場合に活用できます。以下に、簡単な例を示しておくので参考にしてください。

sample217-02.html

```
13  <div class="container-fluid">        <!-- 全体を囲むコンテナ -->
14    <h1>Grid System （間隔の指定）</h1>
15    <div class="row">
16      <div class="col-3"          style="background:#FB8;height:150px;">ブロックA</div>
17      <div class="col-3 ml-auto"  style="background:#FD9;height:150px;">ブロックB</div>
18    </div>
19    <div class="row">
20      <div class="col-3 ml-auto"  style="background:#79F;height:150px;">ブロックC</div>
21      <div class="col-3 ml-auto"  style="background:#9BF;height:150px;">ブロックD</div>
22    </div>
23    <div class="row">
24      <div class="col-3 ml-auto"  style="background:#6D9;height:150px;">ブロックE</div>
25      <div class="col-3 mr-auto"  style="background:#BFA;height:150px;">ブロックF</div>
26    </div>
27  </div>         <!-- 全体を囲むコンテナ -->
```

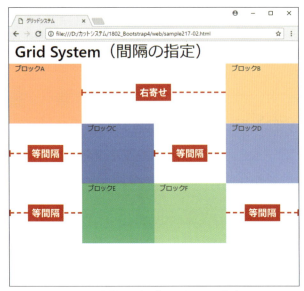

図2.1.7-2　marginを利用したブロック間隔の指定

「ブロックB」にはml-autoのクラスが追記されているため、margin-left:autoの書式が指定されます。その結果、「ブロックB」は右寄せで配置されます。

2行目にある「ブロックC」と「ブロックD」は、両方にml-autoのクラスが追記されています。この場合、各ブロックの左側に「同じ幅」の間隔が設けられます。

3行目では、「ブロックE」にml-auto、「ブロックF」にmr-autoが追記されています。よって、「ブロックE」は左側、「ブロックF」は右側に「同じ幅」で間隔が設けられます。

　ml-autoやml-autoの利点は、列数を計算しなくても思い通りに配置を調整できることです。また、間隔を自動調整してくれるため、間隔の列数が整数にならない場合にもml-autoやml-autoが活用できます。たとえば、先ほどの例で「ブロックF」の幅を4列分に変更すると、左右に2.5列分の間隔を設けることができます。

※offset-Nには、整数の列幅（間隔）しか指定できません。

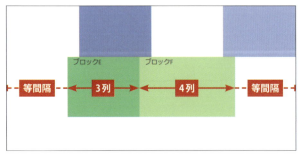

図2.1.7-3　間隔の列幅が整数にならない場合

2.1.8 ブロックを並べる順番の指定

各行内で、ブロックの並び順を入れ替える **order-N** というクラスも用意されています。**N**の部分には1～12の数値を記述して各ブロックの並び順を指定します。

たとえば、以下の例のようにHTMLを記述すると、div要素を記述した順番ではなく、**order-Nの数値が小さい順**に各ブロックが配置されます。

sample218-01.html

```
  :
13  <div class="container-fluid">       <!-- 全体を囲むコンテナ -->
14    <h1>Grid System（並べ替え）</h1>
15    <div class="row">
16      <div class="col-6 order-3" style="background:#FD9;height:200px;">商品A</div>
17      <div class="col-3 order-1" style="background:#9BF;height:200px;">商品B</div>
18      <div class="col-3 order-2" style="background:#BFA;height:200px;">商品C</div>
19    </div>
20  </div>              <!-- 全体を囲むコンテナ -->
  :
```

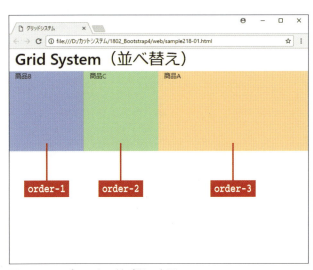

図2.1.8-1　ブロックの並び順の変更

この例を見たときに、「わざわざ面倒な処理をせずに、表示する順番でHTMLを記述していけばよいのに……」と思う方もいるかもしれません。確かに、このような記述方法はトラブルを招く原因になりかねません。しかし、レスポンシブWebデザインにおいては大きな意味を持つ場合があります。

たとえば「商品A」を目立たせたいときに、PC画面では「他の商品より大きく表示する」、スマートフォンでは「一番最初に表示する」、といった手法を採る場合があります。このとき、レイアウトによっては「PC」と「スマートフォン」で商品の並び順を入れ替えたくなるケースもあります。このような場合にorder-Nのクラスが役に立ちます。

※先ほどの例をレスポンシブWebデザインに対応させるには、画面サイズに応じたクラスを適用しなければなりません。これについては2.2節で詳しく解説します。

図218-2　レスポンシブWebデザインのイメージ

　order-Nのクラスは頻繁に利用するものではありませんが、レイアウトの自由度を高めることができるので、ぜひ使い方を覚えておいてください。
　そのほか、Bootstrapには、**order-first**や**order-last**のクラスを使って並び順を指定する方法も用意されています。

　　order-first ………… 最初に表示
　　order-last ………… 最後に表示

これらのクラスはorder-Nよりも優先されるため、order-1やorder-12のクラスが混在していた場合、その並び順は、

　　order-first → **orderr-1** → **orderr-2** → …… → **order-12** → **order-last**

という順番になります。こちらも合わせて覚えておいてください。

> **order-0のクラスも利用可能**
>
> 　ここで紹介したクラスのほかに、`order-0` というクラスを利用することも可能です。このクラスは、`order-1`よりも前、`order-first`よりも後にブロックを配置するクラスとなります。
> 　`order-N`のクラスは、`order`プロパティにより各ブロックの並び順を指定しています。その書式指定は、`order-0`が`order:0`、`order-1`が`order:1`、……、`order-12`が`order:12`となっています。ちなみに、`order-first`のクラスには`order:-1`、`order-last`のクラスには`order:13`の書式が指定されています。

▼ Bootstrap 3 からの変更点

―― **ブロックを並べる順番はorder-Nで指定** ――――――――――――――――

　Bootstrap 3では、ブロックの位置を左右にずらす`col-xs-pull-N`や`col-xs-push-N`などのクラスが用意されていましたが、これらのクラスはBootstrap 4で廃止されました。ブロックの並び順を入れ替えるときは、ここで解説した**order-N**のクラスを利用するようにしてください。

2.1.9　ブロック幅に合わせて画像を表示

　続いては、グリッドシステムを使って配置したブロック内に**画像**を表示するときの注意点について説明します。

　Bootstrapのグリッドシステムは、ブラウザの「ウィンドウ幅」に応じて「ブロックの幅」も変化する仕組みになっています。全体を`container`のクラスで囲んで固定幅にした場合も、「ウィンドウ幅」に応じて固定幅が段階的に変化していくため、各ブロックの幅が「何ピクセルになるか？」を断定することはできません。

　具体的な例で見ていきましょう。次ページに示したHTMLは、6列－3列－3列のブロック配置をグリッドシステムで作成した場合の例です。これまでの例と同様に、各ブロックには「背景色」と「高さ」の書式を指定してブロックの範囲を分かりやすくしてあります。

sample219-01.html

```html
13  <div class="container">          <!-- 全体を囲むコンテナ -->
14
15    <h1>Grid System（画像の配置）</h1>
16    <div class="row">
17      <div class="col-6" style="background:#FD9;height:350px;"></div>
18      <div class="col-3" style="background:#9BF;height:350px;"></div>
19      <div class="col-3" style="background:#BFA;height:350px;"></div>
20    </div>
21
22  </div>          <!-- 全体を囲むコンテナ -->
```

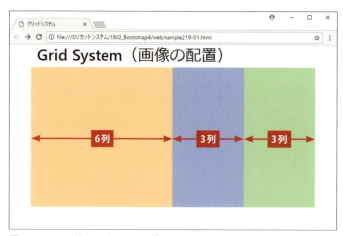

図2.1.9-1　6列－3列－3列のブロック配置

　続いて、各ブロック内にimg要素で画像を配置していきます。このHTMLの記述は、以下のようになります。

sample219-02.html

```html
13  <div class="container">          <!-- 全体を囲むコンテナ -->
14
15    <h1>Grid System（画像の配置）</h1>
16    <div class="row">
17      <div class="col-6" style="background:#FD9;height:350px;">
18        <img src="img/lighthouse-1.jpg">
19      </div>
```

```
20      <div class="col-3" style="background:#9BF;height:350px;">
21        <img src="img/lighthouse-2.jpg">
22      </div>
23      <div class="col-3" style="background:#BFA;height:350px;">
24        <img src="img/lighthouse-3.jpg">
25      </div>
26    </div>
27
28  </div>           <!-- 全体を囲むコンテナ -->
       ⋮
```

　これをブラウザで閲覧すると、各ブロックから画像がはみ出して表示されるのを確認できます。これは「ブロックのサイズ」より「画像サイズ」の方が大きいことが原因です。画像サイズを小さくすれば解決できる問題のようにも見えますが、「ブロックの幅」は「ウィンドウ幅」に応じて変化してしまうため、最適な画像サイズを求めることはできません。

2.1.9-2　各ブロックに画像を配置した様子

　このような場合に活用できるのが **img-fluid** というクラスです。img要素にimg-fluidのクラスを適用すると、「ブロックの幅」に合わせて画像を縮小表示できるようになります。

sample219-03.html

```html
     ︙
<div class="container">          <!-- 全体を囲むコンテナ -->

  <h1>Grid System（画像の配置）</h1>
  <div class="row">
    <div class="col-6" style="background:#FD9;height:350px;">
      <img src="img/lighthouse-1.jpg" class="img-fluid">
    </div>
    <div class="col-3" style="background:#9BF;height:350px;">
      <img src="img/lighthouse-2.jpg" class="img-fluid">
    </div>
    <div class="col-3" style="background:#BFA;height:350px;">
      <img src="img/lighthouse-3.jpg" class="img-fluid">
    </div>
  </div>

</div>          <!-- 全体を囲むコンテナ -->
     ︙
```

図2.1.9-3　ブロック幅に合わせて画像サイズを自動調整

　すると、「画像の幅」が「ブロックの幅」と一致するように画像が縮小されます。「画像の高さ」は元の比率を維持するように自動調整されます。このように、img-fluidのクラスを適用すると、「ブロックの幅」に応じて「画像の幅」を変化させることが可能となります。ただし、「画像の幅」が「ブロックの幅」より小さかった場合は、画像は本来のサイズで表示されます。「ブロックの幅」に合わせて画像を拡大する機能はないことに注意してください。

▼Bootstrap 3からの変更点

> **クラス名の変更**
>
> Bootstrap 3では img-responsive というクラスを使って画像を幅100%で表示していました。このクラスはBootstrap 4で名前が変更され、**img-fluid**に置き換わっています。ほぼ同様の機能を持つクラスですが、クラス名が変更されていることに注意してください。

　先ほどの図2.1.9-3をよく見ると、画像の左右に余白が設けられているのを確認できます。これは各ブロックに「左右15ピクセルの padding」が指定されていることが原因です。画像をブロック内に隙間なく表示するには、**px-0**というクラスを「各ブロックの div 要素」に追記して、左右の padding を 0 にする必要があります。

sample219-04.html

```
16    <div class="row">
17      <div class="col-6 px-0" style="background:#FD9;height:350px;">
18        <img src="img/lighthouse-1.jpg" class="img-fluid">
19      </div>
20      <div class="col-3 px-0" style="background:#9BF;height:350px;">
21        <img src="img/lighthouse-2.jpg" class="img-fluid">
22      </div>
23      <div class="col-3 px-0" style="background:#BFA;height:350px;">
24        <img src="img/lighthouse-3.jpg" class="img-fluid">
25      </div>
26    </div>
```

図2.1.9-4　各ブロックにpx-0のクラスを追記した場合

paddingを指定するクラス

Bootstrap 4には、paddingを手軽に指定できるクラスが用意されています。先ほどのpx-0も、このクラスの一つとなります。paddingを指定するときは、**p**に続けて**方向を示す文字**を記述し、さらに**-（ハイフン）**と**0〜5の数値**を記述します。

■方向を示す文字

t	上
r	右
b	下
l	左
x	左右
y	上下
なし	上下左右

■ハイフン後の数値

0	0
1	0.25rem
2	0.5rem
3	1rem
4	1.5rem
5	3rem

たとえば、前述した`px-0`のクラスを適用すると「左右に0」のpaddingを指定できます。同様に、`pl-4`は「左に1.5rem」、`py-1`は「上下に0.25rem」、`p-3`は「上下左右に1rem」のpaddingを指定するクラスとなります。便利に活用できるので、記述方法を覚えておいてください。

　これまでの例では、各ブロックのdiv要素に「背景色」と「高さ」を指定し、ブロックの範囲を分かりやすく示してきました。しかし、実際にWebサイトを作成するときに、これらの書式を指定する必要はありません。作成するWebサイトのデザインに合わせて、必要な書式だけを指定するようにしてください。ブロックの「高さ」を指定しなかった場合は、ブロックの内容に合わせて「高さ」が自動的に決定されます。

　以下の例は、各ブロックのdiv要素から「背景色」と「高さ」の書式指定を削除し、ブロック内に5枚の画像を表示した場合です。先ほどと同様に、6列－3列－3列のブロック配置を行い、後半の2ブロックには2枚ずつ画像を配置しています。これらの画像はいずれも「ブロックの幅」に合わせて表示されるため、2枚の画像があるブロックは画像が縦に並べて表示されます。

sample219-05.html

```html
　　　︙
13  <div class="container">      <!-- 全体を囲むコンテナ -->
14
15    <h1>灯台のある風景</h1>
```

```
16      <div class="row">
17        <div class="col-6 px-0">    ──────── CSS（style属性）の記述なし
18          <img src="img/lighthouse-1.jpg" class="img-fluid">
19        </div>
20        <div class="col-3 px-0">    ──────── CSS（style属性）の記述なし
21          <img src="img/lighthouse-2.jpg" class="img-fluid">
22          <img src="img/lighthouse-4.jpg" class="img-fluid">
23        </div>
24        <div class="col-3 px-0">    ──────── CSS（style属性）の記述なし
25          <img src="img/lighthouse-3.jpg" class="img-fluid">
26          <img src="img/lighthouse-5.jpg" class="img-fluid">
27        </div>
28      </div>
29
30    </div>       <!-- 全体を囲むコンテナ -->
```

　このHTMLファイルをブラウザで開き、ウィンドウ幅を変化させていくと、レイアウトを維持したまま画像のサイズが変化していくのを確認できます。

図2.1.9-5　グリッドシステムを利用して配置した画像

なお、px-0のクラスでpaddingを0にする代わりに、**no-gutters**のクラスを利用する方法もあります。行（row）のdiv要素にno-guttersのクラスを追加すると、その行内にある各ブロックのpaddingも0になります。

```html
sample219-06.html

13  <div class="container">        <!-- 全体を囲むコンテナ -->
14
15    <h1>灯台のある風景</h1>
16    <div class="row no-gutters">
17      <div class="col-6">                    ← px-0のクラス指定なし
18        <img src="img/lighthouse-1.jpg" class="img-fluid">
19      </div>
20      <div class="col-3">                    ← px-0のクラス指定なし
21        <img src="img/lighthouse-2.jpg" class="img-fluid">
22        <img src="img/lighthouse-4.jpg" class="img-fluid">
23      </div>
24      <div class="col-3">                    ← px-0のクラス指定なし
25        <img src="img/lighthouse-3.jpg" class="img-fluid">
26        <img src="img/lighthouse-5.jpg" class="img-fluid">
27      </div>
28    </div>
29
30  </div>         <!-- 全体を囲むコンテナ -->
```

図2.1.9-6　no-guttersのクラスを適用した場合

ただし、この場合はrowのクラスに指定されていた**ネガティブマージン**も取り消されることに注意してください（P40～43参照）。このため、グリッドシステムの左右に余白が設けられ

ます。画面の小さいスマートフォンで見たときに、できるだけ画像を大きく表示したい場合は、`no-gutters`ではなく、`px-0`を利用した方が効果的です。

■px-0で余白を0にした場合　　■no-guttersで余白を0にした場合

図2.1.9-7　スマートフォンで閲覧した様子

　ブロック内に文章を配置する場合も`no-gutters`の利用は推奨できません。`no-gutters`を適用すると、ブロック内の余白（`padding`）が0になってしまうため、隣のブロックとの隙間がなくなり、文章が読みづらくなってしまいます。

図2.1.9-8　通常のグリッドシステム（上）とno-guttersを適用した場合（下）

2.2 画面サイズに応じたレイアウト

画面サイズに応じてレイアウトを変化させる「レスポンシブWebデザイン」に対応していることもBootstrapの大きな特長です。続いては、グリッドシステムを使ってレスポンシブWebデザインを実現する方法を解説します。

2.2.1　レスポンシブWebデザイン

　グリッドシステムを使うと、ページ全体を自由に分割してレイアウトを構築できます。ただし、このようなレイアウトは画面の小さいスマートフォンには向きません。訪問者の利便性を考えると、スマートフォン向けに新しいレイアウトを構築するのが理想的です。

　たとえば、P66～67で紹介したsample219-05.htmlをスマートフォンで閲覧すると、ページ全体のレイアウトは維持されるものの、各列の幅が小さくなってしまうため、それに合わせて画像のサイズも小さくなってしまいます。

図2.2.1-1　通常のレイアウト

　画像だけで構成されるレイアウトであれば、『まだ何とかなるレベル……』といえますが、ブロック内に文章が入力されている場合はそうもいきません。列幅の少ないブロックは文章が2～3文字で折り返されてしまい、とても読めたものではありません。

2.2 画面サイズに応じたレイアウト

図2.2.1-2 通常のレイアウト（sample221-01.html）

　そこで、画面サイズに応じてブロック配置を変更するように指定しておくと、あらゆる画面サイズに対応するWebサイトを作成できます。たとえば、先ほど紹介した2つの例の場合、パソコンとスマートフォンで以下のようにレイアウトを変化させて表示することが可能です。

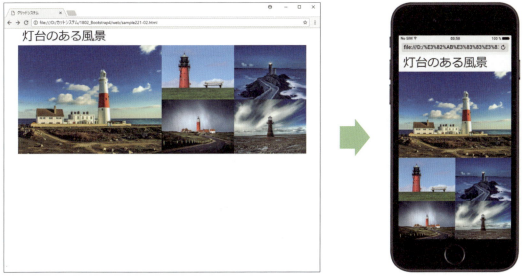

図2.2.1-3 画面サイズに応じて変化するレイアウト（sample221-02.html）

71

図2.2.1-4　画面サイズに応じて変化するレイアウト（sample221-03.html）

　このように、画面サイズに応じて構成が変化するレイアウトのことを**レスポンシブWebデザイン**といいます。Bootstrapには、手軽にレスポンシブWebデザインを実現できる機能が用意されています。非常に便利な機能であり、昨今のWeb制作には欠かせない機能となるので、その使い方をよく理解しておいてください。

2.2.2　画面サイズに応じて列幅を変更

　スマートフォンでWebサイトを見たときにブロック配置を変更したい場合は、`col-sm-N`などのクラスを使って列幅を指定します。クラス名の**Nの部分には1〜12の数値を記述**し、この数値で各ブロックの列幅を指定します。`col-sm-N`のクラスは「ウィンドウ幅が576px以上」という条件を付けて列幅を指定するものです。条件に合わない場合、すなわち「ウィンドウ幅が576px未満」のときは、各ブロックは全体幅（12列）で表示されます。
　具体的な例で見ていきましょう。次ページの例は、`col-sm-N`を使って6列－3列－3列のブロック配置を作成した場合です。これまでと同様に、各ブロックの範囲が分かりやすいようにdiv要素に「背景色」と「高さ」を指定してあります。

2.2 画面サイズに応じたレイアウト

sample222-01.html

```html
       :
13  <div class="container">        <!-- 全体を囲むコンテナ -->
14
15    <h1>ブロック配置の変化</h1>
16
17    <div class="row">
18      <div class="col-sm-6" style="background:#FD9;height:200px;">ブロックA</div>
19      <div class="col-sm-3" style="background:#9BF;height:200px;">ブロックB</div>
20      <div class="col-sm-3" style="background:#BFA;height:200px;">ブロックC</div>
21    </div>
22
23  </div>        <!-- 全体を囲むコンテナ -->
       :
```

　このHTMLファイルをパソコンなどの画面が大きい端末で閲覧すると、各ブロックが指定した列幅（6列－3列－3列）で表示されるのを確認できます。一方、スマートフォンのように小さい画面で閲覧したときは、列幅の指定が解除され、各ブロックが縦に並べて配置されます。

　Webサイトをスマートフォンで閲覧したときの様子は、スマートフォンの実機を使って確認するのが基本です。しかし、HTMLを書き換えるたびにスマートフォンで表示を確認するのは意外と面倒な作業になります。このような場合はパソコンでHTMLファイルを閲覧し、ブラウザのウィンドウ幅を小さくして表示確認を行っても構いません。

　BootstrapはOSやブラウザで端末を見分けるのではなく、**画面サイズに応じてレイアウトを変化させる**仕組みになっています。このため、ブラウザのウィンドウ幅を小さくするだけでレイアウトの変化を確認できます。

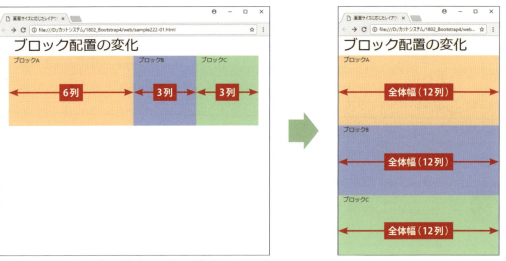

図2.2.2-1　ブレイクポイント（576px）で変化するレイアウト

col-sm-Nのクラスを使って列幅を指定したときは、幅576pxを基準にレイアウトが変化します。このように、レイアウト変化の境界線となる幅のことを**ブレイクポイント**と呼びます。

　Bootstrap 4には、576pxのブレイクポイントのほかに、768pxや992px、1200pxといったブレイクポイントが用意されています。768pxをブレイクポイントにするときは**col-md-N**、992pxをブレイクポイントにするときは**col-lg-N**、1200pxをブレイクポイントにするときは**col-xl-N**というクラスを使って列幅を指定します。いずれもクラス名の**Nの部分に1〜12の数値を記述**して列幅を指定します。

　つまり、列幅を指定するクラスはcol-N、col-sm-N、col-md-N、col-lg-N、col-xl-Nの5種類が用意されていることになります。これらのクラスを上手に活用することで、スマートフォン／タブレット／パソコンで閲覧したときのレイアウトを変化させます。ただし、端末の種類ではなく、画面サイズ（ウィンドウ幅）でレイアウトを変化させるため、**必ずしも「端末の種類」と「レイアウト」が一致するとは限りません**。パソコンの場合、ブラウザのウィンドウサイズを自由に変更できるため、ウィンドウ幅に応じてレイアウトが変化することになります。

　以下に、「画面サイズ」（ウィンドウ幅）と「列幅を指定するクラス」の対応をまとめておくので参考にしてください。

■「画面サイズ」と「列幅を指定するクラス」の対応

画面サイズ （ウィンドウ幅）	0px以上〜 （Extra small）	576px以上〜 （Small）	768px以上〜 （Medium）	992px以上〜 （Large）	1200px以上〜 （Extra large）
クラス	col-N col	col-**sm**-N col-**sm**	col-**md**-N col-**md**	col-**lg**-N col-**lg**	col-**xl**-N col-**xl**
主な用途	スマホ（縦）				
		スマホ（横）			
		タブレット			
			パソコン		
			大画面PC		

※クラス名のNの部分には1〜12の数値を記述して列幅を指定します。

　以下は、col-lg-Nのクラスを使って列幅を指定した場合の例です。パソコンでHTMLファイルを閲覧し、ブラウザのウィンドウ幅を変化させていくと、幅992pxを境にレイアウトが変化するのを確認できます。

sample222-02.html

```
13  <div class="container">      <!-- 全体を囲むコンテナ -->
14
```

```
15      <h1>ブロック配置の変化</h1>
16
17      <div class="row">
18          <div class="col-lg-5" style="background:#FD9;height:200px;">ブロックA</div>
19          <div class="col-lg-4" style="background:#9BF;height:200px;">ブロックB</div>
20          <div class="col-lg-3" style="background:#BFA;height:200px;">ブロックC</div>
21      </div>
22
23  </div>          <!-- 全体を囲むコンテナ -->
```

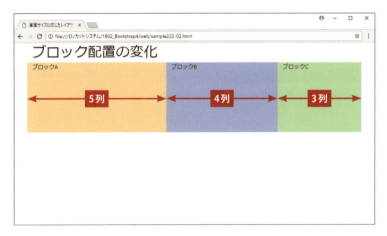

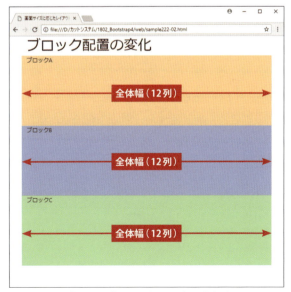

図2.2.2-2　ブレイクポイント（992px）で変化するレイアウト

ブレイクポイントと添字の変化　　　　　　　　　　　　　▼ Bootstrap 3 からの変更点

Bootstrap 3におけるブレイクポイントは768px / 992px / 1200pxの3カ所でしたが、Bootstrap4では、新たに576pxのブレイクポイントが新設されました。これに応じて画面サイズを示す添字（sm / md / lgなど）も以下のように変更されています。

■画面サイズと添字

画面サイズ （ウィンドウ幅）	0px〜	576px〜	768px〜	992px〜	1200px〜
Bootstrap 3	xs	xs	sm	md	lg
Bootstrap 4	（なし）	sm	md	lg	xl

同じcol-sm-Nのクラスであっても、Bootstrap 4とBootstrap 3で対応する画面サイズが変化していることに注意してください。このため、Bootstrap 3で制作したWebサイトにBootstrap 4を導入すると（CSSファイルを入れ替えると）、レイアウトが大きく乱れてしまいます。Bootstrap 3に慣れている方には非常に紛らわしい改変となるので、十分に注意するようにしてください。

そのほか、**col-sm**、**col-md**、**col-lg**、**col-xl**といったクラスを使って等分割のブロック配置を行うことも可能です。この場合も、smやmdなどの添字に応じて「指定が有効になる画面サイズ」は変化します。

以下は、col-mdのクラスを使って行を3等分するブロック配置を行った場合の例です。col-mdによるブロック配置は「ウィンドウ幅が768px以上」のときのみ有効になり、それ以外（ウィンドウ幅が768px未満）のときは全体幅で各ブロックが表示されます。

sample222-03.html

```html
13  <div class="container">        <!-- 全体を囲むコンテナ -->
14
15    <h1>ブロック配置の変化</h1>
16
17    <div class="row">
18      <div class="col-md" style="background:#FD9;height:200px;">ブロックA</div>
19      <div class="col-md" style="background:#9BF;height:200px;">ブロックB</div>
20      <div class="col-md" style="background:#BFA;height:200px;">ブロックC</div>
21    </div>
22
23  </div>        <!-- 全体を囲むコンテナ -->
```

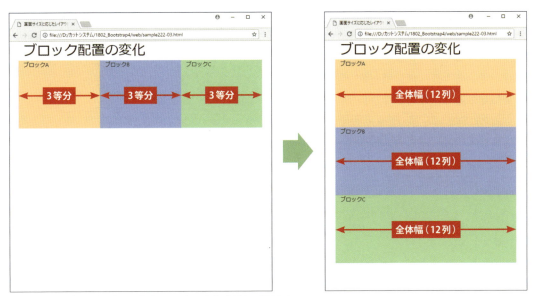

図2.2.2-3 ブレイクポイント(768px)で変化するレイアウト

2.2.3 列幅を指定するクラスを複数適用した場合

　ブロックを作成するdiv要素に「列幅を指定するクラス」を複数適用することも可能です。たとえば、col-6とcol-md-3の2つのクラスを適用すると、「幅が768px未満のときは6列、幅が768px以上のときは3列」といった具合に列幅が変化するブロックを作成できます。もちろん、3つ以上のクラスを適用して、画面サイズごとにブロック配置を細かくコントロールすることも可能です。

　「列幅を指定するクラス」をいくつも適用するときは、「画面サイズの小さいもの」から「画面サイズの大きいもの」へ向かってレイアウトを考えていくのが基本です。というのも、Bootstrapは**モバイルファースト**に従ってCSSが設計されているからです。

　モバイルファーストとは、スマートフォンを最優先してCSSを記述する手法のことです。こうすることで、処理速度の遅いスマートフォンでもWebページを短時間で表示できるようになります。その一方でパソコンは余計な処理を強いられることになり、少しだけ表示速度が遅くなってしまいますが、パソコンの処理能力はスマートフォンに比べて圧倒的に速いため、体感できるほどの遅延にはなりません。

「列幅を指定するクラス」をいくつも列記するときは、以下の図表を参考にしながら列幅を決めていくと状況を把握しやすくなります。各クラスに表示されている横棒は、そのクラスが有効になる画面サイズの範囲を示しています。複数のクラスが適用されている場合は、より上に記されているクラスほど優先度が高くなります。つまり、「赤色の横棒」で示されている部分が最も優先されるクラスとなります。

■各クラスの優先度と有効範囲

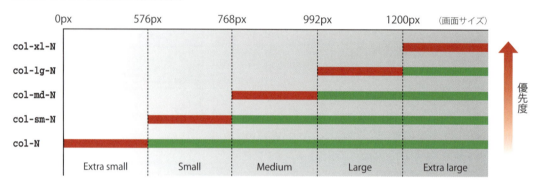

少し分かりにくいと思うので、もう少し補足しておきましょう。たとえば、ウィンドウ幅が「768～992px未満の範囲」（Medium）を例に考えた場合、以下の優先順位で列幅が決定されることになります。

① `col-md-N`で指定した列幅
　　（例1）class="col-9 col-md-6" ……………………………… 6列
　　（例2）class="col-9 col-md-4 col-lg-3" ………… 4列

② `col-sm-N`で指定した列幅（col-md-Nがない場合）
　　（例3）class="col-sm-5" ……………………………………… 5列
　　（例4）class="col-8 col-sm-4" …………………………… 4列

③ `col-N`で指定した列幅（col-sm-Nもない場合）
　　（例5）class="col-6 col-lg-3" ……………………………… 6列

④ 有効なクラスがない場合
　　（例6）class="col-lg-4" …………………………………… 12列（全体幅）

この場合、col-lg-Nやcol-xl-Nは範囲外となるため、ブロックの列幅に影響を与えることはありません。基本的には、「範囲外のクラスを無視した状態で、図表の上に示されているクラスほど優先される」と考えておけばよいでしょう。

では、具体的な例で見ていきましょう。以下は、3つのブロックで構成されたグリッドシステムです。いずれもcol-Nとcol-md-Nの2種類のクラスが適用されているため、768pxがブレイクポイントになります。

```html
sample223-01.html
    ⋮
13  <div class="container">          <!-- 全体を囲むコンテナ -->
14
15    <h1>ブロック配置の変化</h1>
16
17    <div class="row">
18      <div class="col-12 col-md-6" style="background:#FD9;height:200px;">ブロックA</div>
19      <div class="col-6  col-md-3" style="background:#9BF;height:200px;">ブロックB</div>
20      <div class="col-6  col-md-3" style="background:#BFA;height:200px;">ブロックC</div>
21    </div>
22
23  </div>              <!-- 全体を囲むコンテナ -->
    ⋮
```

ウィンドウ幅が「768px未満」のときはcol-Nのクラスで列幅が指定されるため、12列、6列－6列の2行で構成されるブロック配置になります。ウィンドウ幅が「768px以上」になると、col-md-Nのクラスが有効になるため、6列－3列－3列のブロック配置になります。

なお、有効な「列幅を指定するクラス」がない場合は、全体幅（12列）でブロックが表示されます。よって、18行目にあるcol-12の記述を省略しても同様の結果を得られます。

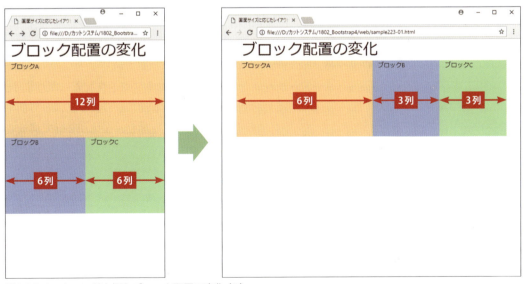

図2.2.3-1　ウィンドウ幅とブロック配置の変化（1）

具体的な例をもう一つ紹介しておきます。以下の例には、col-N、col-sm-N、col-md-N の3種類のクラスが適用されています。このため、576pxと768pxの2カ所がブレイクポイントになります。

sample223-02.html

```html
 13  <div class="container">          <!-- 全体を囲むコンテナ -->
 14
 15    <h1>ブロック配置の変化</h1>
 16
 17    <div class="row">
 18      <div class="col-md-7" style="background:#FB8;height:100px;">ブロックA</div>
 19      <div class="col-md-5" style="background:#FD9;height:100px;">ブロックB</div>
 20    </div>
 21    <div class="row">
 22      <div class="col-12 col-sm col-md-6" style="background:#79F;height:150px;">ブロックC</div>
 23      <div class="col-6  col-sm col-md-3" style="background:#6D9;height:150px;">ブロックD</div>
 24      <div class="col-6  col-sm col-md-3" style="background:#BFA;height:150px;">ブロックE</div>
 25    </div>
 26
 27  </div>          <!-- 全体を囲むコンテナ -->
```

　ウィンドウ幅が「576px未満」のときはcol-Nのクラスで列幅が指定されます。ただし、前半の2ブロックにはcol-Nのクラスがないため、全体幅（12列）でブロックが表示されます。その結果、12列、12列、12列、6列－6列の4行で構成されるブロック配置になります。

　ウィンドウ幅が「576px以上」になるとcol-sm-Nのクラスが有効になります。ただし、前半の2ブロックにはcol-sm-Nのクラスがありません。よって、全体幅（12列）のまま変化しません。一方、後半の3ブロックは、col-smのクラスにより等分割されることになります。その結果、12列、12列、3等分－3等分－3等分の3行で構成されるブロック配置になります。

　ウィンドウ幅が「768px以上」になると、col-md-Nのクラスが有効になります。よって前半の2ブロックは7列－5列、後半の3ブロックは6列－3列－3列になり、全体が2行で構成されるブロック配置になります。

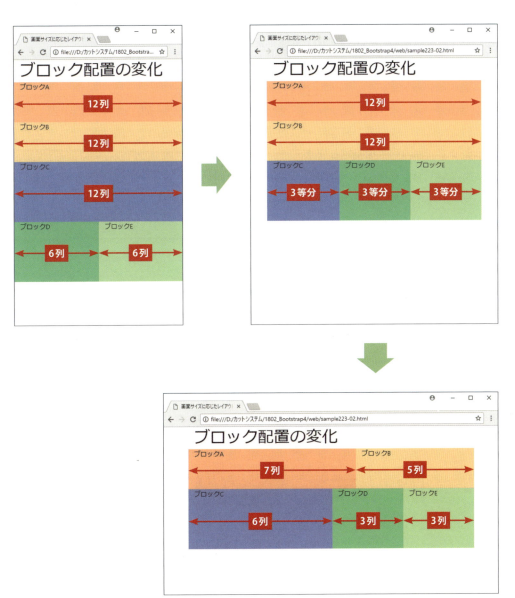

図2.2.3-2　ウィンドウ幅とブロック配置の変化（2）

　最初のうちは少し複雑に感じるかもしれませんが、慣れてしまえばブロック配置を思いどおりにカスタマイズできるようになります。2.2.2項と2.2.3項で解説した内容は、レスポンシブWebデザインを実現するときに要となる機能なので、実際に色々と試しながら仕組みをよく理解しておいてください。

2.2.4　ブロック間隔と並び順の調整

　ブロックの左側に間隔を設ける**offset-N**も、画面サイズ（ウィンドウ幅）に応じて有効／無効を変化させることが可能です。この場合も**sm／md／lg／xl**の添字を追加してクラスを記述します。たとえば、画面サイズが768px以上の場合にのみ間隔を設けるときは、**offset-md-N**で間隔の列幅を指定します。

　以下は、offset-md-6のクラスを適用して6列分の間隔を設けた場合の例です。

sample224-01.html

```html
        ⋮
13  <div class="container">         <!-- 全体を囲むコンテナ -->
14
15    <h1>間隔の変化</h1>
16
17    <div class="row">
18      <div class="col-6" style="background:#FB8;height:150px;">ブロックA</div>
19      <div class="col-6" style="background:#FD9;height:150px;">ブロックB</div>
20    </div>
21    <div class="row">
22      <div class="col-6 col-md-3" style="background:#79F;height:150px;">ブロックC</div>
23      <div class="col-6 col-md-3 offset-md-6" style="background:#9BF;height:150px;">ブロックD</div>
24    </div>
25    <div class="row">
26      <div class="col-6" style="background:#6D9;height:150px;">ブロックE</div>
27      <div class="col-6" style="background:#BFA;height:150px;">ブロックF</div>
28    </div>
29
30  </div>          <!-- 全体を囲むコンテナ -->
        ⋮
```

　ウィンドウ幅が「768px未満」のときはcol-6のクラスにより、全てのブロックが6列の幅で表示されます。

　ウィンドウ幅が「768px以上」になるとcol-md-3のクラスが有効になり、2行目のブロックは3列－3列の配置になります。さらに、offset-md-6のクラスも有効になり、間に6列分の間隔が設けられます。

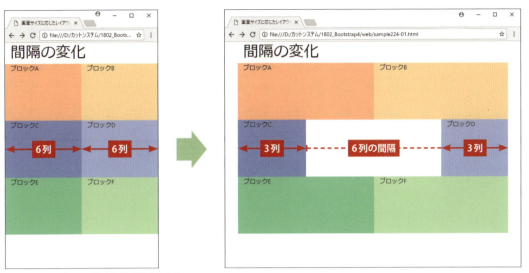

図2.2.4-1 ウィンドウ幅と間隔の変化

▼Bootstrap 3 からの変更点

―― 間隔はoffset-(添字)-Nで指定 ――

Bootstrap 3では、col-xs-offset-Nなどのクラスで「左側の間隔」を指定していましたが、Bootstrap 4ではoffset-Nにクラス名が変更されました。もちろん、画面サイズを限定した間隔の指定も可能です。この場合は、offset-(添字)-Nとクラス名を記述します。基本的な使い方に変化はありませんが、クラス名が変更されていることに注意してください。

marginを自動調整するml-autoやmr-autoで同様の仕組みを実現することも可能です（P57～58参照）。これらのクラスもsm／md／lg／xlの添字を間に追加することで、有効になる画面サイズを限定することができます。

先ほど示した例の場合、HTMLの23行目を以下のように書き換えても、同様の結果を得られます。

sample224-02.html

```
21    <div class="row">
22      <div class="col-6 col-md-3" style="background:#79F;height:150px;">ブロックC</div>
23      <div class="col-6 col-md-3 ml-md-auto" style="background:#9BF;height:150px;">ブロックD</div>
24    </div>
```

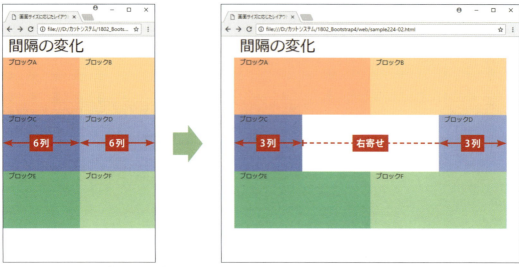

図2.2.4-2　ウィンドウ幅と間隔の変化

　ブロックの並び順を変更する **order-N** も画面サイズ（ウィンドウ幅）に応じて有効/無効を変化させることが可能です。基本的な考え方はこれまでと同じで、間に **sm / md / lg / xl** の添字を追加することで有効になる画面サイズを指定します。

　以下は、order-md-Nのクラスを使って、「ブロックB」と「ブロックC」の並び順を入れ替えた場合の例です。

sample224-03.html

```html
   ︙
13  <div class="container">        <!-- 全体を囲むコンテナ -->
14
15      <h1>並び順の変更</h1>
16
17      <div class="row">
18          <div class="col" style="background:#FD9;height:100px;">ブロックA</div>
19      </div>
20      <div class="row">
21          <div class="col-md-8 order-md-2" style="background:#9BF;height:200px;">ブロックB</div>
22          <div class="col-md-4 order-md-1" style="background:#BFA;height:200px;">ブロックC</div>
23      </div>
24
25  </div>           <!-- 全体を囲むコンテナ -->
   ︙
```

2.2 画面サイズに応じたレイアウト

　念のため、「ブロックB」と「ブロックC」の挙動について解説しておきます。ウィンドウ幅が「768px未満」のときは各ブロックが全体幅（12列）で表示されます。ブロックの並び順はHTMLを記述したとおりの順番で「ブロックB」→「ブロックC」となります。

　ウィンドウ幅が「768px以上」になるとcol-md-Nが有効になり、「ブロックB」は8列、「ブロックC」は4列のサイズに変更されます。さらに、order-md-Nも有効になり、並び順が変更されて「ブロックC」→「ブロックB」の順番で各ブロックが表示されます。

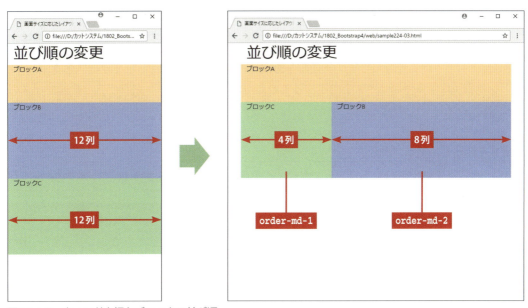

図2.2.4-3　ウィンドウ幅とブロックの並び順

▼Bootstrap 3からの変更点

─ 並び順はorder-(添字)-Nで指定 ─

　P61で紹介したように、ブロックの位置を左右にずらすcol-xs-pull-Nやcol-xs-push-Nなどのクラスは廃止されました。代わりに`order-N`のクラスを使用します。有効になる画面サイズを限定するときは、`order-(添字)-N`という形でクラス名を記述します。

2.2.5　画面サイズに応じて要素を表示／非表示

　続いては、画面サイズ（ウィンドウ幅）に応じて**要素の表示／非表示**を切り替えるクラスの使い方を解説します。このクラスを各ブロックのdiv要素に適用すると、「スマートフォンで閲覧したときのみ表示されるブロック」などを作成できるようになります。レスポンシブWebデザインの活用方法として覚えておくとよいでしょう。

　まずは、**要素を非表示にする**方法から解説します。要素を非表示にするときは、その要素に**d-none**というクラスを適用します。このとき、**d-（添字）-none**という形でクラス名を記述し、要素を非表示にする画面サイズを限定することも可能です。以下に、各クラスと画面サイズの対応を示しておくので参考にしてください。

■要素を非表示にするクラス

画面サイズ（ウィンドウ幅）	0px ～（Extra small）	576px ～（Small）	768px ～（Medium）	992px ～（Large）	1200px ～（Extra large）
d-none	非表示				
d-sm-none	−	非表示			
d-md-none	−		非表示		
d-lg-none	−			非表示	
d-xl-none	−				非表示

　具体的な例で見ていきましょう。以下の例は、画面サイズが768px未満のときだけ「スマホ広告」のブロックを表示し、それ以上の画面サイズでは「スマホ広告」のブロックを非表示にした場合です。

sample225-01.html

```
     :
13  <div class="container">         <!-- 全体を囲むコンテナ -->
14
15    <h1>要素の表示／非表示</h1>
16
17    <div class="row">
18      <div class="col" style="background:#FD9;height:150px;">ブロックA</div>
19    </div>
```

```
20      <div class="row">
21        <div class="col-md-6" style="background:#9BF;height:150px;">ブロックB</div>
22        <div class="col d-md-none" style="background:#000;height: 75px;">
23          <h3 style="color:#FFF">スマホ広告</h3>
24        </div>
25        <div class="col-md-6" style="background:#BFA;height:150px;">ブロックC</div>
26      </div>
27
28    </div>         <!-- 全体を囲むコンテナ -->
      ⋮
```

　ウィンドウ幅が「768px以上」になると、d-md-noneのクラスが有効になり、「スマホ広告」のブロックは非表示になります。さらに、col-md-6のクラスも有効になり、「ブロックB」と「ブロックC」は6列分の幅で配置されます。

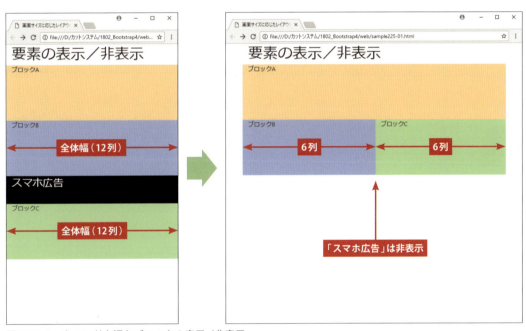

図2.2.5-1　ウィンドウ幅とブロックの表示／非表示

　この例とは逆に、**要素を表示する**クラスも用意されています。要素を表示するときは**d-block**というクラスを適用します。こちらも**d-（添字）-block**という形で有効になる画面サイズを限定することが可能です。

■要素を表示するクラス（ブロックレベル要素）

画面サイズ （ウィンドウ幅）	0px ～ （Extra small）	576px ～ （Small）	768px ～ （Medium）	992px ～ （Large）	1200px ～ （Extra large）
`d-block`	表示				
`d-sm-block`	－	表示			
`d-md-block`	－		表示		
`d-lg-block`	－			表示	
`d-xl-block`	－				表示

ただし、これらのクラスを単独で使用するケースは滅多にありません。というのも、通常のHTMLでは、特に指定しない限り「要素は表示されるもの」として扱われるからです。画面サイズに応じて要素の表示／非表示を切り替えるには、あらかじめd-noneのクラスを適用して要素を非表示にしておく必要があります。

以下は、sample225-01.htmlに「PC広告」を追加した場合の例です。「PC広告」のブロックは、画面サイズが768px以上のときだけ表示されます。

sample225-02.html

```html
13  <div class="container">        <!-- 全体を囲むコンテナ -->
14
15    <h1>要素の表示／非表示</h1>
16
17    <div class="row">
18      <div class="col-md-8" style="background:#FD9;height:150px;">ブロックA</div>
19      <div class="col-md-4 d-none d-md-block" style="background:#F00;height:150px;">
20        <h3 style="color:#FFF">PC広告</h3>
21      </div>
22    </div>
23    <div class="row">
24      <div class="col-md-6" style="background:#9BF;height:150px;">ブロックB</div>
25      <div class="col d-md-none" style="background:#000;height: 75px;">
26        <h3 style="color:#FFF">スマホ広告</h3>
27      </div>
28      <div class="col-md-6" style="background:#BFA;height:150px;">ブロックC</div>
29    </div>
30
31  </div>        <!-- 全体を囲むコンテナ -->
```

今回の例では、「ブロックA」に適用するクラスをcol-md-8に変更しています。このため、ウィンドウ幅が「768px以上」になると、「ブロックA」は8列分の幅に変更されます。

「PC広告」のブロックには、d-noneのクラスが適用されているため、通常は非表示として扱われます。ウィンドウ幅が「768px以上」になるとd-md-blockが有効になり、「PC広告」のブロックが4列分の幅（col-md-4）で表示されます。

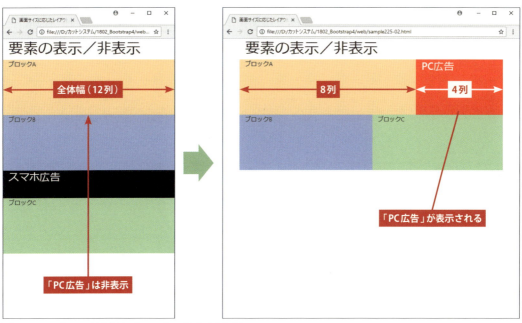

図2.2.5-2　ウィンドウ幅とブロックの表示／非表示

なお、d-（添字）-blockは、要素を**ブロックレベル要素**として表示するクラスになります。要素を**インライン要素**などで表示したい場合は、以下のクラスを適用するようにしてください。

　　d-（添字）-inline　…………………　インライン要素として表示
　　d-（添字）-inline-block　…………　インラインブロック要素として表示
　　d-（添字）-table　……………………　テーブル要素（table）として表示
　　d-（添字）-table-cell　……………　テーブルのセル要素（th、td）として表示
　　d-（添字）-table-row　………………　テーブルの行要素（tr）として表示
　　d-（添字）-flex　………………………　フレックスコンテナとして表示
　　d-（添字）-inline-flex　……………　インラインのフレックスコンテナとして表示

> **▼ Bootstrap 3 からの変更点**

> ─── **表示／非表示は d-(添字)-(形式) で指定** ───
>
> 　Bootstrap 3 では、`hidden-xs` や `visible-sm` などのクラスを使って要素の表示／非表示を指定していました。Bootstrap 4 では、これらのクラスが **d-(添字)-(形式)** というクラス名に変更されています。
> 　また、各クラスが有効になる**画面サイズの範囲**も変更されています。たとえば、`hidden-sm` のクラスは、「768〜991px」のときだけ要素を非表示にする書式指定でした。これに該当する `d-md-none` のクラスは、「768px以上」で要素を非表示にする書式指定となります。有効になる画面サイズが「○○〜○○px」ではなく、「○○px以上」に変更されていることに注意してください。

2.2.6 ブロックを縦に並べたときの間隔調整

　これまでに解説してきたように、グリッドシステムを使うと手軽にレスポンシブWebデザインを実現することができます。ただし、スマートフォン用にブロックを縦に並べたとき、上下の間隔調整が必要になる場合もあります。続いては、画面サイズに応じて**上下の間隔**を変化させる方法を解説します。

　以下は、1番目のブロックに「画像」、2番目のブロックに「文章」を配置した例です。この例をブラウザで閲覧すると、各ブロックが縦に並べられたときに「文字の上」の間隔がないことに気付くと思います。

sample226-01.html

```html
13    <div class="container">          <!-- 全体を囲むコンテナ -->
14
15      <h1>上下の間隔調整</h1>
16
17      <div class="row">
18        <div class="col-md-6">
19          <img src="img/lighthouse-1.jpg" class="img-fluid">
20        </div>
21        <div class="col-md-6">
22          <h3>灯台の役割</h3>
23          <p>沿岸を航行する船が、現在の位置を把握したり、……撤去する動きがあるようです。</p>
24        </div>
25      </div>
```

図2.2.6-1 「画像」と「文章」を配置したグリッドシステム

　この不具合を改善するには、「2番目のブロックの上」に余白を設けなければいけません。Bootstrapには、上下左右のmarginを手軽に指定できるクラスが用意されています。このクラスを使ってmarginを指定するときは、**m**に続けて**方向を示す文字**を記述し、さらに**-**（ハイフン）と**0～5の数値**を記述します。

■ 方向を示す文字

t	上
r	右
b	下
l	左
x	左右
y	上下
なし	上下左右

■ ハイフン後の数値

0	0
1	0.25rem
2	0.5rem
3	1rem
4	1.5rem
5	3rem

　たとえば、mb-2とクラス名を記述すると「下に0.5rem」のmarginを指定できます。同様に、my-4は「上下に1.5rem」、m-0は「上下左右に0」のmarginを指定するクラスとなります。

先ほど示した例に話を戻して解説していきましょう。この場合、「2番目のブロックの上」に適当な間隔を設ける必要があります。よって、div要素にmt-4などのクラスを適用します。

sample226-02.html

```
17    <div class="row">
18      <div class="col-md-6">
19        <img src="img/lighthouse-1.jpg" class="img-fluid">
20      </div>
21      <div class="col-md-6 mt-4">
22        <h3>灯台の役割</h3>
23        <p>沿岸を航行する船が、現在の位置を把握したり、……撤去する動きがあるようです。</p>
24      </div>
25    </div>
```

これで「画像」と「文章」の間に適当な間隔を設けることができました。今回の例ではmt-4のクラスを適用しているので、「上に1.5rem」の余白（margin）が設けられます。ただし、「ブロックが横に並んだときに上端が揃わなくなる」という新たな問題が発生してしまいます。

図2.2.6-2　mt-4で上に間隔を設けた場合

この問題を解決するには、画面サイズに応じてmarginの値を変化させる必要があります。このような場合は、**sm／md／lg／xl**の添字を追加したクラスを併記して、marginの値を変化させます。

sample226-03.html

```
17      <div class="row">
18        <div class="col-md-6">
19          <img src="img/lighthouse-1.jpg" class="img-fluid">
20        </div>
21        <div class="col-md-6 mt-4 mt-md-0">
22          <h3>灯台の役割</h3>
23          <p>沿岸を航行する船が、現在の位置を把握したり、……撤去する動きがあるようです。</p>
24        </div>
25      </div>
```

mt-md-0とクラス名を記述した場合は、画面サイズが「768px以上」のときだけ「上に0」のmarginが指定されます。mt-4も併記されていることを考慮すると、画面サイズが「768px未満」のときは1.5rem、画面サイズが「768px以上」のときは0のmarginが指定されることになります。これでブロックが縦に並んだときも、横に並んだときも、最適な間隔でブロックを配置することが可能となります。

図2.2.6-3　mt-dm-0を追加して間隔を調整した場合

ここで示した例のように、レスポンシブWebデザインを効果的に機能させるには、margin
を指定する**m（方向）-（添字）-（数値）**のクラスも重要な役割を果たします。なお、同様の記述
方法で上下左右のpaddingを指定することも可能です。この場合は、**p（方向）-（添字）-（数値）**
という形でクラス名を記述します。

> ### remとは…？
>
> 　remはCSSで使用できる相対単位の1つで、1rem＝「ルートの文字サイズ」となります。ここでいう「ルートの文字サイズ」とは、ブラウザに初期設定されている文字サイズ、もしくはhtml要素に指定した文字サイズ（font-size）を指します。
> 　主要ブラウザの多くは、「ルートの文字サイズ」が16pxに初期設定されています。このため、特に文字サイズを指定しなかった場合は、1rem＝16pxになります。ただし、環境に依存する単位なので、必ずしも1rem＝16pxになるとは限りません。ユーザーが文字サイズの初期設定を変更している場合は、それに応じて1remが示すサイズも変化します。

▼Bootstrap 3からの変更点

h1／h2／h3要素のmargin

　Bootstrap 3では、h1／h2／h3要素に「上20px、下10px」のmarginが初期設定されていました。Bootstrap 4では、これらの書式が「上0、下0.5rem」に変更されています。h1／h2／h3要素の「上下の間隔」を調整するときは、この変更点にも注意するようにしてください。

2.3 印刷レイアウト

続いては、Bootstrapで作成したWebサイトを印刷するときの挙動や印刷に関連する設定について解説します。Webサイトが印刷される場合に備えて、必要となる知識を学んでおいてください。

2.3.1 グリッドシステムの印刷

　最初に、グリッドシステムを使って作成したWebサイトが「どのように印刷されるか？」について紹介しておきます。レスポンシブWebデザインが実現されたグリッドシステムでは、**`md`（768px〜992px未満）のレイアウトでWebサイトが印刷される場合が多い**ようです。
　ここでは印刷レイアウトを確認するために、以下のようなHTMLを作成してみました。

sample231-01.html

```
 :
13  <div class="container">         <!-- 全体を囲むコンテナ -->
14
15    <h1>印刷サイズの確認</h1>
16
17    <div class="row">
18      <div class="col-7"    style="background:#FB8;height:100px;border:solid;"><h3>col-7</h3></div>
19      <div class="col-sm-7" style="background:#FD9;height:100px;border:solid;"><h3>col-sm-7</h3></div>
20      <div class="col-md-7" style="background:#79F;height:100px;border:solid;"><h3>col-md-7</h3></div>
21      <div class="col-lg-7" style="background:#98F;height:100px;border:solid;"><h3>col-lg-7</h3></div>
22      <div class="col-xl-7" style="background:#6D9;height:100px;border:solid;"><h3>col-xl-7</h3></div>
23    </div>
24
25  </div>         <!-- 全体を囲むコンテナ -->
 :
```

　各ブロックは、画面サイズに応じて「7列分の幅」もしくは「全体幅」で表示されます。それぞれのブロックが「何列分の幅で表示されているか？」を見ることで、現在の画面サイズを確認できるようになっています。

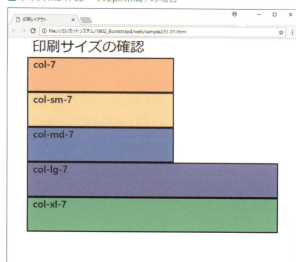

図2.3.1-1 sample231-01.htmlをブラウザで閲覧した様子

このHTMLをWindows 10環境のGoogle Chrome、Firefox、Microsoft Edgeで開き、印刷プレビューを確認すると、以下のような結果になりました。

※Microsoft Edgeは背景色を印刷できません。

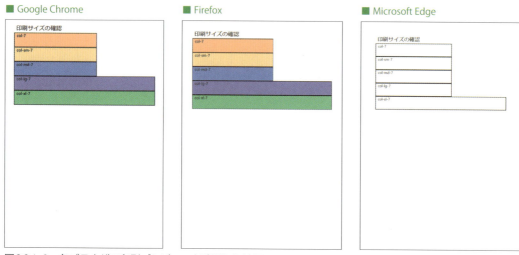

図2.3.1-2 各ブラウザで印刷プレビューを確認した結果

この結果を見ると、Google ChromeとFirefoxは**画面サイズmd（768〜992px未満）**、Microsoft Edgeは**画面サイズlg（992〜1200px未満）**を基準にして印刷が行われるようです。このように、Webサイトを印刷したときのレイアウトはブラウザごとに変化します。

また、ユーザーが印刷の設定を変更することにより、印刷レイアウトが変化する場合もあります。たとえば、印刷倍率を変更すると、それに応じてグリッドシステムの印刷レイアウトも変化します。

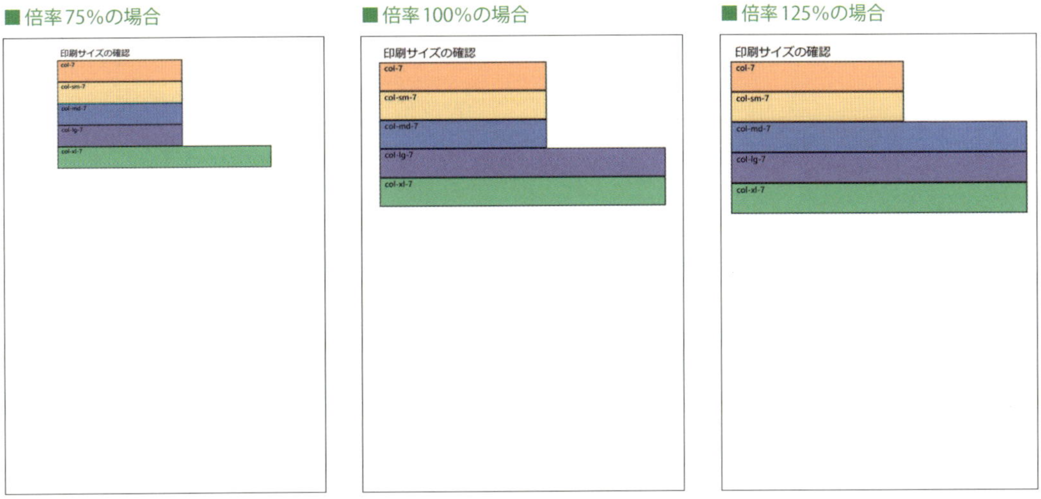

■倍率75%の場合　　　　■倍率100%の場合　　　　■倍率125%の場合

図2.3.1-3　Google Chromeで印刷倍率を変更した場合

Bootstrapで印刷時のレイアウトを細かく指定できればよいのですが、Webページの印刷はブラウザに依存する部分が大きく、サイト制作者が関われる部分はあまり多くありません。

レスポンシブWebデザインは、パソコンでもスマートフォンでも最適なレイアウトでWebサイトを表示できるのが利点です。その反面、「画面で見たとおりに印刷されるとは限らない」という欠点を合わせ持っています。これは現状のWebの仕様を考えると仕方のない現象です。アクセスマップのように印刷される機会が多いページは、印刷用ページを用意しておくなど、状況に応じて対策を施しておく必要があるでしょう。

一つの例として、P93で紹介したsample226-03.htmlのブレイクポイントをlg（992px〜）に変更した場合の印刷イメージを紹介しておきます。

sample231-02.html

```
13    <div class="container">        <!-- 全体を囲むコンテナ -->
14
15      <h1>サイズ「lg」で変化するレイアウト</h1>
16
17      <div class="row">
18        <div class="col-lg-6">
19          <img src="img/lighthouse-1.jpg" class="img-fluid">
20        </div>
```

```
21      <div class="col-lg-6 mt-4 mt-lg-0">
22          <h3>灯台の役割</h3>
23          <p>沿岸を航行する船が、現在の位置を把握したり、……撤去する動きがあるようです。</p>
24      </div>
25    </div>
26
27  </div>           <!-- 全体を囲むコンテナ -->
```

■ 992px未満（xs／sm／md）のレイアウト　　■ 992px以上（lg／xl）のレイアウト

図2.3.1-4　ウィンドウ幅とレイアウトの変化

このWebページを各ブラウザで印刷すると、以下のような結果になります。

■ Google Chrome　　　　　　■ Firefox　　　　　　■ Microsoft Edge

図2.3.1-5　各ブラウザの印刷プレビュー

先ほども解説したように、Google ChromeやFirefoxは**画面サイズmd（768〜992px未満）**を基準に印刷が行われるようです。このため、ブレイクポイントをlg（992px〜）に設定してWebサイトを構築すると、「小画面用のレイアウト」で印刷されることになり、印刷結果が縦に間延びしてしまう可能性があります。

Webサイトの印刷は、たたでさえトラブルを起こしやすい問題であり、レスポンシブWebデザインを導入すると、さらに問題は複雑化します。印刷されることを考慮したWebサイトを制作する場合は、各ブラウザで印刷イメージをよく確認しておく必要があります。

▼ Bootstrap 3 からの変更点

印刷時の色変更

Bootstrap 3では、印刷時の背景色を「なし」、文字色を「黒」に自動変更する書式が指定されていました。Bootstrap 4では、これらの書式が削除され、画面と同じ色で文字や背景が印刷されるようになっています。

なお、背景を印刷する／しないの設定は、ブラウザの印刷設定画面で指定するのが一般的で、HTMLやCSSで指定するものではありません。よって、Bootstrapを導入していないWebサイトと同様の挙動になります。

2.3.2　印刷時に要素を非表示

Bootstrapには、印刷時だけ要素を非表示にする`d-print-none`というクラスも用意されています。このクラスを指定した要素は、「画面には表示されるが、印刷はされない」という挙動を示すようになります。

具体的な例で見ていきましょう。次ページの例は、グリッドシステムのネスト（入れ子）を使ってページをレイアウトした場合です。画面サイズが「992px未満」（xs／sm／md）のときは、各ブロックが縦に並べて配置されます。画面サイズが「992px以上」（lg／xl）になると、メインブロックは9列分の幅、サイドバーは3列分の幅で表示されます。

sample232-01.html

```html
      ︙
<div class="container">          <!-- 全体を囲むコンテナ -->

  <h1>印刷しない要素</h1>

  <div class="row">

    <!-- メインブロック -->
    <div class="col-lg-9">
      <div class="row">
        <div class="col-12"    style="height:100px;background:#FD9;"><h3>新着情報</h3></div>
        <div class="col-12 d-print-none" style="height:100px;background:#F00;"><h3>広告</h3></div>
        <div class="col-lg-6" style="height:200px;background:#6D9;"><h3>記事A</h3></div>
        <div class="col-lg-6" style="height:200px;background:#BFA;"><h3>記事B</h3></div>
      </div>
    </div>

    <!-- サイドバー -->
    <div class="col-lg-3 d-print-none" style="background:#BBB;height:400px;">
      <h3>サイドバー</h3>
    </div>

  </div>

</div>          <!-- 全体を囲むコンテナ -->
      ︙
```

■ 992px未満（xs／sm／md）のレイアウト

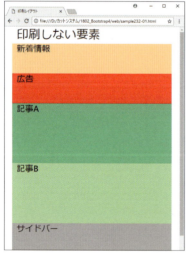

■ 992px以上（lg／xl）のレイアウト

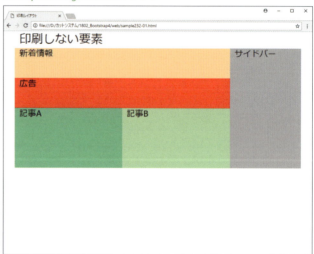

図2.3.2-1　ウィンドウ幅とレイアウトの変化

このWebページをGoogle Chromeなどのブラウザで印刷すると、サイズmdのレイアウトで印刷されるため、縦長の印刷結果になってしまいます。そこで、「広告」と「サイドバー」のブロックにd-print-noneのクラスを追加し、これらのブロックが印刷されないように工夫しています。

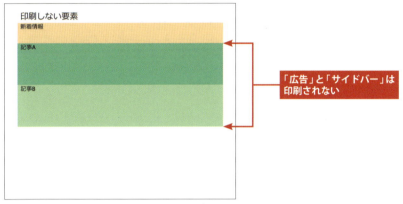

図2.3.2-2　Google Chromeの印刷イメージ

このように、不要な領域を印刷しないように設定する際にd-print-noneのクラスが役に立ちます。

なお、d-print-noneを適用した要素は印刷されなくなりますが、そのぶん他のブロックの列幅が大きくなる訳ではないことに注意してください。たとえば、先ほどのHTMLファイルをGoogle Chromeで開き、印刷倍率を縮小していくと、画面サイズlg（992〜1200px未満）のレイアウトで印刷イメージが再構築されるようになります。

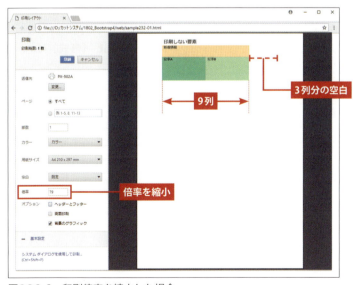

図2.3.2-3　印刷倍率を縮小した場合

この印刷イメージをよく見ると、右側に空白があることに気付くと思います。この空白は「サイドバー」のブロックが非表示になったことにより生じたものです。画面サイズがlgになると「メイン」のブロックが9列分の幅で表示されるため、残り3列分の空白が生じてしまいます。「サイドバー」のブロックを非表示にしても、残りのブロックの幅が自動的に大きくなることはありません。d-print-noneのクラスを活用するときは、このような仕組みがあることも覚えておいてください。

印刷時にのみ要素を表示

Bootstrap 4には、印刷時にだけ要素を表示するクラスとして、以下のようなクラスも用意されています。

- `d-print-block` ………………… 印刷時にブロックレベル要素として表示
- `d-print-inline` ………………… 印刷時にインライン要素として表示
- `d-print-inline-block` ………… 印刷時にインラインブロック要素として表示

これらのクラスを使用するときは、d-noneのクラスも同時に適用し、その要素を（画面上では）非表示にしておく必要があります。あまり使用頻度は高くありませんが、念のため覚えておいてください。

▼ Bootstrap 3 からの変更点

印刷書式はd-print-(形式)で指定

Bootstrap 3では、`hidden-print`や`visible-print-block`などのクラスで印刷時の表示／非表示を指定していました。Bootstrap 4では、これらのクラスが**d-print-(形式)**というクラス名に変更されています。注意するようにしてください。

コンテンツの書式指定

Bootstrapには、コンテンツの書式を指定するためのクラスも用意されています。続いては、文字や画像、テーブル、フォームなどの書式を指定する方法を解説します。

3.1 文字と見出しの書式

第3.1節では、文字や見出しの書式をBootstrapで指定する方法を解説します。自分でCSSを記述しても構いませんが、Bootstrapに用意されているクラスを使用した方が手軽に書式指定を行える場合もあります。いちど試してみてください。

3.1.1 行揃え

まずは、文字を「中央揃え」や「右揃え」などで配置する**行揃え**について解説します。Bootstrap 4には、行揃えのクラスとして以下の5種類のクラスが用意されています。このため、自分でCSS（`style`属性）を記述しなくても、クラスを適用するだけで行揃えを指定できます。

■行揃えを指定するクラス

クラス	行揃え
`text-left`	左揃え
`text-center`	中央揃え
`text-right`	右揃え
`text-justify`	両端揃え[※1]
`text-nowrap`	折り返さずに配置

（※1）日本語（全角文字）を含む文章は、「両端揃え」を指定しても文章の右端が揃わない場合があります。この書式指定はブラウザに依存します。

以下に具体的な例を紹介しておくので参考にしてください。

sample311-01.html

```html
    ：
13  <div class="container">         <!-- 全体を囲むコンテナ -->
14
15    <h1>行揃えの指定</h1>
16
17    <div class="row">
18      <div class="col-12 text-left"   style="background:#FD9;"><h3>文字の配置</h3></div>
19      <div class="col-12 text-center" style="background:#9BF;"><h3>文字の配置</h3></div>
20      <div class="col-12 text-right"  style="background:#BFA;"><h3>文字の配置</h3></div>
```

```
21      </div>
22
23  </div>         <!-- 全体を囲むコンテナ -->
         ⋮
```

図3.1.1-1　行揃えを指定するクラス

　参考までに、ここで紹介したクラスに指定されている書式を示しておきます。`text-align`プロパティで行揃えを指定しているだけで、特に難しい内容はありません。`text-nowrap`のクラスには、`white-space`プロパティで「改行なし」が指定されています。

bootstrap.css

```css
8683    .text-justify {
8684        text-align: justify !important;
8685    }
8686
8687    .text-nowrap {
8688        white-space: nowrap !important;
8689    }
             ⋮
8697    .text-left {
8698        text-align: left !important;
8699    }
8700
8701    .text-right {
8702        text-align: right !important;
8703    }
8704
8705    .text-center {
8706        text-align: center !important;
8707    }
```

この程度の書式指定であれば、「自分でCSSを記述した方が早い」と思うかもしれません。しかし、そのためには独自にCSSファイルを用意したり、`style`属性を記述したりする必要があります。Bootstrapではクラスを多用するため、なるべくクラスだけで書式指定を済ませた方が記述を簡略化できます。Bootstrapに用意されているクラスも積極的に活用していくとよいでしょう。

　また、間に`sm`/`md`/`lg`/`xl`の添字を追加して、書式指定が有効になる画面サイズを限定することも可能です。この場合は、`text-(添字)-(方向)`という形でクラス名を記述します。たとえば以下のようにクラスを適用すると、画面サイズが「768px未満」のときは左揃え、「768px以上」のときは右揃え、と変化する行揃えを指定できます。

図3.1.1-2　画面サイズに応じて変化する行揃え

┌ 行揃えもレスポンシブに ────────────── ▼Bootstrap 3からの変更点

　Bootstrap 3では単に「行揃え」を指定するだけのクラスでしたが、Bootstrap 4から`text-(添字)-(方向)`という形でレスポンシブ対応の「行揃え」を指定できるようになりました。このため、より便利に「行揃え」のクラスを活用できるようになっています。

3.1.2 文字の太さと斜体の指定

太字や*斜体*の書式を指定するクラスも用意されています。これらも簡単な書式指定を行うクラスでしかありませんが、覚えておいても損はないと思われます。

■文字の太さを指定するクラス

クラス	文字の太さ
`font-weight-bold`	太字
`font-weight-normal`	標準
`font-weight-light`	細字

■斜体を指定するクラス

クラス	字形
`font-italic`	斜体

ただし、日本語（全角文字）の「細字」や「斜体」はブラウザやフォントに依存するため、正しく再現されない場合が多いことに注意してください。

sample312-01.html

```
17    <p class="font-weight-bold">文字の太さと斜体　Bootstrap is an open source toolkit.</p>
18    <p class="font-weight-normal">文字の太さと斜体　Bootstrap is an open source toolkit.</p>
19    <p class="font-weight-light">文字の太さと斜体　Bootstrap is an open source toolkit.</p>
20    <p class="font-italic">文字の太さと斜体　Bootstrap is an open source toolkit.</p>
```

■ Google Chrome

■ Firefox

図3.1.2-1　「文字の太さ」と「斜体」の指定

3.1.3　文字色と背景色

　続いては、**文字色**や**背景色**を指定するクラスを紹介します。Bootstrap 4には、primary（主要）、secondary（副次的）、success（成功）、info（お知らせ）、warning（警告）、danger（危険）といった意味を表す6個の色が定義されています。これらに加えて「黒」〜「白」の色を手軽に指定できるクラスとして、以下のようなクラスが用意されています。

■ **文字色**と背景色を指定するクラス

文字色の指定	背景色の指定	指定される色（#RGB）
text-primary	bg-primary	#007BFF
text-secondary	bg-secondary	#6C757D
text-success	bg-success	#28A745
text-info	bg-info	#17A2B8
text-warning	bg-warning	#FFC107
text-danger	bg-danger	#DC3545
text-dark	bg-dark	#343A40
text-muted	（なし）	#6C757D
text-light	bg-light	#F8F9FA
text-white	bg-white	#FFFFFF

　これらのクラスを使って文字色や背景色を指定すると、Webサイトを統一感のあるデザインに仕上げることができます。以下に、文字色や背景色を指定した例を紹介しておくので参考にしてください。

sample313-01.html

```
              ：
15    <h1 class="my-2">文字色の指定</h1>
16
17    <h3 class="text-primary">text-primaryの文字色</h3>
18    <h3 class="text-secondary">text-secondaryの文字色</h3>
19    <h3 class="text-success">text-successの文字色</h3>
              ：
23    <h3 class="text-dark">text-darkの文字色</h3>
24    <h3 class="text-muted">text-mutedの文字色</h3>
25    <h3 class="text-light bg-dark">text-lightの文字色</h3>
26    <h3 class="text-white bg-dark">text-whiteの文字色</h3>
27
```

```
28      <h1 class="mt-5 mb-2">背景色の指定</h1>
29
30      <h3 class="bg-primary text-white">bg-primaryの背景色</h3>
31      <h3 class="bg-secondary text-white">bg-secondaryの背景色</h3>
32      <h3 class="bg-success text-white">bg-successの背景色</h3>
            ⋮
36      <h3 class="bg-dark text-white">bg-darkの背景色</h3>
37      <h3>   </h3>
38      <h3 class="bg-light">bg-lightの背景色</h3>
39      <h3 class="bg-white">bg-whiteの背景色</h3>
            ⋮
```

 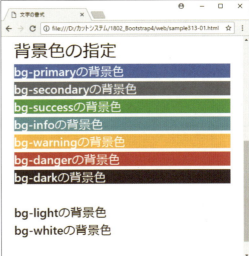

図3.1.3-1　Bootstrapに用意されている文字色と背景色

そのほか、Bootstrap 4.1.0には、文字色に「透明度50%の黒色」を指定する`text-black-50`、「透明度50%の白色」を指定する`text-white-50`といったクラスも用意されています。

もちろん、各自の好きな色を文字色や背景色に指定しても何ら問題はありません。この場合は、`color`や`background`のCSSを自分で記述して色を指定します。

また、Bootstrapのカスタマイズにより、`primary`（重要）や`success`（成功）などの色を変更することも可能です。ここに「サイト内で使用する色」を登録しておけば、Webサイト全体の配色を手軽に変更することが可能となります。このとき、各色の意味（重要、成功など）を深く考える必要はありません。「全部で8色分の配色が用意されている」と捉えておけば十分です。なお、Bootstrapをカスタマイズする方法については、本書の第6章で詳しく解説します。

3.1.4 見出しとして表示

通常の文字を「h1やh2などの見出し」と同様に表示できるクラスも用意されています。p要素で作成した文字を「h2要素と同じ見た目で表示したい」といった場合などに活用するとよいでしょう。文字を「見出し」として表示するときは、**h1**、**h2**、**h3**、**h4**、**h5**、**h6** という名前のクラスを要素に適用します。

sample314-01.html
```
15  <h1>h1の要素で表示した文字</h1>
16  <p class="h1">h1クラスで表示した文字</p>
17  <hr>
18  <h2>h2の要素で表示した文字</h2>
19  <p class="h2">h2クラスで表示した文字</p>
20  <hr>
```

また、h1要素よりも大きなサイズで文字を表示できる **display-1**、**display-2**、**display-3**、**display-4** といったクラスも用意されています。

sample314-01.html
```
22  <p class="display-1">display-1で表示した文字</p>
23  <p class="display-2">display-2で表示した文字</p>
24  <p class="display-3">display-3で表示した文字</p>
25  <p class="display-4">display-4で表示した文字</p>
```

ただし、これらのクラスにはfont-weight:300の書式が指定されているため、全角文字と半角文字が混在すると、「文字の太さ」に統一感がなくなってしまいます。このため、日本語環境では少し使いづらいクラスといえます。

図3.1.4-1　h1～h6ならびにdisplay-1～display-4のクラスを適用した文字

> **smallのクラス**
>
> 　文字を少しだけ小さく表示したい場合に、`small`という名前のクラスを利用することも可能です。smallのクラスには、`font-size:80%`と`font-weight:400`の書式が指定されています。このため、「親要素の80%の文字サイズ、標準の太さ」で文字を表示することができます。

> **等幅フォントを指定するクラス**
>
> 　Bootstrap 4.1.0には、文字を等幅フォントで表示する`text-monospace`というクラスも用意されています。このクラスには、以下のようなフォント指定を行うCSSが記述されています。
>
> ```
> .text-monospace {
>   font-family: SFMono-Regular, Menlo, Monaco, Consolas,
>                "Liberation Mono", "Courier New", monospace;
> }
> ```

3.1.5　ジャンボトロン

ジャンボトロンは、Webサイトのタイトルや帯などに活用できる見出しデザインです。ジャンボトロンを利用するときは、**jumbotron**のクラスを適用したdiv要素を用意し、この中にジャンボトロンの内容を記述します。すると、全体を角丸の背景色で囲ったデザインのタイトルを作成できます。

```html
      ⋮
13  <div class="container">         <!-- 全体を囲むコンテナ -->
14
15    <div class="jumbotron">
16      <h1 class="mb-3">Bootstrap</h1>
17      <p>ここではBootstrapの使い方を紹介します。<br>サイト制作の参考としてください。</p>
18    </div>
19
20  </div>          <!-- 全体を囲むコンテナ -->
      ⋮
```

図3.1.5-1　ジャンボトロン

div要素に**jumbotron-fluid**のクラスを追記すると、四隅の角丸をなくし、左右の余白（padding）を0にしたデザインに変更できます。ただし、この場合はジャンボトロン内にcontainer（またはcontainer-fluid）のクラスを適用したdiv要素を配置し、その中に内容を記述するのが基本的な使い方となります。

sample315-02.html

```
13    <div class="jumbotron jumbotron-fluid">
14      <div class="container">
15        <h1 class="mb-3">Bootstrap</h1>
16        <p>ここではBootstrapの使い方を紹介します。<br>サイト制作の参考としてください。</p>
17      </div>
18    </div>
```

図3.1.5-2　jumbotron-fluidを追加したジャンボトロン

　もちろん、ジャンボトロンの背景を画像にすることも可能です。ただし、背景画像を指定するクラスは用意されていないので、自分でCSS（style属性）を記述しなければなりません。以下は、ジャンボトロンの背景に画像を指定し、text-whiteのクラスで文字色を「白色」にカスタマイズした場合の例です。

sample315-03.html

```
13  <div class="container">          <!-- 全体を囲むコンテナ -->
14
15    <div class="jumbotron text-white"
16         style="background:url(img/header-back.jpg);background-size:cover;">
17      <h1 class="mb-3">Bootstrap</h1>
18      <p>ここではBootstrapの使い方を紹介します。<br>サイト制作の参考としてください。</p>
19    </div>
20
21  </div>          <!-- 全体を囲むコンテナ -->
```

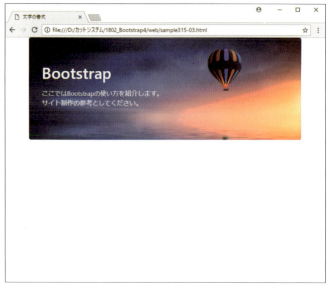

図3.1.5-3 背景に画像を用いたジャンボトロン

leadのクラス

　Bootstrapには、リード文の書式指定に活用できる**lead**というクラスも用意されています。このクラスには、`font-size:1.25rem`と`font-weight:300`の書式が指定されています。

　Bootstrapの公式サイトでは、ジャンボトロン内のタイトル文字に`display-4`、説明文に`lead`のクラスを適用した例が掲載されていますが、日本語（全角文字）が混じると「文字の太さ」に統一感がなくなるため、あまり使い勝手はよくありません。

▼Bootstrap 3 からの変更点

余白とh1要素の扱い

　ジャンボトロンはBootstrap 3にも用意されていたコンポーネントですが、Bootstrap 4では余白（`padding`）や角丸などの書式が微妙に変更されています。また、「ジャンボトロン内にあるh1要素」の文字サイズを自動調整する機能は削除されています。細かな仕様変更ですが注意するようにしてください。

3.2 リストの書式

続いては、リストの書式をBootstrapで指定する方法を解説します。ulやol、liといった要素で作成するリスト、ならびにdl、dt、ddといった要素で作成する定義リストの書式を手軽に指定する方法として覚えておいてください。

3.2.1 マーカーの削除

　Bootstrapを読み込んだHTMLでは、ul要素とli要素で作成した**リスト**が以下の図のような形で表示されます。

図3.2.1-1　リストの表示

　各項目の先頭には●のマーカー、下位レベルの項目には○のマーカーが表示されます。これらのマーカーを削除し、左の余白を0にするときはul要素に **list-unstyled** のクラスを適用します。

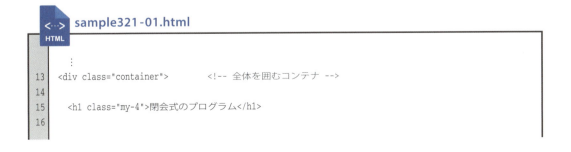

```
17      <ul class="list-unstyled">
18        <li>閉会の言葉</li>
19        <li>各部門賞の発表</li>
20        <ul>
21          <li>技術賞</li>
22          <li>アイデア賞</li>
23          <li>デザイン賞</li>
24        </ul>
25        <li>グランプリの発表</li>
26        <li>総評</li>
27      </ul>
28
29    </div>         <!-- 全体を囲むコンテナ -->
          ⋮
```

図3.2.1-2　list-unstyledのクラスを適用したリスト

　この例では、上位レベルのul要素だけにlist-unstyledのクラスを適用しているため、下位レベルの項目には○のマーカーが表示されます。このマーカーを削除するには、下位レベルのul要素にもlist-unstyledのクラスを適用しなければいけません。ただし、これだけでは「左の余白」も0になってしまうため、リストを階層的に表示できなくなります。よって、ml-4などのクラスを追記して、左側の余白を調整する必要があります。

```
          ⋮
      <li>各部門賞の発表</li>
      <ul class="list-unstyled ml-4">
        <li>技術賞</li>
        <li>アイデア賞</li>
          ⋮
```

　なお、ol要素で番号付きリストを作成した場合もlist-unstyledでマーカー（番号）を削除することが可能です。この場合は、ol要素にlist-unstyledのクラスを適用します。

3.2.2 リストを横に並べて配置

リストの各項目を横に並べて配置するクラスも用意されています。この場合は、ul要素に **list-inline** のクラスを適用し、それぞれのli要素に **list-inline-item** のクラスを適用します。

sample322-01.html

```html
     ︙
13  <div class="container">          <!-- 全体を囲むコンテナ -->
14
15    <h2 class="my-4">観測地点</h2>
16
17    <ul class="list-inline">
18      <li class="list-inline-item">札幌</li>
19      <li class="list-inline-item">仙台</li>
20      <li class="list-inline-item">東京</li>
21      <li class="list-inline-item">名古屋</li>
22      <li class="list-inline-item">大阪</li>
23      <li class="list-inline-item">福岡</li>
24      <li class="list-inline-item">那覇</li>
25    </ul>
26
27  </div>          <!-- 全体を囲むコンテナ -->
     ︙
```

各項目が横に並べて配置される

図3.2.2-1　項目を横に並べたリスト

▼ Bootstrap 3 からの変更点

記述方法の変更

Bootstrap 3では、ul要素に **list-inline** のクラスを適用するだけで「横並びのリスト」を作成できました。Bootstrap 4では、各項目を示すli要素にも **list-inline-item** のクラスを適用する必要があります。間違えないように注意してください。

3.2.3 定義リストの表示

用語の意味などを解説するときに**定義リスト**を利用する場合もあると思います。続いては、Bootstrapを読み込んだHTMLで定義リストを作成した場合の表示について解説します。

`dl`、`dt`、`dd`といった要素を使って普通に定義リストを作成した場合は、以下のような形式で定義リストが表示されます。

sample323-01.html

```
  ：
13  <div class="container">         <!-- 全体を囲むコンテナ -->
14
15    <h2 class="my-4">Webの基本言語</h2>
16    <dl>
17      <dt>HTML</dt>
18      <dd>Web制作の基本となる言語で、Webページに……記述していきます。</dd>
19      <dt>CSS</dt>
20      <dd>サイズや色、枠線、余白といった書式を……指定していきます。</dd>
21      <dt>JavaScript</dt>
22      <dd>閲覧者のマウス操作などに合わせて……必要となる言語です。</dd>
23    </dl>
24
25  </div>                          <!-- 全体を囲むコンテナ -->
  ：
```

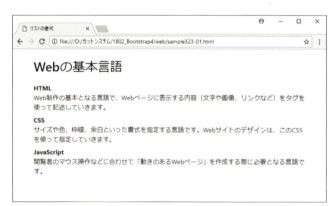

図3.2.3-1　定義リストの表示（Bootstrapあり）

参考までに、「Bootstrapなし」の環境で定義リストを表示した場合を図3.2.3-2に紹介しておきます。左側の余白や文字の書式が調整されるため、「Bootstrapあり」の方が見やすい定義リストに仕上がっているのを確認できると思います。

図3.2.3-2　定義リストの表示（Bootstrapなし）

3.2.4　横配置の定義リスト

　定義リストの「用語」と「意味」を横に並べて、レスポンシブ対応のレイアウトにすることも可能です。この場合は、dl要素に**row**、dt要素とdd要素に**col-N**のクラスを適用します。もちろん、**sm／md／lg／xl**の添字を使って、書式指定が有効になる画面サイズを限定しても構いません。この基本的な考え方は、グリッドシステムを構築する場合と同じです。

　以下は、「用語」を2列（col-2）、「意味」を10列（col-10）の幅で配置した場合の例です。「用語」を示すdt要素には、文字を右揃えにするtext-rightのクラスも追記されています。いずれもmdの添字があるため、これらのクラスは画面サイズが「768px以上」のときのみ有効になります。

sample324-01.html

```
       ⋮
15  <h2 class="my-4">Webの基本言語</h2>
16  <dl class="row">
17    <dt class="col-md-2 text-md-right">HTML</dt>
18    <dd class="col-md-10">Web制作の基本となる言語で、Webページに……記述していきます。</dd>
19    <dt class="col-md-2 text-md-right">CSS</dt>
20    <dd class="col-md-10">サイズや色、枠線、余白といった書式を……指定していきます。</dd>
21    <dt class="col-md-2 text-md-right">JavaScript</dt>
22    <dd class="col-md-10">閲覧者のマウス操作などに合わせて……必要となる言語です。</dd>
23  </dl>
       ⋮
```

図3.2.4-1　グリッドシステムを使って配置した定義リスト

▼Bootstrap 3 からの変更点

─ dl-horizontalは廃止 ─────────────────────────

　Bootstrap 3では、dl要素にdl-horizontalのクラスを適用するだけで同様のレイアウトを実現できました。一方、Bootstrap 4ではdl-horizontalのクラスが廃止されているため、上記のようにグリッドシステムを利用しなければなりません。クラスの記述が複雑になりますが、そのぶんレイアウトの自由度は高くなっています。

text-truncateのクラス

　「用語」の文字数が多すぎてブロック内に1行で配置されない場合は、dt要素に**text-truncate**のクラスを追記します。すると、ブロック幅からオーバーフローした文字が「...」の省略表示になり、「用語」を必ず1行で配置できるようになります。ただし、省略された文字が読めなくなってしまうことに注意してください。

3.3 画像の書式

続いては、Bootstrap 4に用意されているクラスのうち、主に画像（img要素）に適用するクラスについて解説します。画像のサイズを調整したり、画像の形状を角丸や楕円にしたりする場合に活用してください。

3.3.1 画像を幅100%で表示

P63～64で解説したように、画像をブロック幅に合わせて表示するときは**img-fluid**というクラスを適用します。このクラスには「親要素と同じ幅で画像を表示する」という書式が指定されています。このため、グリッドシステム以外の場所で使用することも可能です。

たとえば、幅400pxを指定したdiv要素の中に画像を配置し、この画像にimg-fluidのクラスを適用すると、画像をdiv要素（親要素）と同じ幅で表示できるようになります。

sample331-01.html

```html
15    <h1 class="my-3">画像を親要素の幅に縮小</h1>
16    <div style="width:400px;">
17      <img src="img/lighthouse-1.jpg" class="img-fluid">
18    </div>
```

図3.3.1-1 画像をdiv要素の幅に縮小して表示

ただし、「親要素の幅」より「画像の幅」が小さかった場合は、実サイズで画像が表示されることに注意してください。画像を拡大表示する機能はありません。参考までに、`img-fluid`のクラスに指定されているCSSを以下に紹介しておきます。

bootstrap.css
```css
480    .img-fluid {
481      max-width: 100%;
482      height: auto;
483    }
```

最大幅「100%」、高さ「自動」の書式を指定することにより、「画像の幅」を「親要素の幅」と同じサイズに縮小しています。`width:100%`ではなく`max-width:100%`なので、画像の拡大は行われません。縮小表示だけが行われることになります。

▼Bootstrap 3 からの変更点

―― クラス名の変更 ――――――――――――
Bootstrap 3 では`img-responsive`というクラスを使って画像を幅100%で表示していました。このクラスはBootstrap 4で名前が変更され、**`img-fluid`**というクラスに置き換わっています。ほぼ同様の機能を持つクラスですが、クラス名が変更されていることに注意してください。

3.3.2 画像のサムネール表示

画像の周囲を角丸の枠線で囲み、**サムネール**のように表示できる**`img-thumbnail`**というクラスも用意されています。画像を何枚も並べる際に活用できるでしょう。

なお、このクラスには`max-width:100%`の書式指定も含まれているため、`img-fluid`のクラスを適用しなくても画像を「親要素と同じ幅」に縮小表示できます。

次ページに、グリッドシステムを使って8枚の画像を並べた例を紹介しておきます。各画像（img要素）に`img-thumbnail`のクラスを適用することで、画像をサムネールのように表示しています。

3.3 画像の書式

```
sample332-01.html
15    <h2 class="my-3">画像のサムネール表示</h2>
16
17    <div class="row">
18      <div class="col-6 col-md-3 mb-4">
19        <img src="img/lighthouse-1.jpg" class="img-thumbnail">
20      </div>
21      <div class="col-6 col-md-3 mb-4">
22        <img src="img/lighthouse-2.jpg" class="img-thumbnail">
23      </div>
24      <div class="col-6 col-md-3 mb-4">
25        <img src="img/lighthouse-3.jpg" class="img-thumbnail">
26      </div>
         ⋮
39      <div class="col-6 col-md-3 mb-4">
40        <img src="img/lighthouse-8.jpg" class="img-thumbnail">
41      </div>
42    </div>
```

　グリッドシステムを使用し、col-6とcol-md-3のクラスを適用しているため、画面サイズが「768px未満」のときは6列（横に2つ）、画面サイズが「768px以上」のときは3列（横に4つ）の幅で各画像が並べられます。mb-4のクラスは上下の間隔を調整するもので、「下に1.5rem」の余白を設けることで画像の間隔を調整しています。

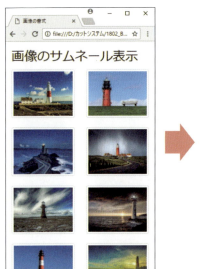

図3.3.2-1　画像のサムネール表示

3.3.3　画像の形状

続いては、画像の形状を変化させるクラスを紹介します。画像の四隅を**角丸**にするときは**rounded**、画像を**楕円形**で表示するときは**rounded-circle**というクラスを適用します。

sample333-01.html

```html
     ⋮
13  <div class="container">         <!-- 全体を囲むコンテナ -->
14
15    <h2 class="my-3">画像の形状</h2>
16
17    <div class="row">
18      <div class="col-md-6 mb-4">
19        <img src="img/lighthouse-2.jpg" class="img-fluid rounded">
20      </div>
21      <div class="col-md-6 mb-4">
22        <img src="img/lighthouse-5.jpg" class="img-fluid rounded-circle">
23      </div>
24    </div>
25
26  </div>         <!-- 全体を囲むコンテナ -->
     ⋮
```

図3.3.3-1　画像の形状を指定するクラス

参考までに、各クラスに指定されている書式を紹介しておきましょう。roundedのクラスには0.25remの角丸が指定されています。rounded-circleのクラスは、半径50%の角丸を指定することで楕円形の表示を実現しています。どちらも角丸の書式だけを指定するクラスなので、img以外の要素にも適用できます。div要素の形状を角丸や楕円形に変更する場合などにも活用できます。

bootstrap.css

```
6172  .rounded {
6173    border-radius: 0.25rem !important;
6174  }
         ⋮
6196  .rounded-circle {
6197    border-radius: 50% !important;
6198  }
```

▼ Bootstrap 3 からの変更点

クラス名の変更

　Bootstrap 3にも同様の書式指定を行うクラスが用意されていましたが、Bootstrap 4ではクラス名が変更されていることに注意してください。img-roundedは **rounded** というクラス名に変更され、角丸のサイズが6pxから0.25remに変更されています。img-circleは **rounded-circle** というクラス名に変更されています。いずれも、画像（img要素）に限らず、幅広い要素に適用可能な汎用的なクラスとして改変されています。

picture要素を使用する場合

　レスポンシブイメージを手軽に実現できるpicture要素を使用する場合もあると思います。この場合は、picture要素内にあるimg要素に対して、img-fluidやimg-thumbnail、rounded、rounded-circleといったクラスを適用します。picture要素やsource要素にクラスを適用しても正しく動作しないことに注意してください。

3.4 ブロックレベル要素の書式

続いては、div要素やp要素などのブロックレベル要素の書式を指定するクラスについて解説します。また、ブロックレベル要素の幅（width）と高さ（height）を指定するときの注意点についても解説しておきます。

3.4.1 ブロックレベル要素の幅と高さ

　Bootstrapを読み込むと、全ての要素に box-sizing:border-box の書式が指定されます。この書式は幅（width）と高さ（height）の指定方法を示すもので、値がborder-boxのときは**内余白（padding）と枠線（border）を含めて幅や高さを指定する**という決まりになっています。

bootstrap.css

```
38  *,
39  *::before,
40  *::after {
41    box-sizing: border-box;
42  }
```

　通常のCSSでは、内余白と枠線を除いたサイズで幅（width）と高さ（height）を指定するのが一般的です。一方、Bootstrapを読み込んだHTMLでは、**枠線までを含めたサイズ**で幅と高さを指定しなければいけません。この指定方法に慣れていないと、間違った考え方でサイズを指定してしまう恐れがあります。注意するようにしてください。

■ 通常のサイズ指定（`box-sizing:content-box`）

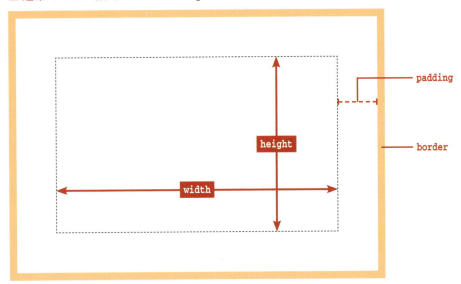

■ Bootstrapのサイズ指定（`box-sizing:border-box`）

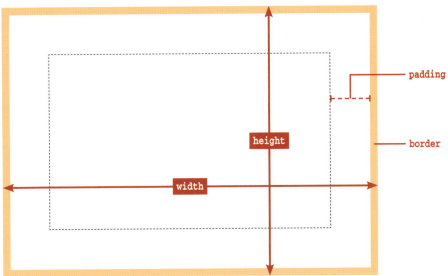

　次ページに、幅200pxの`div`要素内に画像を配置した例を示しておきます。内余白（`padding`）や枠線（`border`）を大きくするほど、内容のサイズ（画像のサイズ）が小さくなっていくのを確認できると思います。

```html
sample341-01.html

13  <div class="container">         <!-- 全体を囲むコンテナ -->
14
15    <h2 class="my-3">ブロックレベル要素の幅</h2>
16    <div style="width:200px;">
17      <img src="img/lighthouse-1.jpg" class="img-fluid">
18    </div>
19    <div style="width:200px;padding:10px;border:solid 4px #FB8;">
20      <img src="img/lighthouse-1.jpg" class="img-fluid">
21    </div>
22    <div style="width:200px;padding:20px;border:solid 8px #6D9;">
23      <img src="img/lighthouse-1.jpg" class="img-fluid">
24    </div>
25
26  </div>         <!-- 全体を囲むコンテナ -->
```

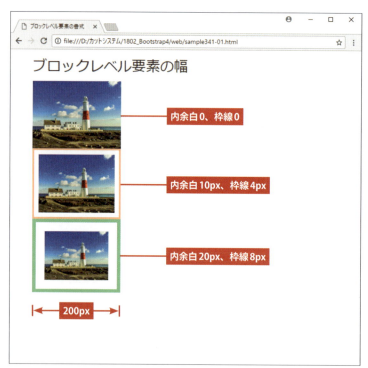

図 3.4.1-1　幅と内余白、枠線の関係

　この指定方法の利点は、幅や高さの計算が簡単になることです。従来の指定方法に慣れている方は少し戸惑うかもしれませんが、なるべく早く慣れるようにしてください。

もちろん、グリッドシステムを使ってブロックを配置した場合も同様の考え方になります。ブロックのdiv要素にpaddingやborderを指定すると、そのぶんだけ内容のサイズは小さくなります。枠線や余白が内側に向かって太っていく、と考えれば理解しやすいでしょう。

幅や高さを指定するクラス

Bootstrap 4には、幅や高さを指定するクラスとして以下のようなクラスが用意されています。これらのうち、w-autoとh-autoはBootstrap 4.1.0で新たに採用されたクラスとなります。

■幅を指定するクラス
- `w-25` ……… width:25%
- `w-50` ……… width:50%
- `w-75` ……… width:75%
- `w-100` ……… width:100%
- `mw-100` ……… max-width:100%
- `w-auto` ……… width:auto

■高さを指定するクラス
- `h-25` ……… height:25%
- `h-50` ……… height:50%
- `h-75` ……… height:75%
- `h-100` ……… height:100%
- `mh-100` ……… max-height:100%
- `h-auto` ……… max-height:auto

3.4.2 背景色と枠線

Bootstrap 4を使ってブロックレベル要素の**背景色**を指定するときは、以下のクラスを適用します。

■背景色を指定するクラス

クラス	指定される色（#RGB）
`bg-primary`	#007BFF
`bg-secondary`	#6C757D
`bg-success`	#28A745
`bg-info`	#17A2B8
`bg-warning`	#FFC107
`bg-danger`	#DC3545
`bg-dark`	#343A40
`bg-light`	#F8F9FA
`bg-white`	#FFFFFF

図3.4.2-1　背景色の指定

これらのクラスは本書のP108〜109で紹介したものと同じです。よって、詳しい解説は割愛します。

また、要素の**枠線**（border）を指定するクラスとして、以下のようなクラスも用意されています。

■ 枠線を描画するクラス

クラス	枠線を描画する位置
`border`	上下左右
`border-top`	上
`border-right`	右
`border-bottom`	下
`border-left`	左

■ 枠線を消去するクラス

クラス	枠線を消去する位置
`border-0`	上下左右
`border-top-0`	上
`border-right-0`	右
`border-bottom-0`	下
`border-left-0`	左

■ 枠線の色を指定するクラス

クラス	指定される色（#RGB）
`border-primary`	#007BFF
`border-secondary`	#6C757D
`border-success`	#28A745
`border-info`	#17A2B8
`border-warning`	#FFC107
`border-danger`	#DC3545
`border-dark`	#343A40
`border-light`	#F8F9FA
`border-white`	#FFFFFF

ただし、枠線の「種類」や「太さ」を指定するクラスは用意されていません。枠線を描画するクラスを適用すると、`solid 1px`の書式で枠線が描画されます。

たとえば、次ページのようにHTMLを記述すると、要素の左右に「solid 1px #DC3545」の枠線を描画できます。背景色はbg-lightのクラスにより指定されています。なお、style属性で指定しているwidthとheigtは、div要素を適当なサイズで表示するためのもので必須ではありません。

```
<div class="bg-light border-right border-left border-danger"
    style="width:50px;height:50px">
</div>
```

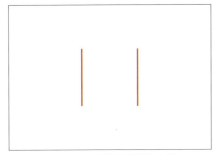

図3.4.2-2　左右に枠線を描画した例

　もうひとつ例を紹介しておきましょう。以下の例では、borderのクラスで上下左右に枠線を描画し、さらにborder-right-0のクラスで右の枠線を消去しています。結果として、上・下・左に枠線が描画されることになります。

```
<div class="bg-light border border-right-0 border-danger"
    style="width:50px;height:50px">
</div>
```

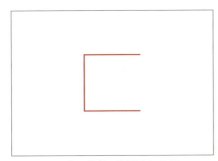

図3.4.2-3　右の枠線のみ消去した例

　これらのクラスは表（table）をデザインするときにも活用できますが、「枠線の太さ」を指定できないため、さほど使い勝手はよくありません。参考程度に覚えておくとよいでしょう。

要素に**角丸**（border-radius）を指定するクラスも用意されています。これらのクラスを適用すると、その要素に半径0.25remの角丸が指定されます。

■角丸を指定するクラス

クラス	角丸の位置
`rounded`	四隅
`rounded-top`	上（左上と右上）
`rounded-right`	右（右上と右下）
`rounded-bottom`	下（右下と左下）
`rounded-left`	左（左上と左下）

たとえば、以下のようにHTMLを記述すると、右側（右上と右下）だけを角丸にした要素を作成できます。

```
<div class="bg-primary rounded-right" style="width:50px;height:20px">
</div>
```

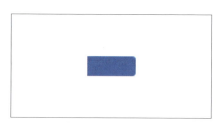

図3.4.2-4　右側を角丸にした例

そのほか、四隅の角丸を解除する**rounded-0**、四隅に50%の角丸を指定することで楕円形にする**rounded-circle**といったクラスも用意されています。rounded-circleのクラスは、P124〜125で紹介したものと同じです。

クラス名の変更　　　　　　　　　　　　　　　　　　　　　　　▼Bootstrap 3 からの変更点

　Bootstrap 3にも「四隅を角丸」にする`img-rounded`というクラスが用意されていました。このクラスは**rounded**というクラス名に変更され、角丸のサイズが6pxから0.25remに変更されています。また、要素を「楕円形」にする`img-circle`のクラスは**rounded-circle**というクラス名に変更されています。注意するようにしてください。

3.4.3　余白の指定

内余白や**外余白**を指定するクラスも用意されています。すでに紹介しているクラスですが、頻繁に使用するクラスなので、もう一度まとめておきましょう。

外余白（`margin`）を指定するときは`m`で始まるクラス名、内余白（`padding`）を指定するときは`p`で始まるクラス名を以下の形式で記述します。

　　`m(方向)-(添字)-(数値)`　…………　`margin`の指定
　　`p(方向)-(添字)-(数値)`　…………　`padding`の指定

■方向

`t`	上
`r`	右
`b`	下
`l`	左
`x`	左右
`y`	上下
なし	上下左右

■添字

なし	画面サイズ0px〜
`sm`	画面サイズ576px〜
`md`	画面サイズ768px〜
`lg`	画面サイズ992px〜
`xl`	画面サイズ1200px〜

■数値

`0`	0
`1`	0.25rem
`2`	0.5rem
`3`	1rem
`4`	1.5rem
`5`	3rem
`auto`	auto(※1)

（※1）marginのみ指定可能

たとえば、`mt-2`と記述した場合は「上の`margin`を0.5rem」にする書式が指定されます。同様に、`px-0`は「左右の`padding`を0」に指定するクラスとなります。

添字を追加してレスポンシブ対応の余白を指定することも可能です。たとえば、`mb-md-3`と記述した場合は、「画面サイズが768px以上のときのみ、下の`margin`を1rem」にする書式が指定されます。同様に、`py-lg-4`は「画面サイズが992px以上のときのみ、上下の`padding`を1.5rem」に指定するクラスとなります。

慣れるまでに少し時間を要しますが、レイアウトを微調整する際に必須となるクラスなので、上記の表を見なくても記述できるように暗記しておくと便利です。「`top`や`left`などの頭文字を使って記述する」と覚えておけば、すぐに記述方法を把握できると思います。

3.4.4 フロート（回り込み）

要素を**フロート**（float）の**左寄せ**で配置する場合は`float-left`というクラスを適用します。同様に、`float-right`というクラスを適用すると、要素を**右寄せ**で配置することができます。float:leftやfloat:rightといったCSSが指定されるだけの簡単なクラスですが、覚えておいても損はないでしょう。

■フロートを指定するクラス

クラス	配置
`float-left`	左寄せ（float:left）
`float-right`	右寄せ（float:right）
`float-none`	フロートなし（float:none）

これらのクラスも`sm`/`md`/`lg`/`xl`の添字を追加して、画面サイズを限定することが可能です。たとえば、float-md-rightとクラス名を記述すると、画面サイズが「768px以上」のときだけ「右寄せ」にする書式を指定できます。

そのほか、フロートを解除するクラスとして`clearfix`というクラスも用意されています。このクラスは、**子要素に指定されている回り込みを解除する書式**として機能します。

以下は、float-md-leftのクラスを使って、画像を左寄せで配置し、以降の文章を右側に回り込ませた場合の例です。

sample344-01.html

```
     ：
13  <div class="container">        <!-- 全体を囲むコンテナ -->
14
15    <h1 class="my-3">フロートの指定</h1>
16    <div class="clearfix">
17      <img src="img/lighthouse-1s.jpg" class="float-md-left mr-md-4">
18      <h3 class="mt-4 mt-md-0">灯台の役割</h3>
19      <p>沿岸を航行する船が、現在の位置を把握したり、……灯台を撤去する動きがあるようです。</p>
20    </div>
21    <h3 class="mt-4">灯台と景観</h3>
22    <p>灯台は、船が安全に航行するためだけに存在するのではなく、……活動をしている人もいます。</p>
23
24  </div>        <!-- 全体を囲むコンテナ -->
     ：
```

`float-md-left`が適用されているため、画面サイズが「768px以上」のときだけ「左寄せ」が有効になります。画面サイズが「768px未満」のときは、各要素が縦に並べて配置されます。また、16～20行目の`<div>`～`</div>`に`clearfix`のクラスが適用されているため、それ以降にあるh3要素とp要素（21～22行目）は、回り込みが常に解除された状態で配置されます。

図3.4.4-1　レスポンシブ対応の回り込み

クラス名の変更とレスポンシブ対応

▼Bootstrap 3からの変更点

　Bootstrap 3では、`pull-left`のクラスで「左寄せ」、`pull-right`のクラスで「右寄せ」を指定しました。これらはBootstrap 4でクラス名が変更され、`float-left`と`float-right`になっています。また、`sm` / `md` / `lg` / `xl`の添字を追加してレスポンシブ対応のフロートを指定できるように改良されています。

3.5 フレックスボックスの活用

Bootstrap 4はフレックスボックスをサポートしているため、フレックスボックスの設定を行うクラスも用意されています。続いては、フレックスボックスに関連するクラスについて解説していきます。

3.5.1 フレックスボックスの基本

　グリッドシステムを使うのではなく、自分で**フレックスボックス**を指定してWebページをレイアウトしていくことも可能です。フレックスボックスを使用するときは、div要素に以下のクラスを適用します。

　　d-flex ……………………… ブロックレベルのフレックスコンテナを作成
　　d-inline-flex …………… インラインのフレックスコンテナを作成

　これらのクラスを適用したdiv要素は**フレックスコンテナ**になり、その子要素が**フレックスアイテム**として扱われるようになります。簡単な例を示しておきましょう。以下は、d-flexのクラスでフレックスコンテナを作成し、その中に「札幌」～「福岡」の5つのフレックスアイテムを配置した場合の例です。

sample351-01.html

```html
13  <div class="container">        <!-- 全体を囲むコンテナ -->
14
15    <h1 class="my-3">フレックスボックスの活用</h1>
16
17    <div class="d-flex">
18      <div>札幌</div>
19      <div>東京</div>
20      <div>名古屋</div>
21      <div>大阪</div>
22      <div>福岡</div>
23    </div>
```

```
24
25      </div>          <!-- 全体を囲むコンテナ -->
           ⋮
```

図3.5.1-1　フレックスボックスを利用した配置（1）

このままでは状況が分かりにくいので、それぞれのdiv要素に背景色を指定し、適当な余白を設けた例を示しておきます。

sample351-02.html

```
           ⋮
17      <div class="d-flex bg-info">
18        <div class="bg-warning m-2 p-3">札幌</div>
19        <div class="bg-warning m-2 p-3">東京</div>
20        <div class="bg-warning m-2 p-3">名古屋</div>
21        <div class="bg-warning m-2 p-3">大阪</div>
22        <div class="bg-warning m-2 p-3">福岡</div>
23      </div>
           ⋮
```

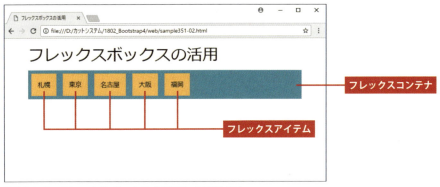

図3.5.1-2　フレックスボックスを利用した配置（2）

この例のように、フレックスボックスを使うと、その中にある要素（フレックスアイテム）が横に並べて配置されます。

なお、インラインのフレックスコンテナ（`d-inline-flex`）を作成した場合は、以下の図のような配置になり、フレックスコンテナがインライン要素として扱われるようになります。

図3.5.1-3　d-inline-flexを適用した場合

インラインのフレックスコンテナを利用する機会はあまり多くありませんが、念のため覚えておいてください。

3.5.2　アイテムの配置

グリッドシステムの場合と同様に、自分で作成したフレックスボックスもアイテムの配置を変更することが可能です。順番に解説していきましょう。

アイテムを揃える位置を変更するときは、コンテナの`div`要素に以下のクラスを追加します。

■ 左右方向の位置揃えを指定するクラス

クラス	位置揃え
`justify-content-start`	左揃え（初期値）
`justify-content-center`	中央揃え
`justify-content-end`	右揃え
`justify-content-between`	均等割り付け
`justify-content-around`	各ブロックの左右に均等の間隔

たとえば、`justify-content-center`のクラスを追加すると、アイテムを「中央揃え」で配置することが可能となります。

sample352-01.html

```
17  <div class="d-flex justify-content-center bg-info">
18    <div class="bg-warning m-2 p-3">札幌</div>
19    <div class="bg-warning m-2 p-3">東京</div>
20    <div class="bg-warning m-2 p-3">名古屋</div>
21    <div class="bg-warning m-2 p-3">大阪</div>
22    <div class="bg-warning m-2 p-3">福岡</div>
23  </div>
```

図3.5.2-1　アイテムを「中央揃え」で配置した場合

　以下に、それぞれのクラスを適用したときの配置を示しておくので参考にしてください。基本的には、グリッドシステムの配置を変更する場合と同じと考えて問題ありません。

・**justify-content-start** （左揃え）　※初期値

・**justify-content-center** （中央揃え）

・**justify-content-end** （右揃え）

・`justify-content-between` （均等割り付け）

・`justify-content-around` （左右に等間隔）

　また、アイテムを並べる方向を変更するクラスも用意されています。アイテムを縦や逆順に並べるときは、以下のクラスをフレックスコンテナに追加します。

■アイテムを並べる方向を指定するクラス

クラス	並べ方
`flex-row`	横方向（左→右、初期値）
`flex-row-reverse`	横方向（右→左）
`flex-column`	縦方向（上→下）
`flex-column-reverse`	縦方向（下→上）

・`flex-row` （横方向）　※初期値

・`flex-row-reverse` （横方向、逆順）

・**flex-column**（縦方向）

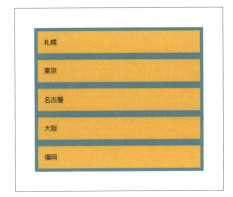

・**flex-column-reverse**（縦方向、逆順）

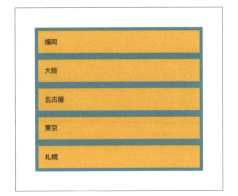

3.5.3　上下方向の位置揃え

　コンテナ内の上下方向について、アイテムを揃える位置を指定するクラスも用意されています。

■上下方向の位置揃えを指定するクラス

クラス	位置揃え
`align-items-start`	上揃え
`align-items-center`	上下中央揃え
`align-items-end`	下揃え
`align-items-baseline`	ベースライン揃え
`align-items-stretch`	コンテナの高さに伸長（初期値）

　これらのクラスもコンテナのdiv要素に適用します。ただし、その効果を確認するには、コンテナの高さ（`height`）を指定するか、もしくは各アイテムの高さを変化させなければいけません。
　次ページの例は、コンテナの高さに200px、各アイテムの高さに60〜160pxを指定し、「下揃え」でアイテムを配置した場合です。

```html
              ⋮
17    <div class="d-flex align-items-end bg-info" style="height:200px;">
18      <div class="bg-warning m-2 p-3" style="height: 60px">札幌</div>
19      <div class="bg-warning m-2 p-3" style="height:120px">東京</div>
20      <div class="bg-warning m-2 p-3" style="height:160px">名古屋</div>
21      <div class="bg-warning m-2 p-3" style="height:100px">大阪</div>
22      <div class="bg-warning m-2 p-3" style="height: 80px">福岡</div>
23    </div>
              ⋮
```

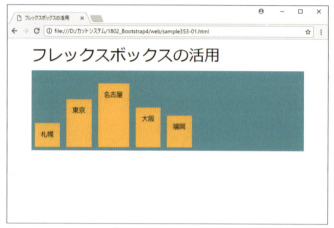

図3.5.3-1　アイテムを「下揃え」で配置した場合

　この仕組みを応用して、簡易的な縦棒グラフを作成することも可能です。参考までに、他のクラスを適用したときの配置についても紹介しておきます。

・**align-items-start** （上揃え）

・`align-items-center` （上下中央揃え）

・`align-items-end` （下揃え）

・`align-items-baseline` （ベースライン揃え）

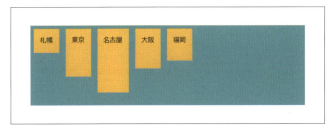

・`align-items-stretch` （コンテナの高さに伸長） ※初期値

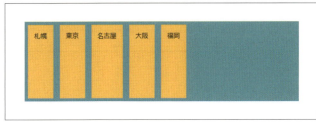

※heightプロパティにより「高さ」が指定されているアイテムは伸長されません。「コンテナの高さ」に合わせて伸長させるには、各アイテムのheightプロパティを削除する必要があります。

　なお、フレックスコンテナの高さを指定しなかった場合は、コンテナ内にあるアイテムのうち「最も高さが大きいアイテム」が「コンテナの高さ」になります。

> **各アイテムの配置を指定するクラス**
>
> 　コンテナ全体ではなく、各アイテムに対して上下位置を指定するクラスも用意されています。
>
> 　　`align-self-start` ……………… そのアイテムを「上揃え」で配置
> 　　`align-self-center` …………… そのアイテムを「上下中央揃え」で配置
> 　　`align-self-end` ………………… そのアイテムを「下揃え」で配置
> 　　`align-self-baseline` ………… そのアイテムを「ベースライン揃え」で配置
> 　　`align-self-stretch` …………… そのアイテムを「コンテナの高さに伸長」
>
> 　そのほか、Bootstrap 4.1.0には、各アイテムの幅を伸縮させてコンテナ内に隙間が生じないように配置する`flex-fill`というクラスも用意されています。
>
> 　　`flex-fill` ………… そのアイテムの幅を伸縮して「コンテナ内の隙間を埋める」
>
> 　なお、これらのクラスはコンテナではなく、それぞれの**アイテムに適用**しなければいけません。

3.5.4　アイテムの折り返し

　アイテムの数が多くてコンテナ内に納まらない場合は、**`flex-wrap`**というクラスをコンテナに追加すると、アイテムを折り返して配置できるようになります。

sample354-01.html

```
17    <div class="d-flex flex-wrap bg-info">
18      <div class="bg-warning m-2 p-3">札幌</div>
19      <div class="bg-warning m-2 p-3">仙台</div>
20      <div class="bg-warning m-2 p-3">東京</div>
21      <div class="bg-warning m-2 p-3">横浜</div>
            ⋮
27      <div class="bg-warning m-2 p-3">福岡</div>
28      <div class="bg-warning m-2 p-3">熊本</div>
29      <div class="bg-warning m-2 p-3">那覇</div>
30    </div>
```

図 3.5.4-1　アイテムをコンテナ内で折り返して配置

そのほか、アイテムの折り返しを指定するクラスとして、以下のクラスが用意されています。

■アイテムの折り返しを指定するクラス

クラス	折り返し方法
`flex-nowrap`	折り返しなし（初期値）
`flex-wrap`	折り返しあり
`flex-wrap-reverse`	逆順で折り返し

・`flex-nowrap`（折り返しなし）※初期値

・`flex-wrap`（折り返しあり）

・`flex-wrap-reverse`（逆順で折り返し）

また、アイテムを折り返して配置する際に、上下方向の位置揃えを指定できるクラスも用意されています。このクラスもコンテナのdiv要素に対して適用します。

■折り返すときの配置を指定するクラス

クラス	配置
`align-content-start`	上揃え
`align-content-center`	上下中央揃え
`align-content-end`	下揃え
`align-content-between`	上下に均等割り付け
`align-content-around`	上下に等間隔
`align-content-stretch`	上下に伸長（初期値）

たとえば、コンテナの高さ（height）に250pxを指定し、`align-content-between`のクラスを適用すると、図3.5.4-2のようにアイテムを配置できます。

sample354-02.html

```
17    <div class="d-flex flex-wrap align-content-between bg-info" style="height:250px;">
18       <div class="bg-warning m-2 p-3">札幌</div>
19       <div class="bg-warning m-2 p-3">仙台</div>
20       <div class="bg-warning m-2 p-3">東京</div>
         ⋮
28       <div class="bg-warning m-2 p-3">熊本</div>
29       <div class="bg-warning m-2 p-3">那覇</div>
30    </div>
```

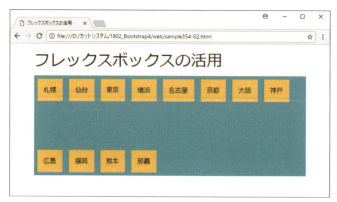

図3.5.4-2　アイテムを上下に割り付けて配置した場合

参考までに、他のクラスを適用したときの配置についても紹介しておきます。

・`align-content-start`（上揃え）

・`align-content-center`（上下中央揃え）

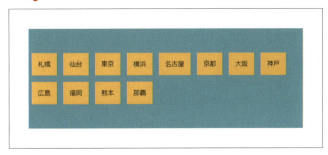

・`align-content-end`（下揃え）

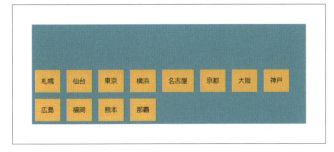

・`align-content-between`（上下に均等割り付け）

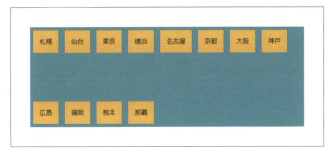

・**align-content-around** （上下に等間隔）

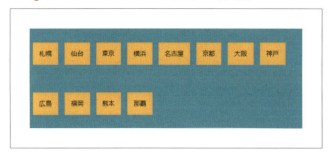

・**align-content-stretch** （上下に伸長）　※初期値

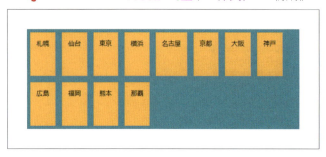

アイテムの並び順の指定

　`order-0` ～ `order-12` のクラスを使って、アイテムの並び順を入れ替えることも可能です。この場合は、クラス名の数値が小さい順にアイテムが並べ替えられます。基本的な考え方は、グリッドシステムでブロックを並べ替える場合と同じです。

　なお、これらのクラスはコンテナではなく、それぞれの**アイテムに適用**しなければいけません。

3.5.5　レスポンシブ対応

　これまでに紹介してきたフレックスボックス関連のクラスは、クラス名の間に `sm` / `md` / `lg` / `xl` といった添字を記述して、画面サイズを限定した書式指定にすることが可能です。この動作に関する基本的な考え方は、これまでに紹介してきたクラスと同じです。レスポンシブ対応のフレックスボックスを作成するときに必須となるので、クラス名の記述方法をよく確認しておいてください。

◆添字と画面サイズの対応

`sm` ……… 画面サイズ576px以上のときのみ有効
`md` ……… 画面サイズ768px以上のときのみ有効
`lg` ……… 画面サイズ992px以上のときのみ有効
`xl` ……… 画面サイズ1200px以上のときのみ有効

◆フレックスコンテナの作成

`d-(添字)-flex` 　　ブロックレベルのフレックスコンテナを作成
`d-(添字)-inline-flex` ……… インラインのフレックスコンテナを作成

たとえば、`d-sm-flex`とクラス名を記述すると、画面サイズが「576px以上」のときだけフレックスボックスを有効にできます。以下に、フレックスボックスを活用したレイアウトの例を紹介しておきます。

sample355-01.html

```html
      ：
13  <div class="container">       <!-- 全体を囲むコンテナ -->
14
15    <h1 class="my-3">会場一覧</h1>
16
17    <div class="d-sm-flex flex-wrap text-white">
18      <div class="bg-info p-3 mb-2 mr-sm-2">
19        <h3>札幌</h3><p class="mb-0">5月15日（火）　20時開演</p>
20      </div>
21      <div class="bg-secondary p-3 mb-2 mr-sm-2">
22        <h3>仙台</h3><p class="mb-0">5月17日（木）　20時開演</p>
23      </div>
24      <div class="bg-info p-3 mb-2 mr-sm-2">
25        <h3>東京</h3><p class="mb-0">5月19日（土）　19時開演</p>
26      </div>
         ：
51      <div class="bg-secondary p-3 mb-2 mr-sm-2">
52        <h3>那覇</h3><p class="mb-0">6月03日（日）　17時開演</p>
53      </div>
54    </div>
55
56  </div>       <!-- 全体を囲むコンテナ -->
      ：
```

d-sm-flexが適用されているため、画面サイズが「576px以上」のときのみフレックスボックスが有効になります。画面サイズが「576px未満」のときは、通常のdiv要素として扱われるため、各アイテムは縦に並べて配置されます。

■画面サイズ576px未満　　■画面サイズ576px以上（sm）

図3.5.5-1　フレックスボックスのレスポンシブ対応

また、flex-wrapが適用されているため、各アイテムは折り返して配置されます。このため、画面サイズに応じて1行に並ぶアイテムの数は変化します。

■画面サイズ768px以上（md）

■画面サイズ992px以上（lg）

■画面サイズ1200px以上（lg）

図3.5.5-2　画面サイズとアイテムの配置

　ちなみ、各アイテムの左右の間隔は`mr-sm-2`のクラスにより調整しています。画面サイズが「576px以上」のときだけ「右に0.5remの外余白」を設けることで、左右の間隔を調整しています。画面サイズが「576px未満」のときは、このクラスは無効になるため、右の外余白は0になります。

そのほか、アイテムの**配置**や**折り返し**などを指定するクラスも、以下の形式でクラス名を記述すると、画面サイズを限定した書式指定になります。

◆アイテムの配置

flex-（添字）-（並べ方） ……………………………… アイテムを並べる方向
　　※（並べ方）はrow／row-reverse／column／column-reverseのいずれか

justify-content-（添字）-（方向） …………… 左右方向の位置揃え
　　※（方向）はstart／center／end／between／aroundのいずれか

align-items-（添字）-（方向） ………………………… 上下方向の位置揃え
　　※（方向）はstart／center／end／baseline／stretchのいずれか

◆アイテムの折り返し

flex-（添字）-（折り返し） ………………………………… 折り返し方法
　　※（折り返し）はnowrap／wrap／wrap-reverseのいずれか

align-content-（添字）-（配置） ………………… 折り返すときの配置
　　※（配置）はstart／center／end／between／around／stretchのいずれか

◆各アイテムに適用するクラス

align-self-（添字）-（方向） ……………………………… 各アイテムのコンテナ内での上下位置
　　※（方向）はstart／center／end／baseline／stretchのいずれか

flex-（添字）-fill ………………………………………………… 各アイテムの幅を伸縮し、コンテナ内の隙間を埋める

order-（添字）-N ……………………………………………… 各アイテムの並び順
　　※Nは0～12の数字

　これらのクラスを使うと、より複雑に変化するレイアウトを実現できます。Bootstrapにはグリッドシステムが用意されているため、フレックスボックスを自分で指定する機会は少ないかもしれませんが、レイアウトの自由度を高める手法の一つとして、使い方を研究しておくとよいでしょう。

3.6 テーブルの書式

第3.6節では、テーブルの書式をBootstrapで指定する方法を解説します。パソコンだけでなくスマートフォンでも見やすい表を作成できるように、各クラスの使い方を学んでおいてください。

3.6.1 テーブルの表示

　Bootstrapには、表を見やすい形に書式指定してくれる**table**というクラスが用意されています。このクラスをtable要素に適用すると、表を図3.6.1-1のような形で表示できます。

sample361-01.html

```html
    ⋮
13  <div class="container">         <!-- 全体を囲むコンテナ -->
14
15    <h1 class="my-3">空室案内</h1>
16    <table class="table">
17      <thead>
18        <tr><th>部屋No.</th><th>タイプ</th><th>定員</th><th>喫煙</th><th>料金</th></tr>
19      </thead>
20      <tbody>
21        <tr><td>402</td><td>ツイン</td>   <td>2名</td><td>可</td>   <td>8,800円</td></tr>
22        <tr><td>407</td><td>ダブル</td>   <td>2名</td><td>不可</td><td>7,800円</td></tr>
23        <tr><td>501</td><td>シングル</td><td>1名</td><td>不可</td><td>4,800円</td></tr>
24        <tr><td>605</td><td>シングル</td><td>1名</td><td>可</td>   <td>4,800円</td></tr>
25        <tr><td>608</td><td>シングル</td><td>1名</td><td>可</td>   <td>5,200円</td></tr>
26        <tr><td>702</td><td>DXツイン</td><td>3名</td><td>不可</td><td>13,800円</td></tr>
27        <tr><td>703</td><td>DXダブル</td><td>3名</td><td>不可</td><td>12,800円</td></tr>
28      </tbody>
29    </table>
30
31  </div>         <!-- 全体を囲むコンテナ -->
    ⋮
```

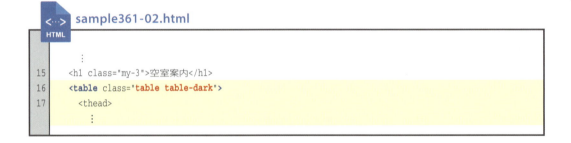

図3.6.1-1　Bootstrapのテーブル表示

　このとき、表の背景を暗くしたデザインに変更することも可能です。この場合は、table要素に **table-dark** というクラスを追加します。

sample361-02.html
```
        ⋮
15  <h1 class="my-3">空室案内</h1>
16  <table class="table table-dark">
17    <thead>
        ⋮
```

図3.6.1-2　背景を暗くした表

▼ Bootstrap 3 からの変更点

---
table-dark が利用可能に

`table-dark`のクラスは、Bootstrap 4から新たに採用されたクラスです。これにより背景が暗い表も手軽に作成できるようになりました。

---

scope属性の記述について

`table`要素を使って表を作成するときは、それぞれの見出し（`th`要素）が「列または行のどちらを対象にしているか？」を示す`scope`属性を記述するのが一般的です。本書の例ではHTMLを見やすくするために`scope`属性の記述を省略していますが、必要に応じて記述するようにしてください。

表内の文字を右揃えで配置

セル内の数値を「右揃え」で配置したいときは、`th`要素や`td`要素に`text-right`のクラスを適用します。先ほどの例の場合、以下のようにHTMLを記述すると「料金」を右揃えで配置できます。

```
    ⋮
<tr><td>402</td><td>ツイン</td>………<td class="text-right">8,800円</td></tr>
<tr><td>407</td><td>ダブル</td>………<td class="text-right">7,800円</td></tr>
    ⋮
```

なお、本書では、HTMLの記述をなるべく簡素化するために、数値の「右揃え」を指定せずに解説を進めていきます。

3.6.2　見出しの強調

ここからは、表をカスタマイズする方法を紹介していきます。まずは、表の**見出しを強調表示**する方法です。Bootstrapには見出し（`th`要素）の書式を変更するクラスとして、以下のようなクラスが用意されています。

`thead-light` ……………… 見出しの背景を「灰色」で表示
`thead-dark` ……………… 見出しの背景を「黒色」で表示

これらのクラスはthead要素に対して適用します。以下は、thead-lightのクラスで見出しを強調表示した場合の例です。

sample362-01.html

```
     :
15  <h1 class="my-3">空室案内</h1>
16  <table class="table">
17    <thead class="thead-light">
18      <tr><th>部屋No.</th><th>タイプ</th><th>定員</th><th>喫煙</th><th>料金</th></tr>
19    </thead>
20    <tbody>
21      <tr><td>402</td><td>ツイン</td>  <td>2名</td><td>可</td>  <td>8,800円</td></tr>
          :
```

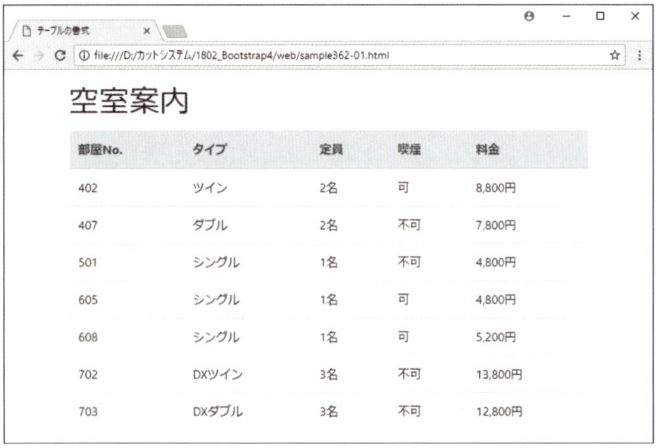

図3.6.2-1　thead-lightで見出しを強調した表

参考までに、thead-darkのクラスを適用した場合の例も紹介しておきます。この場合は、以下の図のように表の見出しが表示されます。 

図3.6.2-2　thead-darkで見出しを強調した表

> ▼ Bootstrap 3 からの変更点

見出しの強調が可能に

　`thead-light` や `thead-dark` のクラスは、Bootstrap 4 から新たに採用されたクラスです。Bootstrap 3 で見出しを強調するときは、自分でCSSを記述しなければいけません。

td 要素は強調されない

　`thead-light` や `thead-dark` は、`<thead>` ～ `</thead>` の中にある th 要素の書式を指定するクラスとなります。このため、td 要素で作成したセルの書式は変更されません。また、これらのクラスを th 要素に適用しても正しく機能しません。必ず thead 要素が必要になることに注意してください。

3.6.3　データ行を縞模様で表示

　続いては、1行おきに色を付けて表を見やすくする方法を紹介します。この場合は table 要素に **table-striped** というクラスを追加します。すると、表が図3.6.3-1のように表示され、より見やすい表を作成できます。

sample363-01.html

```html
        ⋮
15    <h1 class="my-3">空室案内</h1>
16    <table class="table table-striped">
17      <thead class="thead-dark">
18        <tr><th>部屋No.</th><th>タイプ</th><th>定員</th><th>喫煙</th><th>料金</th></tr>
19      </thead>
20      <tbody>
21        <tr><td>402</td><td>ツイン</td>   <td>2名</td><td>可</td>   <td>8,800円</td></tr>
22        <tr><td>407</td><td>ダブル</td>   <td>2名</td><td>不可</td><td>7,800円</td></tr>
           ⋮
26        <tr><td>702</td><td>DXツイン</td><td>3名</td><td>不可</td><td>13,800円</td></tr>
27        <tr><td>703</td><td>DXダブル</td><td>3名</td><td>不可</td><td>12,800円</td></tr>
28      </tbody>
29    </table>
        ⋮
```

図3.6.3-1　データ行を縞模様で表示

　なお、table要素にtable-darkを追加している場合は、以下の図のように縞模様が表示されます。

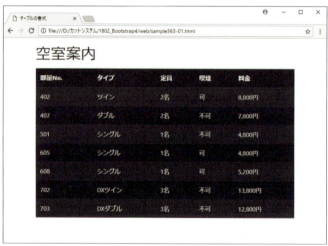

図3.6.3-2　データ行を縞模様で表示（table-darkの場合）

縞模様にするにはtbody要素が必要

　`table-striped`は、`<tbody>`〜`<tbody>`の中にある「奇数番目のtr要素」に対して背景色を指定するクラスとなります。thead要素やtbody要素の記述を省略した場合は、表全体がtbody要素とみなされるため、表の1、3、5行目……に背景色が指定されます。

3.6.4　表の枠線の書式

続いては、表全体を枠線で囲む方法を解説します。tableのクラスを適用した表は、各行の上に枠線が描画される仕組みになっています。ここに**table-bordered**というクラスを追加すると、表内の各セルを枠線で囲んで表示できるようになります。

以下は、table-stripedとtable-borderedのクラスを適用して表を作成した場合の例です。この場合、データ部分を縞模様で表示し、さらに各セルを枠線で囲んだ表が作成されます。

sample364-01.html

```
     ：
15   <h1 class="my-3">空室案内</h1>
16   <table class="table table-striped table-bordered">
17     <thead class="thead-dark">
18       <tr><th>部屋No.</th><th>タイプ</th><th>定員</th><th>喫煙</th><th>料金</th></tr>
19     </thead>
20     <tbody>
21       <tr><td>402</td><td>ツイン</td>  <td>2名</td><td>可</td>  <td>8,800円</td></tr>
         ：
28     </tbody>
29   </table>
     ：
```

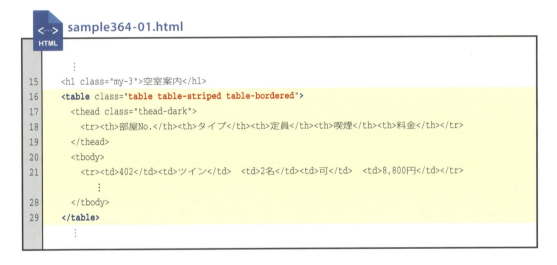

図3.6.4-1　テーブルを縞模様＆枠線で表示

そのほか、Bootstrap 4.1.0には、「枠線なしの表」に変更する**table-borderless**というクラスも用意されています。表の枠線を消去するときは、こちらをtable要素に追加します。

3.6.5　マウスオーバーと行の強調

　表内にマウスポインタを移動したときに、行を強調して表示するクラスも用意されています。この場合は、`table-hover`というクラスを`table`要素に追加します。

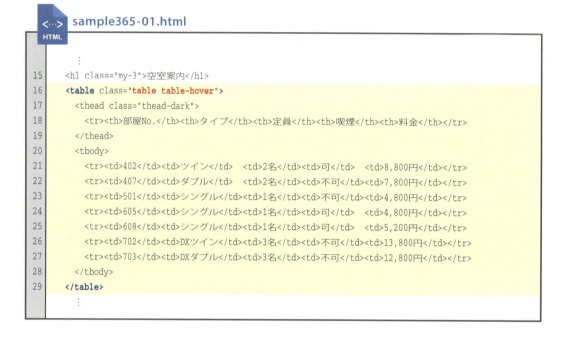

図3.6.5-1　マウスオーバーで行を強調表示

なお、table要素にtable-darkが適用されている場合は、マウスポインタのある行が他の行より明るく表示される仕組みになっています。

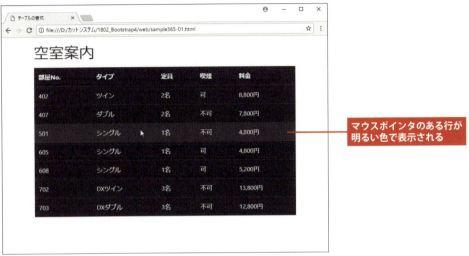

図3.6.5-2　マウスオーバーで行を強調表示（table-darkの場合）

　また、行やセルの背景色に、primary、secondary、successなどの色を指定するクラスも用意されています。table要素にtable-hoverが適用されているときは、マウスオーバー時の背景色も「指定した系統の色」で強調表示されます。

■背景色を指定するクラス

クラス	背景色
table-active	rgba(0, 0, 0, 0.075)
table-primary	#B8DAFF
table-secondary	#D6D8DB
table-success	#C3E6CB
table-info	#BEE5EB
table-warning	#FFEEBA
table-danger	#F5C6CB
table-dark	#C6C8CA
table-light	#FDFDFE

　次ページの例は、先ほど紹介したクラスを使って行やセルに背景色を指定した場合です。行全体に背景色を指定するときはtr要素、セルに背景色を指定するときはth要素やtd要素にクラスを適用します。

sample365-02.html

```html
    ：
15    <h1 class="my-3">空室案内</h1>
16    <table class="table table-hover">
17      <thead class="thead-dark">
18        <tr><th>部屋No.</th><th>タイプ</th><th>定員</th><th>喫煙</th><th>料金</th></tr>
19      </thead>
20      <tbody>
21        <tr><td>402</td><td>ツイン</td>   <td>2名</td><td>可</td>   <td>8,800円</td></tr>
22        <tr><td>407</td> ………  <td class="table-warning">不可</td><td>7,800円</td></tr>
23        <tr><td>501</td> ………  <td class="table-warning">不可</td><td>4,800円</td></tr>
24        <tr><td>605</td><td>シングル</td><td>1名</td><td>可</td>   <td>4,800円</td></tr>
25        <tr><td>608</td><td>シングル</td><td>1名</td><td>可</td>   <td>5,200円</td></tr>
26        <tr class="table-primary"><td>702</td> ………  <td>不可</td><td>13,800円</td></tr>
27        <tr class="table-success"><td>703</td> ………  <td>不可</td><td>12,800円</td></tr>
28      </tbody>
29    </table>
    ：
```

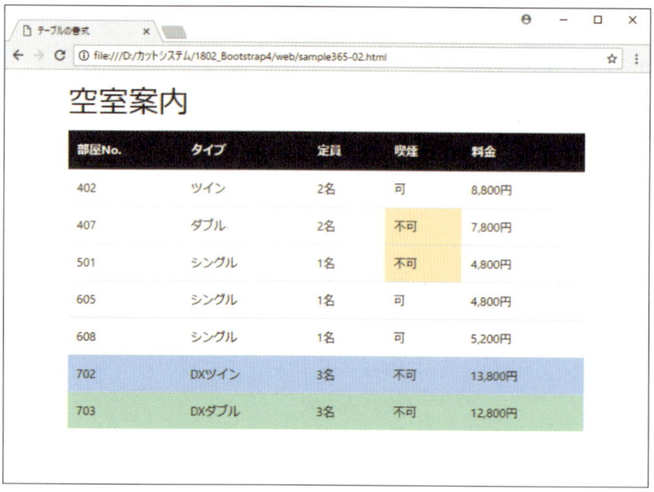

図3.6.5-3　行やセルの背景色を指定

クラス名の変更 ▼Bootstrap 3 からの変更点

Bootstrap 3では、`active`や`success`などのクラスで表の背景色を指定していましたが、これらのクラスは **table-active** や **table-success** といったクラス名に変更されています。表の背景色をクラスで指定するときは注意するようにしてください。

なお、table要素にtable-darkを適用しているときは、**bg-primary**や**bg-info**などのクラスを使って背景色を指定するのが基本です（P129参照）。ここで紹介したクラスを使って背景色を指定すると、表内の文字が読みにくくなってしまうことに注意してください。

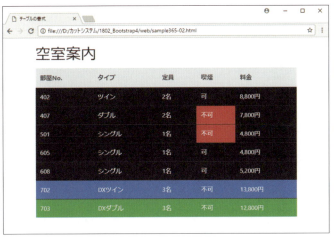

図3.6.5-4　bg-primaryなどのクラスで指定した背景色

3.6.6　テーブルをコンパクトに表示

table要素に**table-sm**というクラスを適用すると、セル内の余白を小さくして表全体をコンパクトに表示できます。このクラスも、これまでに紹介してきた他のクラスと併用することが可能です。

以下は、table-striped（データ行を縞模様で表示）、table-hover（マウスオーバーで行を強調）、table-sm（表をコンパクトに表示）の3つのクラスを適用した場合の例です。

sample366-01.html

```html
           ⋮
15     <h1 class="my-3">空室案内</h1>
16     <table class="table table-sm table-striped table-hover">
17       <thead class="thead-dark">
18         <tr><th>部屋No.</th><th>タイプ</th><th>定員</th><th>喫煙</th><th>料金</th></tr>
19       </thead>
20       <tbody>
21         <tr><td>402</td><td>ツイン</td>　<td>2名</td><td>可</td>　<td>8,800円</td></tr>
           ⋮
```

図3.6.6-1　表をコンパクトに表示

▼Bootstrap 3 からの変更点

--- クラス名の変更 ---

　Bootstrap 3では、同様の書式を`table-condensed`というクラスで指定していました。Bootstrap 4では、このクラス名が**table-sm**に変更されています。また、各セルの余白（`padding`）も5pxから0.3remに変更されています。

3.6.7　横スクロール可能なテーブル

　列数の多い表をスマートフォンで閲覧すると、図3.6.7-1のようにセル内の文字が折り返されて表示されます。このような表はお世辞にも見やすいとはいえません。画面が小さい端末でWebサイトが閲覧される場合も考慮して、表をレスポンシブ対応にする方法も学んでおきましょう。

　表をレスポンシブ対応にするときは、表全体を div 要素で囲み、このdiv要素に**table-responsive**というクラスを適用します。すると、表全体を横スクロールできるようになり、小さな画面でも快適に表を閲覧できるようになります。さらに、P104で紹介した**text-nowrap**のクラスを`tabel`要素に追加しておくと、表内の文字が折り返されなくなり、より見やすい表に仕上がります。

3.6 テーブルの書式

図3.6.7-1　列数の多い表を閲覧した様子（イメージ）

　以下は、これまでに紹介してきた表に「会員料金」の列を追加し、横スクロールに対応させた場合の例です。スマートフォンでも快適に表を閲覧できることを確認できると思います。

sample367-01.html `HTML`

```
 :
13  <div class="container">         <!-- 全体を囲むコンテナ -->
14
15    <h1 class="my-3">空室案内</h1>
16    <div class="table-responsive">
17      <table class="table table-striped table-bordered text-nowrap">
18        <thead class="thead-dark">
19          <tr><th>部屋No.</th><th>タイプ</th> ……… <th>一般料金</th><th>会員料金</th></tr>
20        </thead>
21        <tbody>
22          <tr><td>402</td><td>ツイン</td> ………… <td>8,800円</td><td>7,800円</td></tr>
23          <tr><td>407</td><td>ダブル</td> ………… <td>7,800円</td><td>6,800円</td></tr>
                 :
27          <tr><td>702</td><td>DXツイン</td> ……… <td>13,800円</td><td>11,800円</td></tr>
28          <tr><td>703</td><td>DXダブル</td> ……… <td>12,800円</td><td>10,800円</td></tr>
29        </tbody>
30      </table>
31    </div>
32
33  </div>         <!-- 全体を囲むコンテナ -->
      :
```

165

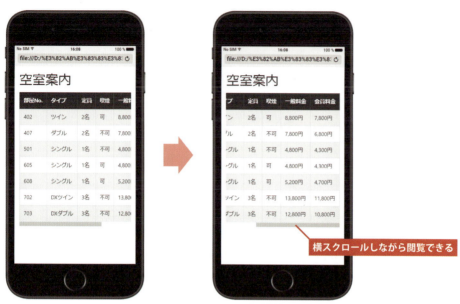

図3.6.7-2　横スクロール可能なテーブル（イメージ）

　なお、table-responsiveのクラスを**table-responsive-（添字）**と記述することで、画面サイズを限定した書式指定にすることも可能です。

- **table-responsive-sm** ……… 画面サイズが**575.98px以下**のときのみ横スクロール可
- **table-responsive-md** ……… 画面サイズが**767.98px以下**のときのみ横スクロール可
- **table-responsive-lg** ……… 画面サイズが**991.98px以下**のときのみ横スクロール可
- **table-responsive-xl** ……… 画面サイズが**1199.98px以下**のときのみ横スクロール可

　クラス名に（添字）を追加するという点では、これまでに紹介してきたクラスと同じ形式になります。ただし、書式指定が有効になる画面サイズが「○○px以上」ではなく、「○○px以下」となっていることに注意してください。

> ### ─ レスポンシブ対応の仕様変更 ─　　　　　　　　　　　　　　　▼ Bootstrap 3 からの変更点
>
> 　Bootstrap 3にも`table-responsive`というクラスが用意されていましたが、Bootstrap 4で仕様が大幅に変更されていることに注意してください。
> 　Bootstrap 3の`table-responsive`には、`white-space:nowrap`（折り返さない）を指定するCSSが含まれていました。一方、Bootstrap 4の**table-responsive**には、この書式指定が含まれていません。このため、文字を折り返さずに表示するには**text-nowrap**のクラスを追加しておく必要があります。

3.7 カード

Bootstrapには、文字や画像をカード形式にまとめて配置できるクラスも用意されています。ヘッダー・フッターの追加、グループ化などのカスタマイズも行えるため、様々な用途に活用することが可能です。続いては、カードの使い方を解説します。

3.7.1 カードの基本

カードはBootstrap 4で新たに採用されたコンポーネントで、文字や画像をカード形式にまとめて表示できるのが特長となります。まずは、カードの基本的な使い方から解説していきます。

カードを使用するときは`card`のクラスを適用した`<div>`〜`</div>`を用意し、その中に`card-body`のクラスを適用したdiv要素を記述します。これがカードの本体となります。

card-bodyを適用したdiv要素内では、以下のクラスを使って各要素の書式を指定するのが基本です。

■ `card-body`内で利用できるクラス

クラス	用途
`card-title`	タイトルの書式指定
`card-subtitle`	サブタイトルの書式指定
`card-text`	本文の書式指定
`card-link`	リンクの書式指定

HTMLの記述例を示しておきましょう。以下は、先ほど紹介したクラスを使ってカードを作成した場合の例です。

```html
sample371-01.html
        ⋮
13  <div class="container">        <!-- 全体を囲むコンテナ -->
14
15    <h1 class="my-3">Card</h1>
16    <div class="card" style="width:300px;">
17      <div class="card-body">
18        <h5 class="card-title">灯台の役割</h5>
19        <h6 class="card-subtitle mb-2 text-muted">The role of lighthouse</h6>
20        <p class="card-text">沿岸を航行する船が現在の位置を………建造された建物が灯台です。</p>
21        <a href="sample221-03.html" class="card-link">続きを読む</a>
22        <a href="img/lighthouse-1.jpg" class="card-link">灯台の写真</a>
23      </div>
24    </div>
25
26  </div>           <!-- 全体を囲むコンテナ -->
        ⋮
```

図3.7.1-1　カードの基本

　カード内に記述すべき要素について特に制限はありません。タイトル（card-title）やサブタイトル（card-subtitle）、リンク（card-link）が存在しない、本文だけのカードを作成しても構いません。
　また、各クラスの適用も「絶対に必要」という訳ではありません。参考までに、各クラスに指定されているCSSを次ページに紹介しておきます。

```
bootstrap.css
4467    .card-title {
4468      margin-bottom: 0.75rem;
4469    }
4470
4471    .card-subtitle {
4472      margin-top: -0.375rem;
4473      margin-bottom: 0;        ← サブタイトルの「下の余白」は0
4474    }
4475
4476    .card-text:last-child {
4477      margin-bottom: 0;
4478    }
4479
4480    .card-link:hover {
4481      text-decoration: none;
4482    }
4483
4484    .card-link + .card-link {
4485      margin-left: 1.25rem;    ← リンクが2つ以上並んだときに、1.25remの間隔を設ける
4486    }
```

　タイトル（`card-title`）とサブタイトル（`card-subtitle`）は、余白（`margin`）を調整するだけのクラスでしかありません。このため、h5やh6以外の要素を使ってタイトル、サブタイトルを作成することも可能です。

　サブタイトルを利用する際は、`card-subtitle`のクラスに`margin-bottom:0`のCSSが指定されていることに注意しなければいけません。このため、そのままでは（すぐ下にある）本文との間隔が0になってしまいます。先の例では、`mb-2`のクラスを追加することにより「下に0.5rem」の間隔を設けています。ちなみに、`text-muted`は文字色を「灰色」にするクラスとなります（19行目）。

　`card-text`のクラスにも`margin-bottom:0`のCSSが記述されています。こちらは、カードの本文にp要素を使用したときの対策となります。p要素には`margin-bottom:1rem`のCSSが指定されているため、そのままの状態では「下の余白」が大きくなり過ぎてしまいます。そこで、「最後の本文」（最後のp要素）のみ「下の余白」を0にすることで枠線との間隔を調整しています。

カードを使用する際にもう一つ大きな問題となるのが幅（width）の指定です。カードは幅100%で表示されるように初期設定されているため、パソコンで閲覧すると横長のカードが作成されてしまいます。これを回避するには、自分で幅を指定するか、もしくはグリッドシステムを活用する必要があります。

以下は、グリッドシステムを使ってカードを配置した例です。画面サイズが「768px未満」のときは全体幅（12列）、「768px以上」のときは6列、「992px以上」のときは4列でカードが表示されるように工夫しています。

sample371-02.html

```
13  <div class="container">         <!-- 全体を囲むコンテナ -->
14
15    <h1 class="my-3">Card</h1>
16    <div class="row">
17      <div class="col-md-6 col-lg-4">
18        <div class="card">          ← style属性（幅の指定）を削除
19          <div class="card-body">
20            <h5 class="card-title">灯台の役割</h5>
21            <h6 class="card-subtitle mb-2 text-muted">The role of lighthouse</h6>
22            <p class="card-text">沿岸を航行する船が現在の位置を………建造された建物が灯台です。</p>
23            <a href="sample221-03.html" class="card-link">続きを読む</a>
24            <a href="img/lighthouse-1.jpg" class="card-link">灯台の写真</a>
25          </div>
26        </div>
27      </div>
28    </div>
29
30  </div>              <!-- 全体を囲むコンテナ -->
```

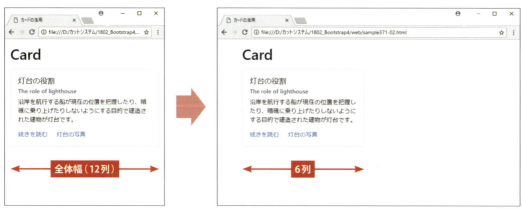

図3.7.1-2　グリッドシステムで配置したカード

div要素が何重にも入れ子になるためミスを犯しやすくなるのが欠点といえますが、カードの幅を調整する手法の一つとして覚えておいてください。

▼Bootstrap 3 からの変更点

---
panel、well、thumbnailは廃止

Bootstrap 3には、囲み記事の作成用にpanel、well、thumbnailといったクラスが用意されていました。Bootstrap 4では、これらのクラスが廃止され、カード（**card**）というコンポーネントに統一されています。

3.7.2 画像を配置したカード

カード内に**画像**を配置することも可能です。続いては、画像に関連するクラスについて解説していきます。Bootstrapには、カード内の画像（img要素）に適用するクラスとして以下のようなクラスが用意されています。

■カード内の画像に適用するクラス

クラス	用途
`card-img-top`	最上部に配置する場合
`card-img`	`card-body`内に配置する場合
`card-img-bottom`	最下部に配置する場合

これらのクラスには、「幅100％」と「四隅の角丸」を調整する書式が指定されています。実際に例を示しながら紹介していきましょう。以下は、画像をカードの最上部に配置した例です。

sample372-01.html

```
 :
16    <div class="card" style="width:300px;">
17      <img src="img/lighthouse-1.jpg" class="card-img-top">        ← card-bodyより前に記述
18      <div class="card-body">
19        <h5 class="card-title">灯台の役割</h5>
20        <p class="card-text">沿岸を航行する船が現在の位置を………建造された建物が灯台です。</p>
```

```
21        <a href="sample221-03.html" class="card-link">続きを読む</a>
22      </div>
23    </div>
         ⋮
```

画像をカードの最上部に配置するときは、「card-bodyのdiv要素」よりも前にimg要素を記述しなければいけません。続いて、このimg要素に**card-img-top**のクラスを適用すると、画像の「左上と右上」が角丸になり、カードに適したデザインに仕上がります。

図3.7-2-1　画像をカードの最上部に配置

同様に、画像をカードの最下部に配置するときは、「card-bodyのdiv要素」よりも後にimg要素を記述し、このimg要素に**card-img-bottom**のクラスを適用します。

sample372-02.html

```
       ⋮
16   <div class="card" style="width:300px;">
17     <div class="card-body">
18       <h5 class="card-title">灯台の役割</h5>
19       <p class="card-text">沿岸を航行する船が現在の位置を………建造された建物が灯台です。</p>
20       <a href="sample221-03.html" class="card-link">続きを読む</a>
21     </div>
22     <img src="img/lighthouse-1.jpg" class="card-img-bottom">   ← card-bodyより後に記述
23   </div>
       ⋮
```

図3.7.2-2　画像をカードの最下部に配置

　card-bodyの中に画像を配置するときは、img要素に**card-img**のクラスを適用します。すると、画像の四隅が角丸で表示されます。このとき、上下の余白調整が必要になる場合もあります。以下の例では、mb-2のクラスにより画像の「下の余白」を調整しています。

sample372-03.html

```
16    <div class="card" style="width:300px;">
17      <div class="card-body">
18        <h5 class="card-title">灯台の役割</h5>
19        <img src="img/lighthouse-1.jpg" class="card-img mb-2">
20        <p class="card-text">沿岸を航行する船が現在の位置を………建造された建物が灯台です。</p>
21        <a href="sample221-03.html" class="card-link">続きを読む</a>
```

19行目: card-bodyの中に記述

図3.7.2-3　画像をカードの内部に配置

そのほか、カードの背景を画像にする方法も用意されています。この場合は、「カードの本体」を`card-img-overlay`のクラスで作成する必要があります。背景に敷く画像は、`card-img`のクラスを適用したimg要素で指定します。

図3.7.2-4 背景に画像を敷いたカード

なお、上記の例では、img要素に`opacity`のCSSを指定することで画像を半透明にしています。この処理を行う代わりに、カード全体に`text-white`のクラスを適用し、文字を白色で表示する方法なども考えられます。

背景画像 + ヘッダーは不可

次節で解説する「カードのヘッダー」と「背景画像」を同時に使用することはできません。「カードのフッター」と「背景画像」を同時に使用することは可能ですが、フッター部分には背景画像が表示されないことに注意してください。

3.7.3　カードのヘッダーとフッター

以下の図のように、**ヘッダー**や**フッター**を追加したカードを作成することも可能です。ヘッダー・フッターを作成するときは、h4やdivなどの要素に以下のクラスを適用します。

`card-header` ……………… ヘッダーとして表示
`card-footer` ……………… フッターとして表示

図3.7.3-1　カードのヘッダーとフッター

具体例として、図3.7.3-1のHTMLを紹介しておきます。h4要素でヘッダー、div要素でフッターを作成し、フッターの文字を「右揃え」にする`text-right`のクラスを追加してあります。

sample373-01.html

```html
16    <div class="card" style="width:300px;">
17      <h4 class="card-header">灯台のある風景</h4>
18      <div class="card-body">
19        <h5 class="card-title">灯台の役割</h5>
20        <img src="img/lighthouse-1.jpg" class="card-img mb-2">
21        <p class="card-text">沿岸を航行する船が現在の位置を………建造された建物が灯台です。</p>
22        <a href="sample221-03.html" class="card-link">続きを読む</a>
23      </div>
24      <div class="card-footer text-right">Update 2018/5/15</div>
25    </div>
```

（17行目：card-bodyより前に記述）
（24行目：card-bodyより後に記述）

> **フッターの作成にp要素は不向き？**
>
> 　ヘッダーやフッターを作成する要素に特に制限はありません。ただし、p要素でフッターを作成すると、フッターの表示に不具合が生じることに注意してください。これは、p要素に`margin-bottom:1rem`のCSSが指定されていることが原因です。p要素を使ってフッターを作成するときは、p要素に`mb-0`のクラスを追加し、「下の余白」を0にしておく必要があります。

3.7.4　カードの色

　カードに**背景色**を指定するクラスを追加して、カラフルなカードを作成することも可能です。カード全体に色を付けるときは、`card`の`div`要素に「背景色を指定するクラス」を追加します。さらに、`text-white`のクラスも追加して文字色を「白色」に変更すると、読みやすいカードを作成できます。

（※）使用可能なクラスについては、本書のP129を参照してください。

```html
<div class="card bg-primary text-white">
  <h4 class="card-header">ヘッダー</h4>
  <div class="card-body">
    ⋮
  </div>
</div>
```

　また、ヘッダー・フッターや「カードの本体」（`card-body`）に対して背景色を指定することも可能です。この場合は、該当する要素に「背景色を指定するクラス」を追加します。

```html
<div class="card">
  <h4 class="card-header bg-success text-white">ヘッダー</h4>
  <div class="card-body">
    ⋮
  </div>
</div>
```

　次ページに、いくつかの例を紹介しておくので参考にしてください。

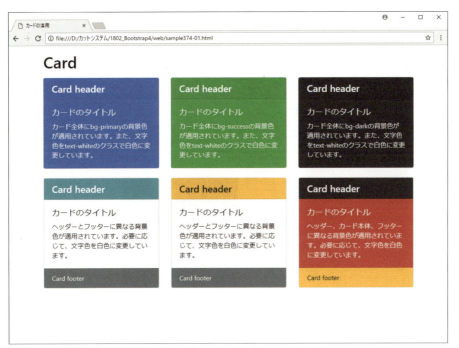

図3.7.4-1　着色したカードの例（sample374-01.html）

> **bg-transparentの活用**
>
> 　親要素の背景色をそのまま引き継ぐ、**bg-transparent**というクラスも用意されています。このクラスは、ヘッダーやフッターの背景色を透明にする場合などに活用できます。

　さらに、カードの枠線の色を変更することも可能です。この場合は、各要素に「枠線の色を指定するクラス」を追加します。基本的な考え方は、背景色を変更する場合と同じです。次ページに、いくつかの例を紹介しておくので参考にしてください。

（※）使用可能なクラスについては、本書のP130を参照してください。

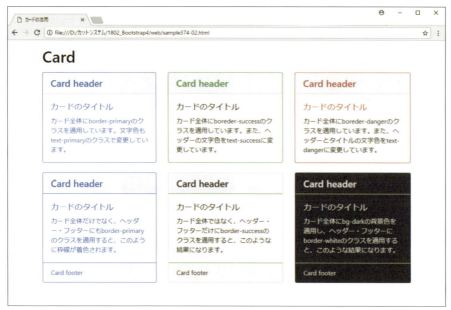

図3.7.4-2　枠線の色を変更したカードの例（sample374-02.html）

3.7.5　カードグループ

複数枚のカードを一つにまとめて、横に配置する**カードグループ**というレイアウトも用意されています。

図3.7.5-1　3枚のカードを配置したカードグループ

カードグループを作成するときは、**card-group**のクラスを適用したdiv要素を作成し、その中に各カードのHTMLを記述していきます。たとえば、図3.7.5-1のように3枚のカードを並べるときは、以下のようにHTMLを記述します。

sample375-01.html

```html
      :
<div class="container">       <!-- 全体を囲むコンテナ -->

  <h1 class="my-3">Card groups</h1>

  <div class="card-group">

    <div class="card">
      <img src="img/lighthouse-1.jpg" class="card-img-top">
      <div class="card-body">
        <h5 class="card-title">灯台の役割</h5>
        <p class="card-text">沿岸を航行する船が現在の位置を………建造された建物が灯台です。</p>
        <a href="sample221-03.html" class="card-link">続きを読む</a>
      </div>
      <div class="card-footer text-right">Update 2018/5/15</div>
    </div>

    <div class="card">
      <img src="img/lighthouse-2.jpg" class="card-img-top">
      <div class="card-body">
        <h5 class="card-title">灯台と景観</h5>
        <p class="card-text">灯台は、船が安全に航行するため………要素の一つにもなります。</p>
        <a href="sample221-03.html" class="card-link">続きを読む</a>
      </div>
      <div class="card-footer text-right">Update 2018/5/18</div>
    </div>

    <div class="card">
      <img src="img/lighthouse-3.jpg" class="card-img-top">
      <div class="card-body">
        <h5 class="card-title">プルザネ灯台</h5>
        <p class="card-text">フランス、ブルターニュ地方の………として知られています。</p>
        <a href="sample221-03.html" class="card-link">続きを読む</a>
      </div>
      <div class="card-footer text-right">Update 2018/5/20</div>
    </div>

  </div>

</div>       <!-- 全体を囲むコンテナ -->
      :
```

カードグループを利用するときは、各カードの幅（width）を指定しなくても構いません。グループ内にあるカードの枚数に応じて、幅を等分割する形で各カードが配置されます。つまり、カードが2枚の場合は2等分、3枚の場合は3等分、4枚の場合は4等分、……という仕組みになります。もちろん、5枚以上のカードをグループ化することも可能ですし、ヘッダー・フッターのあるカードをグループ化することも可能です。

　なお、カードグループは、**画面サイズが576px以上**のときのみ有効になる仕組みになっています。画面サイズが576px未満のときは、各カードが縦に並べて配置されます。このため、カードグループをスマートフォンで見ると、以下の図のようなイメージになります。

図3.7.5-2　カードグループをスマートフォンで閲覧したイメージ

3.7.6　カードデッキ

　カードとカードの間に間隔を設けて配置する**カードデッキ**というレイアウトも利用できます。このレイアウトを採用するときは、**card-deck**のクラスを適用したdiv要素でカードを囲みます。基本的な使い方は、カードグループを利用する場合と同じです。

sample376-01.html

```
13  <div class="container">         <!-- 全体を囲むコンテナ -->
14
15    <h1 class="my-3">Card decks</h1>
```

```
16
17      <div class="card-deck">
18
19        <div class="card">
            ⋮
27        </div>
28
29        <div class="card">
            ⋮
37        </div>
38
39        <div class="card">
            ⋮
47        </div>
48
49      </div>
50
51    </div>         <!-- 全体を囲むコンテナ -->
        ⋮
```

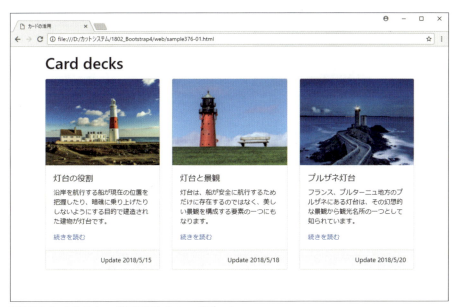

図3.7.6-1　3枚のカードを配置したカードデッキ

　カードグループと同様に、カードデッキも**画面サイズが576px以上**のときのみ有効になります。画面サイズが576px未満のときは、各カードが縦に並べて配置されます。

3.7.7　カードカラム

　大きさが異なるカードを何枚も並べて配置するときは、**カードカラム**のレイアウトを利用すると便利です。このレイアウトを使うと、それぞれのカードを縦方向に、3列縦隊で配置していくことが可能となります。

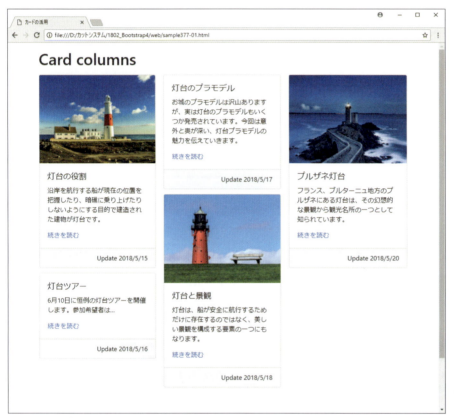

図3.7.7-1　5枚のカードを配置したカードカラム

　カードカラムを利用するときは、**card-columns**のクラスを適用したdiv要素でカードを囲みます。全体を囲むdiv要素に適用するクラスが異なるだけで、基本的な使い方はカードグループやカードカラムと同じです。

sample377-01.html

```html
                ⋮
15      <h1 class="my-3">Card columns</h1>
16
17      <div class="card-columns">
18
19        <div class="card">
              ⋮
22            <h5 class="card-title">灯台の役割</h5>
                ⋮
27        </div>
28
29        <div class="card">
30          <div class="card-body">
31            <h5 class="card-title">灯台ツアー</h5>
                ⋮
36        </div>
37
38        <div class="card">
39          <div class="card-body">
40            <h5 class="card-title">灯台のプラモデル</h5>
                ⋮
45        </div>
46
47        <div class="card">
              ⋮
50            <h5 class="card-title">灯台と景観</h5>
                ⋮
53          </div>
54          <div class="card-footer text-right">Update 2018/5/18</div>
55        </div>
56
57        <div class="card">
              ⋮
60            <h5 class="card-title">プルザネ灯台</h5>
                ⋮
65        </div>
66
67      </div>
              ⋮
```

カードカラムも**画面サイズが576px以上**のときのみ有効になります。画面サイズが576px未満のときは、各カードが縦に並べて配置されます。

3.8 メディアオブジェクト

メディアオブジェクトは、TwitterやFacebookのコメントを表示する場合などに活用できるレイアウトです。通常はdiv要素で作成しますが、ul要素とli要素を使ったリスト形式のメディアオブジェクトも作成できます。

3.8.1 メディアオブジェクトの作成

　図3.8.1-1のように、「画像」を左側に配置し、その右側に「見出し」と「本文」を配置したコンテンツを作成するときは、**メディアオブジェクト**を利用すると便利です。もともとはTwitterなどのSNSのコメントを表示するためのレイアウトですが、「画像」と「文章」で構成される一般的なコンテンツにも応用できます。

図3.8.1-1　メディアオブジェクトで作成したコンテンツ

　メディアオブジェクトを作成するときは、最初に**media**のクラスを適用した`<div>`～`</div>`を用意します。続いて、この中に「アイコン」などを表示するimg要素を記述し、その後に**media-body**のクラスを適用したdiv要素で「ユーザー名やコメントの文章」などを記述していきます。
　次ページに図3.8.1-1のHTMLを紹介しておくので、これを参考にメディアオブジェクトの記述方法を確認してください。

3.8 メディアオブジェクト

sample381-01.html

```html
    ︙
15  <h1 class="my-3">Media object</h1>
16
17  <div class="border p-3">
18
19    <div class="media">
20      <a href="#" class="mr-3"><img src="img/avator-0.png"></a>
21      <div class="media-body">
22        <h6 class="mb-1 text-primary">灯台web</h6>
23        6月10日に恒例の灯台ツアーを開催。ただいま参加者を………Webサイトを確認してください。
24      </div>
25    </div>
26
27    <div class="media mt-3">
28      <a href="#" class="mr-3"><img src="img/avator-1.png"></a>
29      <div class="media-body">
30        <h6 class="mb-1 text-primary">翔平</h6>
31        参加します。Webサイトから申し込んでおきますね。
32      </div>
33    </div>
34
35    <div class="media mt-3">
36      <a href="#" class="mr-3"><img src="img/avator-2.png"></a>
37      <div class="media-body">
38        <h6 class="mb-1 text-primary">Ken-Y</h6>
39        前回のツアーは色々とハプニングがあり、とても………今回は日程的に無理そう・・・
40      </div>
41    </div>
42
43  </div>
    ︙
```

　メディアオブジェクトを利用するときは、「画像の右側の余白」を自分で指定しなければいけません。今回の例では画像をリンクにしているため、a要素にmr-3のクラスを適用することで余白を確保しています（20行目）。画像をリンクにしない場合は、<a>～</a>の記述を削除し、img要素に「右側の余白」を指定します。

　また、メディアオブジェクトを縦に何個も並べるときは、「上下の間隔」も指定しておく必要があります。今回の例では、2番目以降のメディアオブジェクトにmt-3のクラスを適用することで適当な余白を設けています（27、35行目）。

　もちろん、SNSのコメントを表示するとき以外にもメディアオブジェクトを活用できます。<div class="media-body">～</div>の中に記述する要素について特に制限はないので、様々な用途に活用できると思います。

▼ Bootstrap 3 からの変更点

> **フレックスボックス仕様に変更**
>
> メディアオブジェクトはBootstrap 3にも用意されていたコンポーネントですが、Bootstrap 4のメディアオブジェクトはフレックスボックス仕様に変更されています。このため、`media-left`や`media-right`、`media-heading`といったクラスは廃止されています。記述方法が大きく変更されていることに注意してください。

メディアオブジェクトは、画像を右側に配置したレイアウトにすることも可能です。この場合は要素を記述する順番を入れ替えて、以下のようにHTMLを記述します。

```html
<div class="media">
  <div class="media-body">
    <h6 class="mb-1 text-primary">灯台web</h6>
    6月10日に恒例の灯台ツアーを開催。ただいま参加者を………Webサイトを確認してください。
  </div>
  <a href="#" class="ml-3"><img src="img/avator-0.png"></a>   ← 左側に余白を設ける
</div>
```

図3.8.1-2　画像を右側に配置したメディアオブジェクト

> **order-Nを使った順序の入れ替え**
>
> メディアオブジェクトはフレックスボックスにより構成されているため、「画像」と「文章」の入れ替えに`order-N`のクラスを利用しても構いません。以下のように記述しても、図3.8.1-2と同じ結果を得られます。
>
> ```html
> <div class="media">
>   <a href="#" class="ml-3 order-2"><img src="img/avator-0.png"></a>
>   <div class="media-body order-1">
>     <h6 class="mb-1 text-primary">灯台web</h6>
>     6月10日に恒例の灯台ツアーを開催。ただいま参加者を………Webサイトを確認してください。
>   </div>
> </div>
> ```

3.8.2 メディアリストの作成

ul要素とli要素を使った、リスト形式のメディアオブジェクトを作成することも可能です。これを**メディアリスト**とよびます。

メディアリストを作成するときは、ul要素に`list-unstyled`のクラスを適用してマーカーを「なし」にしておきます。続いて、li要素に`media`のクラスを適用し、それぞれのコメントを記述していきます。

sample382-01.html

```html
            ︙
15   <h1 class="my-3">Media list</h1>
16
17   <ul class="list-unstyled border p-3">
18
19     <li class="media">
20       <a href="#" class="mr-3"><img src="img/avator-0.png"></a>
21       <div class="media-body">
22         <h6 class="mb-1 text-primary">灯台web</h6>
23         6月10日に恒例の灯台ツアーを開催。ただいま参加者を………Webサイトを確認してください。
24       </div>
25     </li>
26
27     <li class="media mt-3">
28       <a href="#" class="mr-3"><img src="img/avator-1.png"></a>
29       <div class="media-body">
30         <h6 class="mb-1 text-primary">翔平</h6>
31         参加します。Webサイトから申し込んでおきますね。
32       </div>
33     </li>
34
35     <li class="media mt-3">
36       <a href="#" class="mr-3"><img src="img/avator-2.png"></a>
37       <div class="media-body">
38         <h6 class="mb-1 text-primary">Ken-Y</h6>
39         前回のツアーは色々とハプニングがあり、とても………今回は日程的に無理そう・・・
40       </div>
41     </li>
42
43   </ul>
            ︙
```

div要素の代わりにli要素を用いるだけで、基本的な記述方法に違いはありません。div要素の入れ子が少なくなる分だけ、HTMLの記述を見渡しやすくなるのが利点です。

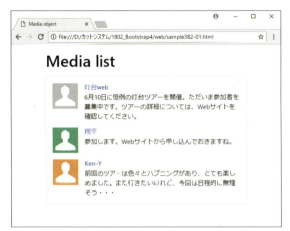

図3.8.2-1　メディアオリストで作成したコンテンツ

3.8.3　メディアオブジェクトの階層化

　図3.8.3-1のように階層化されたメディアオブジェクトを作成することも可能です。コメントに対する返信などを分かりやすく示したい場合に活用できるでしょう。

図3.8.3-1　階層化されたメディアオブジェクト

　メディアオブジェクトを階層化するときは、<div class="**media-body**">～</div>の中に「下位レベルのメディアオブジェクト」を記述します。div要素が何重にも入れ子になるため、上位レベルをメディアリストで作成しておくと少しは状況を整理しやすくなります。

sample383-01.html

```
13  <div class="container">         <!-- 全体を囲むコンテナ -->
14
15    <h1 class="my-3">Media objectの階層化</h1>
16
17    <ul class="list-unstyled border p-3">
18
19      <li class="media">
20        <a href="#" class="mr-3"><img src="img/avator-0.png"></a>
21        <div class="media-body">
22          <h6 class="mb-1 text-primary">灯台web</h6>
23          6月10日に恒例の灯台ツアーを開催。ただいま参加者を………Webサイトを確認してください。
24          <div class="media mt-3">
25            <a href="#" class="mr-3"><img src="img/avator-1.png"></a>
26            <div class="media-body">
27              <h6 class="mb-1 text-primary">翔平</h6>
28              参加します。Webサイトから申し込んでおきますね。
29            </div>
30          </div>
31          <div class="media mt-3">
32            <a href="#" class="mr-3"><img src="img/avator-2.png"></a>
33            <div class="media-body">
34              <h6 class="mb-1 text-primary">Ken-Y</h6>
35              前回のツアーは色々とハプニングがあり、とても………今回は日程的に無理そう・・・
36            </div>
37          </div>
38        </div>
39      </li>
40
41      <li class="media mt-3">
42        <a href="#" class="mr-3"><img src="img/avator-0.png"></a>
43        <div class="media-body">
44          <h6 class="mb-1 text-primary">灯台web</h6>
45          6月10日の灯台ツアー、定員まであと4名です。申込はお早めに！
46        </div>
47      </li>
48
49    </ul>
50
51  </div>         <!-- 全体を囲むコンテナ -->
```

3.9 フォームの書式

続いては、フォームの書式をBootstrapで指定する方法を解説します。パソコンだけでなくスマートフォンでも操作しやすいフォームを作成できるように、各クラスの使い方を学んでおいてください。

3.9.1 フォームの基本

　通常のHTMLで作成した**フォーム**は入力欄や選択項目の表示が小さく、スマートフォンでは操作しにくい傾向があります。スマートフォンでも操作しやすいフォームを作成するには、各要素に書式を指定してサイズなどを調整しなければいけません。このような場合にもBootstrapが活用できます。

　フォームの書式をBootstrapで指定するときは、それぞれの質問項目を<div>～</div>で囲み、**form-group**というクラスを適用します。また、inputやtextareaなどの要素（入力欄）には**form-control**というクラスを適用します。このクラスは「幅100%」「角丸の枠線」「余白」「フォーカス時の書式」などを指定するもので、入力欄のデザインをスマートフォンでも操作しやすい形に整えてくれるクラスとなります。

　以下は、これらのクラスを使ってフォームを作成した場合の例です。ブラウザで閲覧すると、パソコンでもスマートフォンでも操作しやすい、シンプルなフォームが表示されるのを確認できます。

sample391-01.html

```html
    ⋮
13  <div class="container">          <!-- 全体を囲むコンテナ -->
14
15    <h1 class="mt-4 mb-5">お問い合わせ</h1>
16
17    <form>
18      <div class="form-group mb-4">
19        <label for="Q_Name">お名前</label>
20        <input type="text" class="form-control" id="Q_Name">
21      </div>
```

```
22      <div class="form-group mb-4">
23        <label for="Q_Mail">メールアドレス</label>
24        <input type="email" class="form-control" id="Q_Mail">
25      </div>
26      <div class="form-group mb-4">
27        <label for="Q_Ask">お問い合わせ内容</label>
28        <textarea rows="5" class="form-control" id="Q_Ask"></textarea>
29      </div>
30      <button type="submit" class="btn btn-primary">送信</button>
31    </form>
32
33  </div>         <!-- 全体を囲むコンテナ -->
         ⋮
```

図3.9.1-1　フォームの基本書式

　なお、この例では「送信」ボタンに btn と btn-primary のクラスを適用しています（30行目）。これらはボタンの書式を指定するためのクラスとなります。ボタンはWebサイトのナビゲーションにもよく利用されるので、これらのクラスの使い方については本書の第4.1節（P206〜216）で詳しく解説します。

▼Bootstrap 3 からの変更点

── フォームの色を指定するクラス ──

　Bootstrap 3には、フォームの色を指定するクラスとして、has-success、has-warning、has-error といったクラスが用意されていました。Bootstrap 4では、これらのクラスが廃止されています。文字や枠線の色を変更するときは、text-success や border-warning といったクラスを利用するか、もしくは自分でCSSを記述しなければいけません。

3.9.2　サイズの指定

　Bootstrapには、テキストボックスのサイズ（高さ）を変更できるクラスも用意されています。サイズを大きくするときは**form-control-lg**、小さくするときは**form-control-sm**のクラスをinput要素に追加します。作成するフォームの内容に合わせて活用してください。

sample392-01.html

```
17  <form>
18    <div class="form-group mb-4">
19      <label for="inp_1">テキストボックス（大）</label>
20      <input type="text" class="form-control form-control-lg" id="inp_1">
21    </div>
        ⋮
26    <div class="form-group mb-4">
27      <label for="inp_3">テキストボックス（小）</label>
28      <input type="text" class="form-control form-control-sm" id="inp_3">
29    </div>
30  </form>
        ⋮
```

図3.9.2-1　テキストボックスのサイズ

クラス名の変更　　　　　　　　　　　　　　　　　　　　　▼ Bootstrap 3 からの変更点

　Bootstrap 3では、input-lgやinput-smといったクラスでテキストボックスのサイズを指定していました。Bootstrap 4では、これらのクラス名が**form-control-lg**と**form-control-sm**に変更されています。指定される書式も少しだけ変更されているので、間違えないように注意してください。

3.9.3 インライン フォーム

　form-controlのクラスを適用すると、テキストボックスが「幅100%」で表示され、それぞれの質問項目が縦に並べて配置されます。とはいえ、質問項目を横に並べて配置したい場合もあると思います。このような場合に活用できるのが**インライン フォーム**です。

　インライン フォームを使うときは、form要素に**form-inline**というクラスを適用します。この場合は、それぞれの質問項目を<div>～</div>で囲む必要はありません。以下は、ログイン用のフォームをインライン フォームで作成した場合の例です。

sample393-01.html

```html
      ⋮
13  <div class="container">         <!-- 全体を囲むコンテナ -->
14
15    <div class="jumbotron text-white mb-3"
16         style="background:url(img/header-back.jpg);background-size:cover;">
17      <h1>Bootstrap</h1>
18    </div>
19
20    <form class="form-inline justify-content-end mb-5">
21
22      <label class="sr-only" for="uID">ユーザー名</label>
23      <input type="text" class="form-control mb-3 mr-sm-2"
24             placeholder="ユーザー名" id="uID" size="12">
25
26      <label class="sr-only" for="pass">パスワード</label>
27      <input type="password" class="form-control mb-3 mr-sm-2"
28             placeholder="パスワード" id="pass" size="12">
29
30      <button type="submit" class="btn btn-primary mb-3">Login</button>
31
32    </form>
33
34    <h1>ページ内容</h1>
      ⋮
```

　インライン フォームは、**画面サイズが576px以上**のときだけ項目を横に並べて配置する仕組みになっています。スマートフォンのように小さい画面で見たときは、各項目が「幅100%」で縦に並べて配置されます。

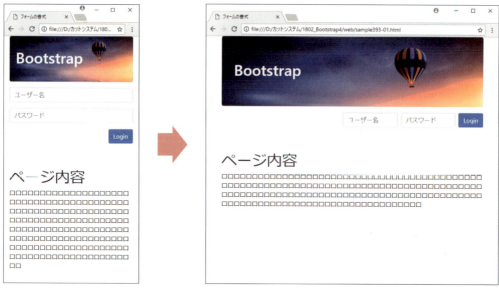

図3.9.3-1　インラインで表示したフォーム

　インライン フォームはフレックスボックスによりレイアウトされるため、アイテムを「右揃え」で配置するには、**justify-content-end**のクラスを適用しなければいけません（P138～140参照）。

　また、状況に応じて余白を指定する必要もあります。先ほどの例では、mb-3とmr-sm-2のクラスで各項目の間隔を調整しています。mb-3は「下の項目との間隔」、mr-sm-2は画面サイズが「576px以上」のときのみ「右の余白」を指定するクラスとなります（23、27行目）。

　なお、インライン フォームを利用するときは、placeholder属性を使ってテキストボックス内にラベルを表示するのが一般的です。ただし、label要素を省略してしまうと、目の不自由な方がスクリーンリーダー（音声ブラウザ）を使用する際にラベルが読み上げられなくなってしまいます。この問題に対処するには、**sr-only**のクラスを適用したlabel要素を記述しておきます。sr-onlyのクラスは、「画面には表示しないが、スクリーンリーダーでは読み上げる」という書式を指定するクラスです。念のため覚えておいてください。

▼Bootstrap 3 からの変更点

── インライン フォームはフレックスボックス仕様に ──

　Bootstrap 3にもインライン フォームは用意されていましたが、Bootstrap 4ではフレックスボックスを使った配置に仕様が変更されています。このため、text-rightなどで行揃えを指定することはできません。**justify-content-(方向)**のクラスを使用する必要があります。また、縦/横のレイアウトが切り替わるブレイクポイントが576pxに変更されている点にも注意するようにしてください。

3.9.4　グリッドシステムを使ったフォームの配置

　フォームの配置を細かく指定したいときは、**グリッドシステム**を使って各要素を配置します。基本的な考え方は通常のグリッドシステムと同じでなので、すぐに仕組みを理解できると思います。

　グリッドシステムを使ってフォームを構築するときは、`label`要素に**`col-form-label`**のクラスを適用します。すると、ラベルを「テキストボックスの上下中央」に揃えて配置できるようになります。以下に具体的な例を示しておくので参考にしてください。

sample394-01.html

```html
      ⋮
13  <div class="container">         <!-- 全体を囲むコンテナ -->
14
15    <h1 class="mt-4 mb-5">お問い合わせ</h1>
16
17    <form>
18      <div class="form-group row">
19        <label class="col-md-3 col-form-label text-md-right" for="Q_Name">お名前</label>
20        <div class="col-md-5">
21          <input type="text" class="form-control" id="Q_Name">
22        </div>
23      </div>
24      <div class="form-group row">
25        <label class="col-md-3 col-form-label text-md-right" for="Q_Mail">メールアドレス</label>
26        <div class="col-md-5">
27          <input type="email" class="form-control" id="Q_Mail">
28        </div>
29      </div>
30      <div class="form-group row">
31        <label class="col-md-3 col-form-label text-md-right" for="Q_Ask">お問い合わせ内容</label>
32        <div class="col-md-9">
33          <textarea rows="5" class="form-control" id="Q_Ask"></textarea>
34        </div>
35      </div>
36      <div class="row">
37        <div class="col-12 text-right">
38          <button type="submit" class="btn btn-primary">送信</button>
39        </div>
40      </div>
41    </form>
42
43  </div>         <!-- 全体を囲むコンテナ -->
      ⋮
```

「お名前」の質問項目は、ラベルを3列、テキストボックスを5列の幅で表示しています。よって、右側に4列分の空白が生じます。また、ラベルには文字を「右揃え」で配置するクラスも適用されています。これらのクラスにはmdの添字が追加されているため、この指定は画面サイズが「768px以上」のときのみ有効になります。画面サイズが「768px未満」のときは、各要素が全体幅（12列）で表示され、ラベルは「左揃え」（初期値）になります。

「メールアドレス」の質問項目も仕組みは同様です。「お問い合わせ内容」はテキストエリアを9列の幅で表示しているため、右側の空白はありません。「送信」ボタンは常に全体幅（12列）の「右揃え」で配置されます。

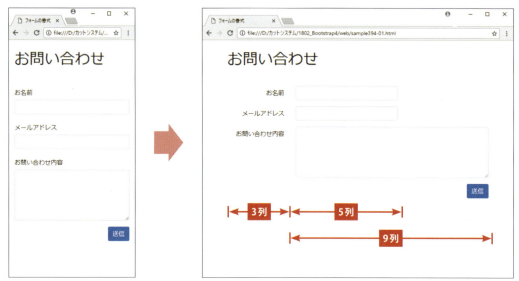

図3.9.4-1　グリッドシステムで配置したフォーム

このようにグリッドシステムを活用することで、ラベルと入力欄の配置を自由にカスタマイズすることが可能となります。

「ラベル」と「テキストボックス」の間隔が離れすぎていると感じるときは、rowの代わりに **form-row** のクラスを使ってグリッドシステムを構築しても構いません。このクラスはrowと同じ役割を果たしますが、左右の余白が5px（間隔10px）と小さめに設定されているため、フォームの配置に最適化されたクラスとなります。

sample394-02.html

```
      ：
13  <div class="container">         <!-- 全体を囲むコンテナ -->
14
15    <h1 class="mt-4 mb-5">お問い合わせ</h1>
16
```

3.9 フォームの書式

```
17  <form>
18    <div class="form-group form-row">
19      <label class="col-md-3 col-form-label text-md-right" for="Q_Name">お名前</label>
20      <div class="col-md-5">
21        <input type="text" class="form-control" id="Q_Name">
22      </div>
23    </div>
24    <div class="form-group form-row">
25      <label class="col-md-3 col-form-label text-md-right" for="Q_Mail">メールアドレス</label>
26      <div class="col-md-5">
27        <input type="email" class="form-control" id="Q_Mail">
28      </div>
29    </div>
        :
```

図3.9.4-2　form-rowのグリッドシステムで配置したフォーム

ラベルの上下中央揃え

P192で解説した`form-control-lg`のクラスを使って「サイズの大きいテキストボックス」を配置するときは、`label`要素に**`col-form-label-lg`**のクラスを追加しておく必要があります。この記述を忘れると、「ラベル」と「テキストボックス」の上下中央が揃わなくなってしまいます。

```
<label class="col-md-3 col-form-label col-form-label-lg text-md-right"
       for="Q_Name">お名前</label>
```

同様に、`form-control-sm`で「サイズの小さいテキストボックス」を配置するときは、`label`要素に**`col-form-label-sm`**を追加して上下位置を調整します。

▼ Bootstrap 3 からの変更点

form-horizontalは廃止

Bootstrap 3では、form-horizontalというクラスを使ってフォーム用のグリッドシステムを構築していました。Bootstrap 4ではこのクラスが廃止され、通常のグリッドシステムと同様に、row（またはform-row）のクラスを使ってグリッドシステムを構築する仕組みになっています。

3.9.5　テキストボックスに関連する書式

続いては、**テキストボックス**に関連する書式指定について解説します。最初は、テキストボックスの下に補足説明を表示する場合です。この場合は、small要素に **form-text** のクラスを適用すると、最適な書式で補足説明を表示できます。

sample395-01.html

```
22      <div class="form-group mb-4">
23        <label for="Q_Mail">メールアドレス</label>
24        <input type="email" class="form-control" id="Q_Mail">
25        <small class="form-text">※半角文字で入力してください。</small>
26      </div>
```

図3.9.5-1　form-textのクラスを適用した補足説明

なお、補足説明をp要素で作成する場合は、**small**のクラスを追加すると同様の結果を得られます（P111参照）。

```
<p class="form-text small">※半角文字で入力してください。</p>
```

また、入力不可のテキストボックスを表示する方法も用意されています。この場合は、input要素に**readonly属性**を追加します。さらに、form-controlのクラスを**form-control-plaintext**に変更すると、テキストボックス内の文字（value属性）を通常の文字として表示できます。

sample395-02.html

```
18      <div class="form-group row">
19        <label class="col-md-3 col-form-label text-md-right" for="Q_Name">お名前</label>
20        <div class="col-md-5">
21          <input type="text" class="form-control-plaintext" id="Q_Name" value="相澤 裕介" readonly>
22        </div>
23      </div>
24      <div class="form-group row">
25        <label class="col-md-3 col-form-label text-md-right" for="Q_Mail">メールアドレス</label>
26        <div class="col-md-5">
27          <input type="email" class="form-control" id="Q_Mail" value="aizawa@???.ne.jp" readonly>
28        </div>
29      </div>
```

図3.9.5-2　入力不可のテキストボックス

> **クラス名の変更** ▼Bootstrap 3 からの変更点
>
> Bootstrap 3 にも同様の機能を持つクラスが用意されていましたが、Bootstrap 4 ではクラス名が変更されていることに注意してください。help-block は **form-text** に、form-control-static は **form-control-plaintext** にクラス名が変更されています。

3.9.6　チェックボックスとラジオボタン

続いては、**チェックボックス**と**ラジオボタン**の書式指定について解説します。チェックボックスやラジオボタンを配置するときは、各々の選択肢を<div>～</div>で囲み、このdiv要素に **form-check** のクラスを適用します。さらに、input要素に **form-check-input**、label要素に **form-check-label** のクラスを適用します。

このとき、input要素に**checked属性**を追加しておくと、「選択済み」の状態で選択肢を表示できます。同様に、**disabled属性**を追加すると、その選択肢を「選択不可」にすることができます。

以下に簡単な例を紹介しておくの参考にしてください。

sample396-01.html

```html
29      <div class="form-group mb-4">
30        オプションの選択
31        <div class="form-check">
32          <input class="form-check-input" type="checkbox" id="gift">
33          <label class="form-check-label" for="gift">ギフト包装</label>
34        </div>
35        <div class="form-check">
36          <input class="form-check-input" type="checkbox" id="deli_date">
37          <label class="form-check-label" for="deli_date">配送日指定</label>
38        </div>
39        <div class="form-check">
40          <input class="form-check-input" type="checkbox" id="post_mailing" disabled>
41          <label class="form-check-label" for="post_mailing">メール便</label>
42        </div>
43      </div>
44
```

```html
45      <div class="form-group mb-4">
46        商品の色
47        <div class="form-check">
48          <input class="form-check-input" type="radio" name="color" id="color_white" checked>
49          <label class="form-check-label" for="color_red">白</label>
50        </div>
51        <div class="form-check">
52          <input class="form-check-input" type="radio" name="color" id="color_red">
53          <label class="form-check-label" for="color_red">赤</label>
54        </div>
55        <div class="form-check">
56          <input class="form-check-input" type="radio" name="color" id="color_black" disabled>
57          <label class="form-check-label" for="color_black">黒</label>
58        </div>
59      </div>
          ⋮
```

図3.9.6-1　チェックボックスとラジオボタン

選択肢を横に並べて、インラインの配置にすることも可能です。この場合は、それぞれの選択肢のdiv要素に **form-check-inline** のクラスを追加します。

sample396-02.html

```html
        ⋮
29      <div class="form-group mb-4">
30        オプションの選択<br>
```

```
31      <div class="form-check form-check-inline mr-4">
32        <input class="form-check-input" type="checkbox" id="gift">
33        <label class="form-check-label" for="gift">ギフト包装</label>
34      </div>
35      <div class="form-check form-check-inline mr-4">
36        <input class="form-check-input" type="checkbox" id="deli_date">
            ︙
44
45    <div class="form-group mb-4">
46      商品の色<br>
47      <div class="form-check form-check-inline mr-4">
48        <input class="form-check-input" type="radio" name="color" id="color_white" checked>
49        <label class="form-check-label" for="color_red">白</label>
50      </div>
51      <div class="form-check form-check-inline mr-4">
52        <input class="form-check-input" type="radio" name="color" id="color_red">
            ︙
```

なお、標準のインライン配置は「隣の選択肢との間隔」が狭すぎる傾向があるため、上記の例ではmr-4のクラスを追加することにより間隔を微調整しています。

図3.9.6-2　横に並べたチェックボックスとラジオボタン

▼ Bootstrap 3 からの変更点

― 仕様の変更 ―

　Bootstrap 3ではcheckboxやradioといったクラスで書式を指定していましたが、これらのクラスは廃止され、HTMLの構成にも変更が加えられています。選択肢をインラインで配置するときの記述方法も変更されています。チェックボックスやラジオボタンをBootstrap 4で書式指定するときは、上記を参考にHTMLを記述するようにしてください。

3.9.7 プルダウンメニューとセレクトボックス

select要素とoption要素で**プルダウンメニュー**を作成するときは、**form-control**のクラスをselect要素に適用します。すると、テキストボックスと同様の形式でプルダウンメニューを表示できます。さらに、**form-control-lg**や**form-control-sm**のクラスをselect要素に追加してプルダウンメニューのサイズを変更することも可能です。multiple属性を指定して**セレクトボックス**を作成する場合も同様です。

以下は、form-controlのクラスを適用してプルダウンメニューを作成した場合の例です。

sample397-01.html

```html
    ︙
29    <div class="form-group mb-4">
30      <label for="receipt">領収証</label>
31      <select class="form-control" id="receipt">
32        <option>お届け先氏名で領収書を発行</option>
33        <option>指定した名前で領収書を発行</option>
34        <option>領収書は不要</option>
35      </select>
36    </div>
    ︙
```

図3.9.7-1 プルダウンメニューの書式指定

なお、form-controlの代わりに**custom-select**のクラスを適用して、図3.9.7-2のようにプルダウンメニューを表示することも可能です。

```html
      :
29    <div class="form-group mb-4">
30      <label for="receipt">領収証</label>
31      <select class="custom-select" id="receipt">
32        <option>お届け先氏名で領収書を発行</option>
33        <option>指定した名前で領収書を発行</option>
34        <option>領収書は不要</option>
35      </select>
36    </div>
      :
```

sample397-02.html

図3.9.7-2　カスタムフォームのプルダウンメニュー

こちらもプルダウンメニューのサイズを変更することが可能です。サイズを変更するときは、select要素に**custom-select-lg**または**custom-select-sm**のクラスを追加します。

ナビゲーションの作成

第4章では、Webサイトの案内役となるナビゲーションについて解説します。ボタンやリストグループなど、リンクにも使えるパーツの作成方法を学んでおいてください。

4.1 ボタンの書式

Webサイトをスマートフォン対応にする際に、リンクをボタンで作成する場合もあります。よって、広い意味では、ボタンもナビゲーションの一部と考えられます。まずは、ボタンの書式をBootstrapで指定する方法を解説します。

4.1.1 ボタンの書式と色指定

Bootstrapを使ってボタンの書式を指定するときは、button要素に**btn**というクラスを適用します。さらに、ボタンの**背景色や枠線の色を指定するクラス**を追加して、ボタンのデザインを指定します。これらのクラスを使ってボタンの書式を指定すると、図4.1.1-1に示したような角丸でフラットなボタンを作成できます。これらのクラスには、マウスオーバー時にボタンの色を変化させる書式も含まれています。

■ ボタンのデザインを指定するクラス

背景色を指定するクラス	枠線を指定するクラス	指定される色
`btn-primary`	`btn-outline-primary`	#007BFF
`btn-secondary`	`btn-outline-secondary`	#6C757D
`btn-success`	`btn-outline-success`	#28A745
`btn-info`	`btn-outline-info`	#17A2B8
`btn-warning`	`btn-outline-warning`	#FFC107
`btn-danger`	`btn-outline-danger`	#DC3545
`btn-dark`	`btn-outline-dark`	#343A40
`btn-light`	`btn-outline-light`	#F8F9FA
`btn-link`	※リンク文字としてボタンを表示	

sample411-01.html

```
13    <div class="container">         <!-- 全体を囲むコンテナ -->
14
15      <h1 class="mt-4 mb-5">ボタンの書式指定</h1>
```

```html
16
17      <h3>背景色の指定</h3>
18      <div class="mb-5">
19        <button class="btn">標準</button>
20        <button class="btn btn-primary">Primary</button>
21        <button class="btn btn-secondary">Secondary</button>
22        <button class="btn btn-success">Success</button>
             ⋮
27        <button class="btn btn-light">Light</button>
28      </div>
29
30      <h3>枠線の色の指定</h3>
31      <div class="mb-5">
32        <button class="btn">標準</button>
33        <button class="btn btn-outline-primary">Primary</button>
34        <button class="btn btn-outline-secondary">Secondary</button>
35        <button class="btn btn-outline-success">Success</button>
             ⋮
40        <button class="btn btn-outline-light">Light</button>
41      </div>
42
43      <h3>リンク文字として表示</h3>
44      <div class="mb-5">
45        <button class="btn btn-link">Link</button>
46      </div>
47
48    </div>          <!-- 全体を囲むコンテナ -->
           ⋮
```

図4.1.1-1　Bootstrapで書式を指定したボタン

スマートフォンにも対応するWebサイトでは、ボタンを**リンク**として機能させる場合がよくあります。このような場合に備えて、a要素でボタンを作成する方法も用意されています。適用するクラスは、button要素でボタンを作成する場合と同じです。以下に、a要素でボタンを作成した場合の例を紹介しておくので参考にしてください。

sample411-02.html

```
15      <h2 class="mt-4 mb-3">a要素で作成したボタン</h2>
16      <a href="http://www.cutt.co.jp/" class="btn btn-info">カットシステム</a>
17      <a href="https://getbootstrap.com/" class="btn btn-secondary">Bootstrap</a>
18      <a href="https://www.google.co.jp/" class="btn btn-outline-primary">Google</a>
19      <a href="https://www.yahoo.co.jp/" class="btn btn-outline-danger">Yahoo! Japan</a>
```

図4.1.1-2　a要素で作成したボタン（リンク）

そのほか、ここで紹介したクラスを<input type="button">に適用してボタンを作成することも可能です。この場合は、ボタン内に表示する文字をvalue属性で指定します。

```
<input type="button" class="btn btn-primary" value="確認">
```

▼ Bootstrap 3 からの変更点

―**色数の増加とbtn-defaultの廃止**―

　Bootstrap 4では、ボタンに指定できる色が6色から8色に増え、「枠線の色」でボタンをデザインするクラスも追加されました。その一方で、ボタンを白色で表示するbtn-defaultのクラスは廃止されていますが、btn-outline-secondaryやbtn-outline-darkのクラスを利用することで、ほぼ同様のデザインのボタンを作成できます。

4.1.2　ボタンのサイズ

　続いては、**ボタンのサイズ**を変更するクラスを紹介します。Bootstrapには、全部で3種類のボタンサイズが用意されています。通常のサイズよりボタンを大きく表示するときは**btn-lg**、通常のサイズよりボタンを小さく表示するときは**btn-sm**というクラスを追加します。

```
sample412-01.html
```

```
15    <h1 class="mt-4 mb-3">ボタンのサイズ</h1>
16    <button class="btn btn-primary btn-lg">Button Size</button>
17    <button class="btn btn-primary">Button Size</button>
18    <button class="btn btn-primary btn-sm">Button Size</button>
```

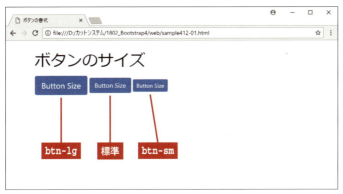

図4.1.2-1　ボタンのサイズ

▼Bootstrap 3 からの変更点

btn-xsは廃止

　Bootstrap 3にはボタンを極小サイズで表示するbtn-xsというクラスも用意されていましたが、このクラスはBootstrap 4で廃止されました。また、前バージョンと比べて、ボタンのサイズが全体的に調整されていることに注意してください。

　また、ボタンをブロック要素に変更し、幅100%で表示する**btn-block**というクラスも用意されています。このクラスを使用するときは、グリッドシステムを利用するなどの工夫を施し、各ブロック内でボタンが幅100%で表示されるように構成するのが一般的です。

以下は、ページを6列－6列のグリッドシステムで構成し、左側のブロック内にボタンを配置した例です。列幅の指定にcol-md-6を使用しているため、画面サイズが「768px未満」のときは各ブロックが縦に並べて配置されます。

```html
sample412-02.html
    :
13  <div class="container">        <!-- 全体を囲むコンテナ -->
14
15    <h1 class="my-4">ボタンのサイズ</h1>
16    <div class="row">
17      <div class="col-md-6">
18        <a href="#" class="btn btn-danger btn-lg btn-block">Home</a>
19        <a href="#" class="btn btn-primary btn-block">News</a>
20        <a href="#" class="btn btn-success btn-block">Photo</a>
21        <a href="#" class="btn btn-outline-dark btn-sm btn-block">9月のデータ</a>
22        <a href="#" class="btn btn-outline-dark btn-sm btn-block">8月のデータ</a>
23        <a href="#" class="btn btn-outline-dark btn-sm btn-block">7月のデータ</a>
24      </div>
25      <div class="col-md-6 mt-4 mt-md-0">
26        <h4>ボタンをブロック幅で表示</h4>
27        <p>btn-blockのクラスを適用すると、各ボタンを親要素と………併用することも可能です。</p>
28      </div>
29    </div>
30
31  </div>        <!-- 全体を囲むコンテナ -->
    :
```

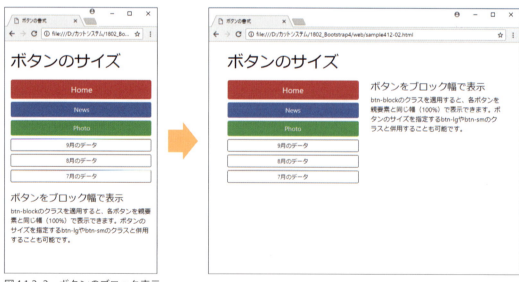

図4.1.2-2　ボタンのブロック表示

4.1.3 ボタンの状況表示

続いては、**ボタンの状況**を指定するクラスについて解説します。ボタンをONにした状態（ボタンを押した状態）でボタンを表示するときは、`active`というクラスを追加します。すると、ボタンが通常よりも濃い色で表示されるようになります。なお、このクラスはボタンの見た目を変更するものであり、ボタンのON／OFFを制御するものではありません。ボタンのON／OFFを制御するにはJavaScriptを使用する必要があります。

また、`disabled`というクラスを追加すると、ボタンの色が薄くなり、使用不可の状態でボタンを表示できます。この場合は、ボタンをマウスオーバーしてもポインタ形状は 🖑 になりません。なお、button要素に`disabled属性`を追加した場合も同様の表示になります。

sample413-01.html

```
15    <h1 class="mt-4 mb-3">ボタンの状況</h1>
16    <div class="my-4">
17      <button class="btn btn-primary btn-lg">標準のボタン</button>
18      <button class="btn btn-primary btn-lg active">アクティブなボタン</button>
19    </div>
20    <div class="my-4">
21      <button class="btn btn-success btn-lg">標準のボタン</button>
22      <button class="btn btn-success btn-lg disabled">使用不可のボタン</button>
23    </div>
24    <div class="my-4">
25      <button class="btn btn-danger btn-lg">標準のボタン</button>
26      <button class="btn btn-danger btn-lg" disabled>使用不可のボタン</button>
27    </div>
```

図4.1.3-1　ボタンの状況表示

> **トグルボタンの作成**
>
> マウスクリックやタップによりボタンのON/OFFを切り替えられるトグルボタンを作成することも可能です。この場合は、button要素（またはa要素）に **`data-toggle="button"`** を追加します。
>
> `<button` class="btn btn-primary" `data-toggle="button">`トグルボタン`</buttton>`
>
> ただし、こちらも見た目を変更するだけの機能でしかありません。トグルボタンとして「何かしらの機能」を持たせるには、JavaScriptを記述して制御する必要があります。

4.1.4　ボタングループ

　Bootstrapには、複数のボタンをグループ化して表示する機能も用意されています。続いては、**ボタングループ**の作成方法を解説します。ボタングループを作成するときは、グループ化するボタンを`<div>`〜`</div>`で囲み、このdiv要素に **`btn-group`** というクラスを適用します。

sample414-01.html

```html
        ︙
13  <div class="container">        <!-- 全体を囲むコンテナ -->
14
15    <h1 class="mt-4 mb-3">ボタングループ</h1>
16    <div class="btn-group">
17      <button class="btn btn-success">Home</button>
18      <button class="btn btn-primary">News</button>
19      <button class="btn btn-warning">Photo</button>
20      <button class="btn btn-danger">Mail</button>
21    </div>
22
23  </div>          <!-- 全体を囲むコンテナ -->
        ︙
```

　すると、図4.1.4-1のように複数のボタンを一体化して表示できるようになります。ちなみに、ボタングループはインラインフレックス要素として扱われる仕組みになっています。

図4.1.4-1　ボタングループ

さらに、**btn-group-lg** や **btn-group-sm** のクラスを追加して、ボタングループのサイズを変更することも可能となっています。

sample414-02.html

```html
15    <h1 class="mt-4 mb-3">ボタングループ</h1>
16
17    <div class="btn-group btn-group-lg">
18      <button class="btn btn-success">Home</button>
19      <button class="btn btn-primary">News</button>
          ⋮
22    </div>
23
24    <br><br>
          ⋮
35    <div class="btn-group btn-group-sm">
36      <button class="btn btn-success">Home</button>
37      <button class="btn btn-primary">News</button>
          ⋮
40    </div>
          ⋮
```

図4.1.4-2　ボタングループのサイズ

> **btn-group-xsは廃止**　　　　　　　　　　　　　　　　▼Bootstrap 3 からの変更点
>
> Bootstrap 3には、ボタングループのサイズを極小にする`btn-group-xs`というクラスも用意されていましたが、このクラスはBootstrap 4で廃止されました。また、前バージョンと比べて、ボタンのサイズが全体的に調整されていることに注意してください。

　複数のボタンを縦に並べてグループ化する方法も用意されています。この場合は、ボタンを囲むdiv要素に**btn-group-vertical**というクラスを適用します。こちらも**btn-group-lg**や**btn-group-sm**でグループ全体のサイズを変更することが可能です。そのほか、各ボタンにbtn-lgやbtn-smのクラスを追加して、サイズが混在するボタングループを作成することも可能です。

sample414-03.html

```html
15      <h1 class="mt-4 mb-3">ボタングループ</h1>
16
17      <div class="btn-group-vertical btn-group-lg mr-5">
18        <button class="btn btn-success">Home</button>
19        <button class="btn btn-primary">News</button>
20        <button class="btn btn-warning">Photo</button>
21        <button class="btn btn-danger">Mail</button>
22      </div>
23
24      <div class="btn-group-vertical mr-5">
25        <button class="btn btn-success">Home</button>
            ⋮
29      </div>
30
31      <div class="btn-group-vertical btn-group-sm mr-5">
32        <button class="btn btn-success">Home</button>
            ⋮
36      </div>
37
38      <div class="btn-group-vertical">
39        <button class="btn btn-success btn-lg">Home</button>
40        <button class="btn btn-primary">News</button>
41        <button class="btn btn-warning btn-sm">Photo</button>
42        <button class="btn btn-danger btn-sm">Mail</button>
43      </div>
            ⋮
```

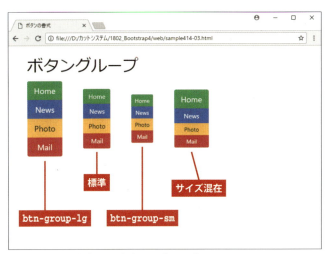

図4.1.4-3　縦方向に並ぶボタングループ

▼Bootstrap 3 からの変更点

──── btn-group-justifiedは廃止 ────

　Bootstrap 4ではボタングループの仕様が変更され、ボタングループをインラインのフレックス要素として扱うようになっています。これに伴い、ボタングループを幅100%で配置する`btn-group-justified`のクラスは廃止されました。

4.1.5　ボタンツールバー

　ボタングループをさらにグループ化して、一つのボタン群のように扱える**ボタンツールバー**という機能もあります。この機能を使用するときはボタングループを`<div>`～`</div>`で囲み、このdiv要素に**btn-toolbar**というクラスを適用します。

sample415-01.html

```
       ⋮
13  <div class="container">      <!-- 全体を囲むコンテナ -->
14
15    <h2 class="mt-4 mb-3">ボタンツールバー</h2>
```

```html
16    <div class="btn-toolbar">
17      <div class="btn-group mr-2 mb-3">
18        <button class="btn btn-success">Home</button>
19        <button class="btn btn-primary">News</button>
            ⋮
22      </div>
23      <div class="btn-group mb-3">
24        <button class="btn btn-outline-dark">9月</button>
25        <button class="btn btn-outline-dark">8月</button>
            ⋮
28      </div>
29      <div class="btn-group ml-auto mb-3">
30        <button class="btn btn-secondary">Logout</button>
31      </div>
32    </div>
33
34  </div>        <!-- 全体を囲むコンテナ -->
      ⋮
```

この例では「1番目のボタングループ」にmr-2を適用しているため、1番目と2番目のボタングループは0.5remの間隔で配置されます。また、「3番目のボタングループ」にml-autoを適用しているため、「Logout」のボタンは常に右端に配置されます。各ボタングループにあるmb-3のクラスは、画面サイズが小さいときに「下の余白」を確保する役割を担っています。

図4.1.5-1　ボタンツールバー

そのほか、本書のP138〜152で解説したフレックスボックス用のクラスを使ってボタングループの配置をカスタマイズすることも可能です。

▼ Bootstrap 3 からの変更点

―― ボタンツールバーはフレックスボックス仕様に ――

　Bootstrap 3ではfloatを使ってボタングループを横に並べていましたが、Bootstrap 4ではフレックスボックスを使った配置に仕様が変更されています。

4.2 ナビゲーションの作成

続いては、Bootstrapに用意されているクラスを使ってナビゲーションを作成する方法を解説します。サイトの案内役となるメニューを表示するためのクラスとなるので、よく使い方を覚えておいてください。

4.2.1 ナビゲーションの基本構成

ul要素とli要素で作成したリストを**ナビゲーション**として表示するときは、ul要素に**nav**というクラスを適用します。続いて、それぞれのli要素に**nav-item**のクラスを適用し、その中に記述したa要素（リンク）に**nav-link**のクラスを適用します。

このとき、a要素に**disabled**のクラスを追加すると、そのリンクを無効な状態として表示できます。ただし、これは見た目を変更するだけのもので、リンクそのものを無効にする機能はありません。

sample421-01.html

```html
15    <h2 class="my-4">ナビゲーション（ul & li要素）</h2>
16    <ul class="nav">
17        <li class="nav-item"><a href="#" class="nav-link">Home</a></li>
18        <li class="nav-item"><a href="#" class="nav-link">Food</a></li>
19        <li class="nav-item"><a href="#" class="nav-link">Drink</a></li>
20        <li class="nav-item"><a href="#" class="nav-link">アクセス</a></li>
21        <li class="nav-item"><a href="#" class="nav-link disabled">予約</a></li>
22    </ul>
```

図4.2.1-1　リストで作成したナビゲーション

同様のナビゲーションをnav要素で作成することも可能です。この場合は、nav要素に**nav**のクラスを適用し、その中にあるa要素（リンク）に**nav-link**のクラスを適用します。

```html
sample421-02.html
15    <h2 class="my-4">ナビゲーション（nav要素）</h2>
16    <nav class="nav">
17      <a href="#" class="nav-link">Home</a>
18      <a href="#" class="nav-link">Food</a>
19      <a href="#" class="nav-link">Drink</a>
20      <a href="#" class="nav-link">アクセス</a>
21      <a href="#" class="nav-link disabled">予約</a>
22    </nav>
```

図4.2.1-2　nav要素で作成したナビゲーション

アイテムの配置はフレックスボックスで指定

navのクラスを適用すると、その子要素がフレックスアイテムとして扱われるようになります。このため、アイテムの配置を変更するときはフレックスボックス用のクラスを使用しなければいけません。使用可能なクラスについては本書のP138～152を参照してください。

▼ Bootstrap 3 からの変更点

ナビゲーションの仕様変更

　Bootstrap 3にもナビゲーションを作成する機能が用意されていましたが、仕様が変更されているため、適用すべきクラスや記述方法が変更されています。タブ形式やピル形式のナビゲーションを作成するときは、4.2.2項以降の解説を参考にしてください。

4.2.2　タブ形式のナビゲーション

4.2.1項で作成したナビゲーションは、リンク文字を横に並べただけの味気ないナビゲーションでしかありません。そこで、**タブ形式のナビゲーション**に装飾する方法を紹介しておきます。

タブ形式のナビゲーションを作成するときは、ul要素に`nav-tabs`のクラスを追加します。また、選択中のタブ（リンク）を示す`active`のクラスをいずれかのa要素に追加します。それ以外の記述方法は、4.2.1項で解説した内容と同じです。

sample422-01.html

```html
13  <div class="container">           <!-- 全体を囲むコンテナ -->
14
15    <div class="jumbotron text-white"
16         style="background:url(img/rest.jpg);background-size:cover;text-shadow: 2px 2px 4px #666;">
17      <h1 class="mb-1">boot dining</h1>
18      <p>Happy people make happy food.</p>
19    </div>
20
21    <ul class="nav nav-tabs">
22      <li class="nav-item"><a href="#" class="nav-link">Home</a></li>
23      <li class="nav-item"><a href="#" class="nav-link active">Food</a></li>
24      <li class="nav-item"><a href="#" class="nav-link">Drink</a></li>
25      <li class="nav-item"><a href="#" class="nav-link">アクセス</a></li>
26      <li class="nav-item"><a href="#" class="nav-link">予約</a></li>
27    </ul>
28
29    <h2 class="mt-5">今月のランチ</h2>
30    <hr class="mt-0 mb-2">
        ⋮
61  </div>            <!-- 全体を囲むコンテナ -->
        ⋮
```

今回は、全体的なイメージを想像しやすいように、簡単なWebページを作成してみました。ヘッダー部分は「ジャンボトロン」、コンテンツ部分は「グリッドシステム」と「カード」を使ってレイアウトしています。なお、これらの記述を詳しく確認したい場合は、サンプルファイルのHTMLを参照してください。

図4.2.2-1　タブ形式のナビゲーション

　タブ形式のナビゲーションを作成するときは、ul要素とli要素を使用するのが基本です。nav要素を使用する場合は、それぞれのa要素に**nav-item**のクラスを追加しておく必要があります。

```
<nav class="nav nav-tabs">
  <a href="#" class="nav-link nav-item">Home</a>
  <a href="#" class="nav-link nav-item active">Food</a>
  <a href="#" class="nav-link nav-item">Drink</a>
     ：
</nav>
```

4.2.3 ピル形式のナビゲーション

選択中のリンクを角丸の四角形で囲んだ**ピル形式のナビゲーション**を作成することも可能です。この場合は、ul要素に`nav-pills`のクラスを追加します。それ以外の記述方法は、タブ形式のナビゲーションと同じです。

sample423-01.html

```html
21    <ul class="nav nav-pills">
22        <li class="nav-item"><a href="#" class="nav-link">Home</a></li>
23        <li class="nav-item"><a href="#" class="nav-link active">Food</a></li>
24        <li class="nav-item"><a href="#" class="nav-link">Drink</a></li>
25        <li class="nav-item"><a href="#" class="nav-link">アクセス</a></li>
26        <li class="nav-item"><a href="#" class="nav-link">予約</a></li>
27    </ul>
```

図4.2.3-1　ピル形式のナビゲーション

ピル形式のナビゲーションは、nav要素で作成したリンクの場合もそのまま利用できます。`nav-item`のクラスを追加する必要はありません。

```html
<nav class="nav nav-pills">
  <a href="#" class="nav-link">Home</a>
  <a href="#" class="nav-link active">Food</a>
  <a href="#" class="nav-link">Drink</a>
     ⋮
</nav>
```

4.2.4　ナビゲーションを幅100%で配置

ナビゲーションを**幅100%**で配置するクラスも用意されています。この場合は、ul要素に**nav-fill**または**nav-justified**のクラスを追加します。

nav-fillを適用した場合は、各項目の内容に応じて領域が左右に拡大されます。このため、各項目の幅は均一にはなりません。文字数が多い項目ほど横長に表示されます。

```
21  <ul class="nav nav-tabs nav-fill">
22    <li class="nav-item"><a href="#" class="nav-link">Home</a></li>
23    <li class="nav-item"><a href="#" class="nav-link active">Food</a></li>
```

図4.2.4-1　nav-fillを適用したナビゲーション

一方、nav-justifiedを適用した場合は、各項目の文字数に関係なく、全項目が同じ幅で表示されます。

```
21  <ul class="nav nav-tabs nav-justified">
22    <li class="nav-item"><a href="#" class="nav-link">Home</a></li>
23    <li class="nav-item"><a href="#" class="nav-link active">Food</a></li>
```

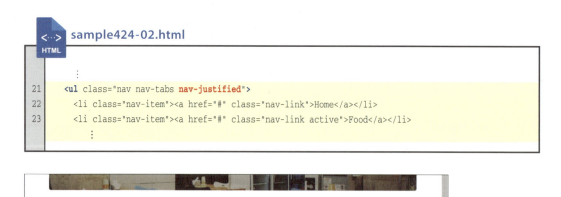

図4.2.4-2　nav-justifiedを適用したナビゲーション

どちらも似たような表示になりますが、「各項目の幅」に違いがあることに注意してください。なお、これらのクラスは**nav-item**を対象にした書式指定となるため、nav-itemの適用が必須となります。ナビゲーションをnav要素で作成する場合は、各a要素にnav-itemのクラスを追加しておくのを忘れないようにしてください。

▼ Bootstrap 3 からの変更点

> **nav-justifiedの仕様変更**
>
> nav-justifiedはBootstrap 3にも用意されていたクラスですが、仕様が大きく変更されていることに注意してください。Bootstrap 3のnav-justifiedは、画面の小さい端末で見たときに、各項目（リンク）を縦に並べて配置するレスポンシブ対応が施されていました。一方、Bootstrap 4のnav-justifiedはレスポンシブ対応になっていません。レスポンシブ対応にするには、対処法を自分で追加する必要があります。

4.2.5 ナビゲーションのレスポンシブ対応

これまでに紹介してきたナビゲーションはレスポンシブ対応が施されていないため、スマートフォンで閲覧すると、2行にわたってナビゲーションが表示される場合があります。

図4.2.5-1　スマートフォンで閲覧した場合

このような配置は、お世辞にも見やすいとはいえません。そこでナビゲーションをレスポンシブ対応にする方法を紹介しておきます。

まずは、ピル形式のナビゲーションに活用できる方法です。ピル形式のナビゲーションでは、画面サイズに応じて項目の配置を縦／横に変化させるのが手軽で効果的な手法となります。

sample425-01.html

```html
    :
<ul class="nav nav-pills flex-column flex-sm-row bg-light">
  <li class="nav-item"><a href="#" class="nav-link">Home</a></li>
  <li class="nav-item"><a href="#" class="nav-link active">Food</a></li>
  <li class="nav-item"><a href="#" class="nav-link">Drink</a></li>
  <li class="nav-item"><a href="#" class="nav-link">アクセス</a></li>
  <li class="nav-item"><a href="#" class="nav-link">予約</a></li>
</ul>
    :
```

上記の例では、ul要素に**flex-column**のクラスを追加しているため、各項目が縦に並べて配置されます。さらに**flex-sm-row**のクラスが追加されているため、画面サイズが「576px以上」になると、各項目は横方向に配置されます。その結果、図4.2.5-2のようにナビゲーションの配置を変化させることが可能となります。

※各クラスの詳細については、本書のP140〜141ならびにP152を参照。

図4.2.5-2　縦／横の配置が変化するナビゲーション

ただし、この手法はタブ形式のナビゲーションでは使えません。タブ形式のナビゲーションでは、別の対処方法を考える必要があります。

タブ形式のナビゲーションで効果的なのはアイコンを活用する方法です。たとえば、図4.2.5-3のようにアイコンを使って各項目を表示すると、文字数を節約でき、小さい画面でもナビゲーションを1行で表示することが可能となります。

図4.2.5-3　文字の表示／非表示が変化するナビゲーション

ここで問題となるのが、アイコンを文字として表示する機能がBootstrapに用意されていないことです。アイコンフォントを利用するには、外部のライブラリを読み込まなければいけません。以下の例では、**Font Awesome**（https://fontawesome.com/）というアイコンフォントを使って各項目にアイコンを表示しています。

sample425-02.html

```html
    ⋮
4  <head>
5    <meta charset="utf-8">
      ⋮
8    <link rel="stylesheet" href="https://use.fontawesome.com/releases/v5.0.10/css/all.css"
        integrity="sha384-+d0P83n9kaQMC………WqIM7UoBtwHO6Nlg" crossorigin="anonymous">
9    <title>ナビゲーションの作成</title>
10  </head>
      ⋮
22   <ul class="nav nav-tabs">
23     <li class="nav-item">
24       <a href="#" class="nav-link">
25         <i class="fas fa-home"></i><span class="d-none d-sm-inline pl-1">Home</span>
26       </a>
27     </li>
```

```
28        <li class="nav-item">
29          <a href="#" class="nav-link active">
30            <i class="fas fa-utensils"></i><span class="d-none d-sm-inline pl-1">Food</span>
31          </a>
32        </li>
33        <li class="nav-item">
34          <a href="#" class="nav-link">
35            <i class="fas fa-glass-martini"></i><span class="d-none d-sm-inline pl-1">Drink</span>
36          </a>
37        </li>
38        <li class="nav-item"><a href="#" class="nav-link">アクセス</a></li>
39        <li class="nav-item"><a href="#" class="nav-link">予約</a></li>
40      </ul>
          ：
```

　Font Awesomeでは、i要素を使ってアイコンフォントを表示します。たとえば、25行目にある`<i class="fas fa-home"></i>`は、「家のアイコン」を表示する記述となります。

　今回の例では、アイコンの後に続く「Home」「Food」「Drink」の文字の表示/非表示を切り替えることでレスポンシブ対応を実現しています。まずは、それぞれの文字をspan要素で囲み、**d-none**のクラスを適用して非表示にします。さらに**d-sm-inline**のクラスを追加して、画面サイズが「576px以上」のときのみ、文字をインライン要素として表示するようにしています。なお、pl-1のクラスは「アイコン」と「文字」の間隔を調整するクラスとなります。

　このように、文字の表示/非表示を変化させることでレスポンシブ対応を実現できる場合もあります。表記をアイコン化できる場合にのみ使える手法となりますが、一つのテクニックとして覚えておいてください。

※各クラスの詳細については、本書のP86～89を参照。

Font Awesomeについて

　ここで利用しているFont Awesomeは、Web制作でよく利用されているアイコンフォントの一つです。「Font Awesome」などのキーワードで検索すると、使い方を詳しく紹介しているサイトを見つけられるので、気になる方は調べてみてください。

▼Bootstrap 3 からの変更点

アイコンフォントの提供は廃止

　Bootstrap 3にはグリフアイコンと呼ばれるアイコンフォントが同梱されていましたが、Bootstrap 4ではグリフアイコンが廃止され、各自が好きなアイコンフォントを読み込んで利用するように仕様が変更されています。

4.3 ナビゲーションバーの作成

続いては、Bootstrapに用意されているクラスを使ってナビゲーションバーを作成する方法を解説します。レスポンシブWebデザインにも対応する使い勝手のよいメニュー表示となるので、よく使い方を研究しておいてください。

4.3.1 ナビゲーションバーの基本構成

ナビゲーションバーはWebサイトのメインメニューとして活用できるパーツで、図4.3.1-1のようにリンクを表示する機能となります。

図4.3.1-1　Bootstrapで作成したナビゲーションバー

ナビゲーションバーは、次ページの表に示した要素とクラスを使って作成します。

■ナビゲーションバーの作成に使用するクラス

要素	クラス	概要
nav	navbar	ナビゲーションバーの範囲
	navbar-expand	項目を横に配置
	navbar-light(※1)	文字色の指定（明るい背景色用）
	navbar-dark(※1)	文字色の指定（暗い背景色用）
	bg-（色）	背景色の指定（P129参照）
a	navbar-brand	ブランド表記の書式指定
ul	navbar-nav	ナビゲーション部分のリスト
li	nav-item	各項目の書式指定
	active	選択中の項目
a	nav-link	リンクの書式指定

（※1）いずれかを適用

　まずは全体を<nav>～</nav>で囲み、**navbar**と**navbar-expand**のクラスを適用します。さらに**navbar-light**または**navbar-dark**のクラスで文字色を指定し、P129で解説したクラスを使ってナビゲーションバーの背景色を指定します。

　続いて、a要素で「ブランド表記」を作成します。この部分の書式指定を行うクラスが**navbar-brand**です。リンクにしない場合は、span要素などでブランド表記を作成しても構いません。また、この記述を省略して「ブランド表記なし」のナビゲーションバーを作成することも可能です。

　その後、ul要素とli要素で「ナビゲーション部分」を作成していきます。ul要素に**navbar-nav**のクラスを適用し、li要素には**nav-item**のクラスを適用します。また、選択中として表示する項目に**active**のクラスを追加します。li要素の中に列記するa要素には**nav-link**のクラスを適用します。

　具体的な記述例として、図4.3.1-1に示したナビゲーションバーのHTMLを以下に紹介しておきます。

sample431-01.html

```html
21    <nav class="navbar navbar-expand navbar-light bg-light">
22      <a href="#" class="navbar-brand">boot dining</a>
23      <ul class="navbar-nav">
24        <li class="nav-item"><a href="#" class="nav-link">Home</a></li>
25        <li class="nav-item active"><a href="#" class="nav-link">Food</a></li>
26        <li class="nav-item"><a href="#" class="nav-link">Drink</a></li>
```

```
27          <li class="nav-item"><a href="#" class="nav-link">アクセス</a></li>
28          <li class="nav-item"><a href="#" class="nav-link">予約</a></li>
29        </ul>
30      </nav>
            ⋮
```

図4.3.1-1　Bootstrapで作成したナビゲーションバー（再掲載）

なお、bg-primaryのように濃い色の背景色を指定するときは、**navbar-dark**で文字色を指定するのが基本です。以下は、bg-successのクラスを適用した場合の例です。

sample431-02.html

```
            ⋮
21      <nav class="navbar navbar-expand navbar-dark bg-success">
22        <a href="#" class="navbar-brand">boot dining</a>
23        <ul class="navbar-nav">
24          <li class="nav-item"><a href="#" class="nav-link">Home</a></li>
25          <li class="nav-item active"><a href="#" class="nav-link">Food</a></li>
              ⋮
```

図4.3.1-2　navbar-darkとbg-successを適用したナビゲーションバー

もちろん、各自の好きな色を背景色に指定することも可能です。この場合は、style属性などを使って、CSSのbackgroundプロパティで背景色を指定します。

ナビゲーション部分はdiv要素でも作成可能

リンクが並ぶナビゲーション部分をリストではなく、div要素とa要素で作成することも可能です。この場合は、div要素に**navbar-nav**のクラスを適用し、その中に**nav-item**と**nav-link**を適用したa要素を列記します。

```
<div class="navbar-nav">
  <a href="#" class="nav-item nav-link">Home</a>
  <a href="#" class="nav-item nav-link active">Food</a>
  <a href="#" class="nav-item nav-link">Drink</a>
     ︙
</div>
```

▼Bootstrap 3 からの変更点

ナビゲーションバーの仕様変更

ナビゲーションバーはBootstrap 3にも用意されていたコンポーネントですが、HTMLの構成や適用すべきクラスが大幅に変更されています。Bootstrap 4でナビゲーションバーを作成するときは、4.3節の解説を参考にHTMLを記述するようにしてください。

4.3.2 ナビゲーションリストの追加

ナビゲーションバーの中に<ul>〜</ul>の記述を繰り返して、複数のナビゲーションリストを配置することも可能です。この場合は、**ml-auto**（左側に自動余白）や**mr-auto**（右側に自動余白）などのクラスを使って配置を指定します。

次ページに2組の<ul>〜</ul>を記述した場合の例を示しておきます。2番目のul要素にはml-autoのクラスが適用されているため、このナビゲーションリストは右端に配置されます。

```
sample432-01.html
        ︙
21    <nav class="navbar navbar-expand navbar-light bg-light">
22      <a href="#" class="navbar-brand">boot dining</a>
23      <ul class="navbar-nav">
24        <li class="nav-item"><a href="#" class="nav-link">Home</a></li>
25        <li class="nav-item active"><a href="#" class="nav-link">Food</a></li>
26        <li class="nav-item"><a href="#" class="nav-link">Drink</a></li>
27      </ul>
28      <ul class="navbar-nav ml-auto">
29        <li class="nav-item"><a href="#" class="nav-link">アクセス</a></li>
30        <li class="nav-item"><a href="#" class="nav-link">予約</a></li>
31      </ul>
32    </nav>
        ︙
```

図4.3.2-1　複数のul要素を配置したナビゲーションバー

また、ナビゲーションバーの中に**通常の文字**を配置するためのクラスも用意されています。この場合はspan要素に**navbar-text**のクラスを適用して文字の書式を整えます。

```
sample432-02.html
        ︙
21    <nav class="navbar navbar-expand navbar-light bg-light">
22      <a href="#" class="navbar-brand">boot dining</a>
23      <ul class="navbar-nav">
24        <li class="nav-item"><a href="#" class="nav-link">Home</a></li>
25        <li class="nav-item active"><a href="#" class="nav-link">Food</a></li>
```

```
26          <li class="nav-item"><a href="#" class="nav-link">Drink</a></li>
27          <li class="nav-item"><a href="#" class="nav-link">アクセス</a></li>
28          <li class="nav-item"><a href="#" class="nav-link">予約</a></li>
29        </ul>
30        <span class="navbar-text ml-auto">渋谷店</span>
31      </nav>
              ⋮
```

図4.3.2-2　通常の文字を配置したナビゲーションバー

4.3.3　ナビゲーションバーを画面に固定

　ナビゲーションバーを常に表示しておきたい場合は、nav要素に**fixed-top**というクラスを追加します。すると、ナビゲーションバーを**画面上部に固定**できるようになります。なお、このクラスを使用するときは、**body要素の上に3.5rem以上の余白**を確保しておく必要があります。この指定を忘れると、最上部にあるコンテンツに重なってナビゲーションバーが配置されてしまうことに注意してください。

sample433-01.html

```
         ⋮
11  <body style="padding-top:5rem">
         ⋮
21    <nav class="navbar navbar-expand navbar-dark bg-dark fixed-top">
22      <a href="#" class="navbar-brand">boot dining</a>
23      <ul class="navbar-nav">
24        <li class="nav-item"><a href="#" class="nav-link">Home</a></li>
25        <li class="nav-item active"><a href="#" class="nav-link">Food</a></li>
```

```
26        <li class="nav-item"><a href="#" class="nav-link">Drink</a></li>
27        <li class="nav-item"><a href="#" class="nav-link">アクセス</a></li>
28        <li class="nav-item"><a href="#" class="nav-link">予約</a></li>
29      </ul>
30    </nav>
        ⋮
```

図4.3.3-1 ナビゲーションバーを画面上部に固定

ナビゲーションバーを**画面下部に固定**する方法も用意されています。この場合はnav要素に`fixed-bottom`のクラスを追加し、**body要素の下に3.5rem以上の余白**を確保します。

sample433-02.html

```
        ⋮
11  <body style="padding-bottom:5rem">
        ⋮
21      <nav class="navbar navbar-expand navbar-dark bg-dark fixed-bottom">
22        <a href="#" class="navbar-brand">boot dining</a>
23        <ul class="navbar-nav">
24          <li class="nav-item"><a href="#" class="nav-link">Home</a></li>
              ⋮
```

図4.3.3-2　ナビゲーションバーを画面下部に固定

　そのほか、スクロール量に応じてナビゲーションバーの移動/固定を変更することができる**sticky-top**というクラスも用意されています。このクラスを追加すると、ナビゲーションバーは画面スクロールとともに移動していき、画面上端まで来ると、それ以降は画面上部に固定されるようになります。

sample433-03.html

```html
         ：
21    <nav class="navbar navbar-expand navbar-dark bg-dark sticky-top">
22      <a href="#" class="navbar-brand">boot dining</a>
23      <ul class="navbar-nav">
24        <li class="nav-item"><a href="#" class="nav-link">Home</a></li>
25        <li class="nav-item active"><a href="#" class="nav-link">Food</a></li>
26        <li class="nav-item"><a href="#" class="nav-link">Drink</a></li>
27        <li class="nav-item"><a href="#" class="nav-link">アクセス</a></li>
28        <li class="nav-item"><a href="#" class="nav-link">予約</a></li>
29      </ul>
30    </nav>
31
32    <h2 class="mt-5">今月のランチ</h2>
33    <hr class="mt-0 mb-2">
         ：
```

図4.3.3-3　スクロール量に応じてナビゲーションバーを移動／固定

ただし、この動作は`position:sticky`のCSSに対応しているブラウザでしか再現されません。Internet Explorer 11は`position:sticky`に対応していないため、ナビゲーションバーは画面に固定されることなく、スクロールとともに移動してしまいます。

4.3.4　フォームを配置したナビゲーション

ナビゲーションバーの中に「キーワード検索」や「ログイン」などの**フォーム**を配置することも可能です。この場合は、`form`要素に**`form-inline`**のクラスを適用し、`input`要素に**`form-control`**のクラスを適用します。

以下は、ナビゲーションバーの右端に「キーワード検索」のフォームを設置した場合の例です。このフォームは右寄せで配置するため、`ml-auto`のクラスを適用しています。また、`form-control-sm`や`btn-sm`のクラスを使って、小サイズのテキストボックス、ボタンを配置しています（P192、P209参照）。

sample434-01.html

```
21    <nav class="navbar navbar-expand navbar-dark bg-dark fixed-top">
22      <a href="#" class="navbar-brand">boot dining</a>
23      <ul class="navbar-nav">
24        <li class="nav-item"><a href="#" class="nav-link">Home</a></li>
```

```
25         <li class="nav-item active"><a href="#" class="nav-link">Food</a></li>
26         <li class="nav-item"><a href="#" class="nav-link">Drink</a></li>
27         <li class="nav-item"><a href="#" class="nav-link">アクセス</a></li>
28         <li class="nav-item"><a href="#" class="nav-link">予約</a></li>
29       </ul>
30       <form class="form-inline ml-auto">
31         <label class="sr-only" for="kw">検索キーワード</label>
32         <input type="search" class="form-control form-control-sm mr-2"
33                placeholder="キーワード" id="kw">
34         <button type="submit" class="btn btn-warning btn-sm">検索</button>
35       </form>
36     </nav>
            ⋮
```

図4.3.4-1　ナビゲーションバーに配置したフォーム

4.3.5　レスポンシブ対応のナビゲーションバー

　これまでに紹介してきたナビゲーションバーは、レスポンシブ対応が施されていません。このため、スマートフォンで閲覧すると、図4.3.5-1のように不具合のあるナビゲーションバーが表示されてしまいます。

図4.3.5-1　スマートフォンで閲覧した場合

この問題を解決するには、ナビゲーションバーにレスポンシブ対応を施しておく必要があります。すると、図4.3.5-2のように、パソコンでもスマートフォンでも見やすいナビゲーションバーを作成することができます。

■パソコンで閲覧した場合

■スマートフォンで閲覧した場合

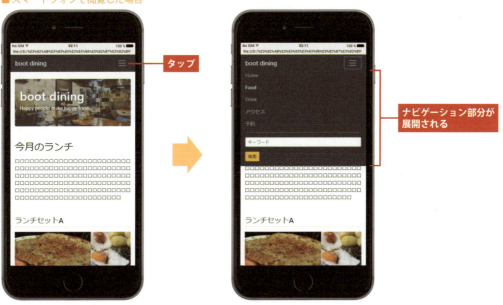

図4.3.5-2　レスポンシブ対応のナビゲーションバー

　順番に解説していきましょう。これまでは、nav要素に`navbar-expand`というクラスを適用していました。このクラスは「常に縮小しないでナビゲーションバーを表示する」という機能を担っています。ナビゲーションバーをレスポンシブ対応にするときは、このクラスに`sm`/`md`/`lg`/`xl`の添字を追加してブレイクポイントを指定しなければいけません。

　　　`navbar-expand-sm` ……… 画面サイズが「576px未満」のときは縮小表示
　　　`navbar-expand-md` ……… 画面サイズが「768px未満」のときは縮小表示
　　　`navbar-expand-lg` ……… 画面サイズが「992px未満」のときは縮小表示
　　　`navbar-expand-xl` ……… 画面サイズが「1200px未満」のときは縮小表示

さらに、≡のボタンを表示するためのbutton要素、メニューを開閉するためのコンテナ（div要素）も追記しておく必要があります。

まずは、ボタン部分の記述から解説します。button要素に**navbar-toggler**のクラスを適用し、**data-toggle="collapse"** と **data-target="#（ID名）"** でメニューの開閉を実現します。（ID名）には、各自の好きな名前を自由に指定できます。続いて、button要素内に**`<span class="navbar-toggler-icon"></span>`** と記述し、≡の記号を表示します。

```
<button class="navbar-toggler" data-toggle="collapse" data-target="(ID名)">
  <span class="navbar-toggler-icon"></span>
</button>
```

次は、メニューを開閉するコンテナ用のdiv要素を記述します。ナビゲーション部分を`<div>`〜`</div>`で囲み、**collapse**と**navbar-collapse**のクラスを適用します。さらに、このdiv要素に「button要素のdata-target属性」と同じID名を付けておきます。

```
<div class="collapse navbar-collapse" id="(ID名)">
        ⋮
    （ナビゲーション部分）
        ⋮
</div>
```

これらの記述をHTMLに追記すると、図4.3.5-2にように表示が変化するナビゲーションバーを作成できます。以下に、このHTMLの記述を紹介しておくので参考にしてください。

sample435-01.html

```
         ⋮
21    <nav class="navbar navbar-expand-md navbar-dark bg-dark fixed-top">
22      <a href="#" class="navbar-brand">boot dining</a>
23      <button class="navbar-toggler" data-toggle="collapse" data-target="#nav1">
24        <span class="navbar-toggler-icon"></span>
25      </button>
26      <div class="collapse navbar-collapse" id="nav1">
27        <ul class="navbar-nav">
28          <li class="nav-item"><a href="#" class="nav-link">Home</a></li>
                ⋮
32          <li class="nav-item"><a href="#" class="nav-link">予約</a></li>
33        </ul>
34        <hr class="d-md-none border-secondary my-2">
35        <form class="form-inline ml-auto">
36          <label class="sr-only" for="kw">検索キーワード</label>
```

```
37            <input type="search" class="form-control form-control-sm mr-sm-2 my-2 my-md-0"
38                   placeholder="キーワード" id="kw">
39            <button type="submit" class="btn btn-warning btn-sm my-2 my-md-0">検索</button>
40          </form>
41       </div>
42     </nav>
        :
78 <script src="js/jquery-3.3.1.slim.min.js"></script>
79 <script src="js/bootstrap.bundle.min.js"></script>
        :
```

　今回の例では、nav要素にnavbar-expand-mdのクラスを適用しているので、画面サイズが「768px未満」になるとナビゲーション部分が縮小されて表示されます（21行目）。

　また、34行目にhr要素を追加しているため、ナビゲーション内に罫線が表示されます。このhr要素にはd-md-noneのクラスが適用されているので、画面サイズが「768px以上」になると罫線は非表示になります。つまり、ナビゲーションバーが縮小表示されたときのみ、罫線が表示されることになります。ちなみに、border-secondaryは罫線の色を指定するクラス、my-2は上下の余白を調整するクラスとなります。

　input要素とbutton要素にも余白を指定するクラスが追加されています。これらは、フォームの配置が縦／横に変化したときの余白を調整するものです。

　input要素にあるmr-sm-2のクラスは「テキストボックス」と「ボタン」の間隔を調整しています。画面サイズがsm未満（576px未満）になると、「テキストボックス」と「ボタン」は縦に並べて配置されるため、「右の余白」は不要になります。よって、smの添字を付けたクラス名に変更してあります（37行目）。

　37、39行目にあるmy-2とmy-md-0は、画面サイズに応じて上下の余白を変化させるクラスです。ナビゲーションバーが縮小表示のときは、my-2のクラスにより「テキストボックス」と「ボタン」に上下0.5remの余白が設けられます。画面サイズがmd以上（768px以上）になり、ナビゲーションバーが展開されると、my-md-0のクラスにより上下の余白は0になります。

図4.3.5-2　レスポンシブ対応のナビゲーションバー（再掲載）

なお、ここで紹介したレスポンシブ対応を動作させるには、script要素を使ってJavaScriptを読み込んでおく必要があります。この記述を忘れると、☰ボタンが動作しなくなることに注意してください（78～79行目）。

ちなみに、button要素とa要素を記述する順番を入れ替えると、☰ボタンを左端、ブランド表記を右端に配置できます。この手法も合わせて覚えておいてください。

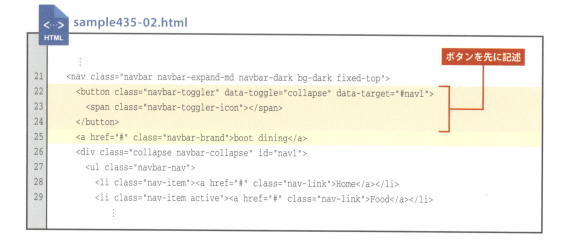

図4.3.5-3　ボタンを左端に配置した場合

4.3.6　ドロップダウンの活用

最後に、ナビゲーションバーに**ドロップダウン形式のメニュー**を作成する方法を紹介しておきます。

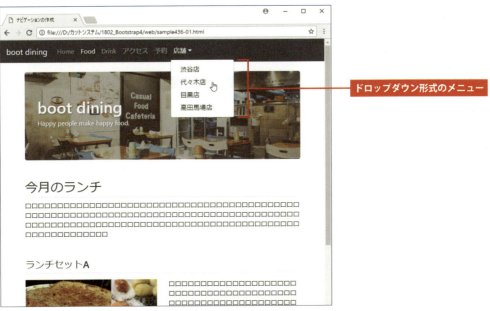

図4.3.6-1　ドロップダウン形式のメニュー

ドロップダウンを利用するときは、li要素に**dropdown**のクラスを追加します。さらに、a要素に**dropdown-toggle**のクラスを追加し、**data-toggle="dropdown"**という属性を追記します。サブメニューの範囲は**dropdown-menu**のクラスを適用したdiv要素で作成し、この中に**dropdown-item**のクラスを適用したa要素を列記していきます。

sample436-01.html

```html
             ⋮
21   <nav class="navbar navbar-expand-md navbar-dark bg-dark fixed-top">
22     <a href="#" class="navbar-brand">boot dining</a>
23     <button class="navbar-toggler" data-toggle="collapse" data-target="#nav1">
24       <span class="navbar-toggler-icon"></span>
25     </button>
26     <div class="collapse navbar-collapse" id="nav1">
27       <ul class="navbar-nav">
28         <li class="nav-item"><a href="#" class="nav-link">Home</a></li>
29         <li class="nav-item active"><a href="#" class="nav-link">Food</a></li>
```

```html
30          <li class="nav-item"><a href="#" class="nav-link">Drink</a></li>
31          <li class="nav-item"><a href="#" class="nav-link">アクセス</a></li>
32          <li class="nav-item"><a href="#" class="nav-link">予約</a></li>
33          <li class="nav-item dropdown">
34            <a class="nav-link dropdown-toggle" data-toggle="dropdown">店舗</a>
35            <div class="dropdown-menu">
36              <a href="#" class="dropdown-item">渋谷店</a>
37              <a href="#" class="dropdown-item">代々木店</a>
38              <a href="#" class="dropdown-item">目黒店</a>
39              <a href="#" class="dropdown-item">高田馬場店</a>
40            </div>
41          </li>
42        </ul>
43      </div>
44    </nav>
          ︙
80    <script src="js/jquery-3.3.1.slim.min.js"></script>
81    <script src="js/bootstrap.bundle.min.js"></script>
          ︙
```

ドロップダウン形式のメニューはレスポンシブ対応が施されているため、画面の小さい端末で見たときも、サブメニューは適切に表示されます。

図4.3.6-2　スマーフォンで閲覧した場合

なお、ドロップダウンを動作させるには、script要素を使ってJavaScriptを読み込んでおく必要があります。この記述を忘れるとドロップダウンが機能しなくなることに注意してください。

4.4 パンくずリストの作成

続いては、Bootstrapを使って「パンくずリスト」を作成する方法を解説します。Webサイトの階層を示すナビゲーションとして活用してください。もちろん、簡単な書式指定なので自分でCSSを記述しても構いません。

4.4.1 パンくずリストの作成

Bootstrapには**パンくずリスト**を作成するクラスも用意されています。このクラスを使うと、以下の図のようなデザインの「パンくずリスト」を作成できます。

図4.4.1-1　Bootstrapで作成した「パンくずリスト」

「パンくずリスト」は、以下の表に示した要素とクラスを使って作成するのが基本です。li要素に**active**のクラスを追加すると、その項目を「選択中」の書式で表示できます。

■パンくずリストの作成に使用するクラス

要素	クラス	概要
nav	—	パンくずリストの範囲
ol	**breadcrumb**	パンくずリストの書式指定
li	**breadcrumb-item**	各項目の書式指定
li	**active**	選択中の項目
a	—	リンク機能の付加

以下に、図4.4.1-1に示した「パンくずリスト」のHTMLを紹介しておくので、参考にしてください。

sample441-01.html

```html
    ⋮
<div class="jumbotron text-white mb-4"
     style="background:url(img/rest.jpg);background-size:cover;text-shadow: 2px 2px 4px #666;">
  <h1 class="mb-1">boot dining</h1>
  <p>Happy people make happy food.</p>
</div>

<nav>
  <ol class="breadcrumb">
    <li class="breadcrumb-item"><a href="#">Home</a></li>
    <li class="breadcrumb-item"><a href="#">Food</a></li>
    <li class="breadcrumb-item active">Lunch</li>
  </ol>
</nav>

<h2 class="mt-5">今月のランチ</h2>
    ⋮
```

なお、`<nav>`～`</nav>`を省略しても同様の結果を得ることができます。nav要素は必須ではありませんが、ナビゲーションの一種であることを明確に示すためにも、全体を`<nav>`～`</nav>`で囲っておくことをお勧めします。

▼ Bootstrap 3 からの変更点

― パンくずリストもフレックスボックス仕様に ―

Bootstrap 3にも breadcrumb のクラスが用意されていましたが、Bootstrap 4では各項目をフレックスボックスで配置するように仕様が変更されています。これに伴い、li要素にも **breadcrumb-item** の適用が必要になっています。間違えないように注意してください。

4.5 ページネーション

続いては、ページの最下部に表示されることが多い「ページネーション」をBootstrapで作成する方法を解説します。ul要素とli要素で簡単に作成できるので、いちど試してみてください。

4.5.1 ページネーションの作成

　Bootstrapには、以下の図のような**ページネーション**（ページ番号を示すリンク群）を作成するクラスも用意されています。ページの最下部に配置するナビゲーションとして利用するのが一般的ですが、他の用途にも活用できると思います。

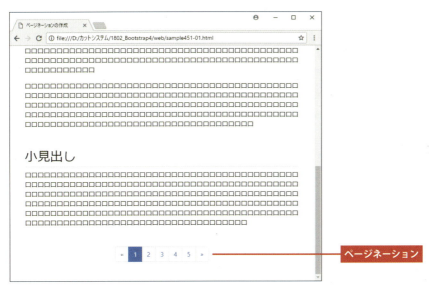

図4.5.1-1　Bootstrapで作成したページネーション

　ページネーションは、次ページの表に示した要素とクラスを使って作成するのが基本です。li要素に`active`のクラスを追加すると「選択中」の書式、`disabled`のクラスを追加すると「使用不可」の書式を各項目に指定できます。なお、«の記号は«、»の記号は»の特殊文字を使って表示します。

■ページネーションの作成に使用するクラス

要素	クラス	概要
nav	—	ページネーションの範囲
ul	pagination	ページネーションの書式指定
li	page-item	各項目の書式指定
li	active	選択中の項目
li	disabled	使用不可の項目
a	page-link	リンクの書式指定

以下に、図4.5.1-1に示したページネーションのHTMLを紹介しておくので参考にしてください。

sample451-01.html

```
42    <nav class="my-5">
43      <ul class="pagination justify-content-center">
44        <li class="page-item disabled"><a href="#" class="page-link">&laquo</a></li>
45        <li class="page-item active"><a href="#" class="page-link">1</a></li>
46        <li class="page-item"><a href="#" class="page-link">2</a></li>
            ⋮
49        <li class="page-item"><a href="#" class="page-link">5</a></li>
50        <li class="page-item"><a href="#" class="page-link">&raquo;</a></li>
51      </ul>
52    </nav>
```

なお、今回の例ではページネーションを左右中央に配置するため、ul要素に**justify-content-center**のクラスを適用しています。

> **フォーカスの制御**
>
> **disabled**のクラスを適用すると、pointer-events:noneの書式が指定され、その中にあるリンクは無効になります。ただし、この書式指定はまだ標準化されていないため、キーボードの[Tab]キーを使ってフォーカスを移動させた際に、無効なリンクが選択されてしまう可能性があります。このような場合は、a要素にtabindex="-1"を追記しておくと、無効なリンクにフォーカスが移動するのを回避できます。念のため、覚えておいてください。
>
> `<li class="page-item disabled"><a href="#" class="page-link" tabindex="-1">&laquo</a></li>`

> **▼ Bootstrap 3 からの変更点**
>
> ─ ページネーションもフレックスボックス仕様に ─
>
> Bootstrap 3 にも pagination のクラスは用意されていましたが、Bootstrap 4 では各項目をフレックスボックスで配置するように仕様が変更されています。これに伴い、li 要素に **page-item**、a 要素に **page-link** の適用が必要になっています。間違えないように注意してください。

4.5.2 ページネーションのサイズ

ページネーションのサイズを変更するクラスも用意されています。サイズを大きくするときは **pagination-lg**、サイズを小さくするときは **pagination-sm** のクラスを ul 要素に追加します。

sample452-01.html

```html
17      <nav class="my-5">
18        <ul class="pagination pagination-lg justify-content-center">
19          <li class="page-item disabled"><a href="#" class="page-link">&laquo</a></li>
20          <li class="page-item active"><a href="#" class="page-link">1</a></li>
21          <li class="page-item"><a href="#" class="page-link">2</a></li>
              ⋮
26        </ul>
27      </nav>
28
29      <nav class="my-5">
30        <ul class="pagination justify-content-center">
              ⋮
38        </ul>
39      </nav>
40
41      <nav class="my-5">
42        <ul class="pagination pagination-sm justify-content-center">
43          <li class="page-item disabled"><a href="#" class="page-link">&laquo</a></li>
44          <li class="page-item active"><a href="#" class="page-link">1</a></li>
45          <li class="page-item"><a href="#" class="page-link">2</a></li>
              ⋮
50        </ul>
51      </nav>
              ⋮
```

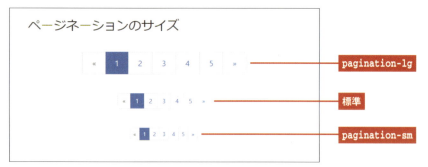

図4.5.2-1　ページネーションのサイズ

　サイズを大きくすると、スマートフォンでも操作しやすいページネーションを作成できます。ただし、「ページネーションが画面の幅に収まるか？」を必ず確認しておく必要があります。

　たとえば、先ほどの例をスマートフォンで閲覧すると、図4.5.2-2のように表示され、ページネーションが画面内に収まらなくなってしまう場合があります。大サイズのページネーションを使用するときは、「数字3個＋前後のアイコン」もしくは「数字5個」の計5項目くらいが限界かもしれません。もちろん、標準以下のサイズを使用するときも「スマートフォンの画面に収まるか？」に注意しなければいけません。

図4.5.2-2　スマートフォンで閲覧したページネーション

▼ Bootstrap 3 からの変更点

── ページャは廃止 ──

　Bootstrap 3には「前後のページへ移動するリンク」を作成するページャー（pager）というコンポーネントも用意されていましたが、Bootstrap 4では廃止されています。ページャーのようなパーツを作成したいときは、ul要素に **justify-content-between** のクラスを適用する、自分でCSSを記述するなどの工夫が必要になります。

4.6 リストグループの作成

リストグループは、スマートフォン向けのWebサイトでよく見かけるリスト表示です。リンクをまとめたナビゲーションとしても活用できるので、ぜひ使い方を覚えておいてください。

4.6.1 リストグループの作成

リストグループは、ul要素とli要素で作成したリストを図4.6.1-1のように表示する書式指定です。

図4.6.1-1　Bootstrapで作成したリストグループ

リストグループを作成するときは、ul要素に **list-group** のクラスを適用します。続いて、**list-group-item** のクラスを適用したli要素で各項目を作成していきます。このとき、li要素に **active** のクラスを追加すると「選択中」の項目、**disabled** のクラスを追加すると「使用不可」の項目として表示できます。

図4.6.1-1に示したリストグループは、以下のHTMLにより作成されています。リストグループは幅100%で表示されるため、今回の例ではグリッドシステムを使って表示幅を調整しています。

sample461-01.html

```html
55    <div class="row">
56      <div class="col-md-6">
57        <ul class="list-group">
58          <li class="list-group-item">渋谷店</li>
59          <li class="list-group-item active">代々木店</li>
60          <li class="list-group-item">目黒店</li>
61          <li class="list-group-item">高田馬場店</li>
62          <li class="list-group-item disabled">青山店</li>
63        </ul>
64      </div>
65    </div>
```

　リストグループはリンクとして活用される場合が多いため、div要素とa要素で作成することも可能となっています。この場合は、div要素にlist-group、a要素にlist-group-itemのクラスを適用します。
　このとき、a要素に**list-group-item-action**のクラスを追加しておくと、マウスオーバー時に色を変化させることが可能となります。「使用不可」の項目はspan要素で作成しておくと、マウスオーバー時にポインタが👆に変化するのを回避できます。

sample416-02.html

```html
55    <div class="row">
56      <div class="col-md-6">
57        <div class="list-group">
58          <a href="#" class="list-group-item list-group-item-action">渋谷店</a>
59          <a href="#" class="list-group-item list-group-item-action active">代々木店</a>
60          <a href="#" class="list-group-item list-group-item-action">目黒店</a>
61          <a href="#" class="list-group-item list-group-item-action">高田馬場店</a>
62          <span class="list-group-item list-group-item-action disabled">青山店</span>
63        </div>
64      </div>
65    </div>
```

図4.6.1-2 div要素とa要素で作成したリストグループ（マウスオーバーあり）

▼ Bootstrap 3 からの変更点

各項目の書式を指定するクラス

Bootstrap 3では、a要素に`list-group-item`のクラスを適用するだけでマウスオーバー時の色変化を実現できました。一方、Bootstrap 4では、`list-group-item-action`の追加が必要になっています。間違えないように注意してください。

リストグループをbutton要素で作成

button要素を使ってリストグループを作成することも可能です。この場合は、以下のような構成でHTMLを記述します。

```
<div class="list-group">
  <button class="list-group-item list-group-item-action">渋谷店</button>
  <button class="list-group-item list-group-item-action active">代々木店</button>
  <button class="list-group-item list-group-item-action">目黒店</button>
  <button class="list-group-item list-group-item-action">高田馬場店</button>
  <button class="list-group-item list-group-item-action" disabled>青山店</button>
</div>
```

なお、button要素の場合は、`disabled`属性を使って「使用不可」の書式にすることも可能です。

4.6.2 横線で区切ったリストグループ

　リストグループのデザインを「横線だけで区切った形式」に変更するクラスも用意されています。このデザインに変更するときは、ul要素またはdiv要素に **list-group-flush** のクラスを追加します。

sample462-01.html

```html
        ⋮
55  <div class="row">
56    <div class="col-md-6">
57      <div class="list-group list-group-flush">
58        <a href="#" class="list-group-item list-group-item-action">渋谷店</a>
59        <a href="#" class="list-group-item list-group-item-action active">代々木店</a>
60        <a href="#" class="list-group-item list-group-item-action">目黒店</a>
61        <a href="#" class="list-group-item list-group-item-action">高田馬場店</a>
62        <span class="list-group-item list-group-item-action disabled">青山店</span>
63      </div>
64    </div>
65  </div>
        ⋮
```

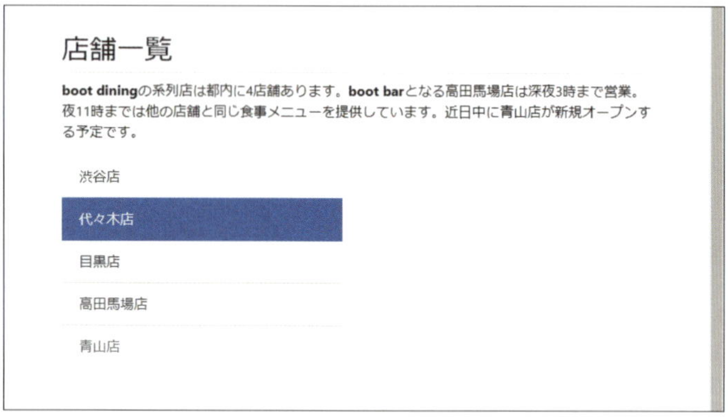

図4.6.2-1　横線で区切ったリストグループ

新デザインの追加　　　　　　　　　　　　　　　　　　　　　　▼ Bootstrap 3 からの変更点

　「横線だけで区切った形式」のリストグループは、Bootstrap 4で新たに採用されたデザインとなります。

4.6.3　リストグループの色

リストグループの色を変更するクラスも用意されています。各項目の色を変更するときは、li要素またはa要素に以下のクラスを追加します。

■ リストグループの色を指定するクラス

クラス	文字色	背景色
`list-group-item-primary`	#004085	#B8DAFF
`list-group-item-secondary`	#383D41	#D6D8DB
`list-group-item-success`	#155724	#C3E6CB
`list-group-item-info`	#0C5460	#BEE5EB
`list-group-item-warning`	#856404	#FFEEBA
`list-group-item-danger`	#721C24	#F5C6CB
`list-group-item-dark`	#1B1E21	#C6C8CA
`list-group-item-light`	#818182	#FDFDFE

なお、`list-group-item-action`が追加されている場合は、マウスオーバー時の色も指定した色に合わせて変化します。

図4.6.3-1　リストグループの色（sample463-01.html）

4.6.4　見出しと本文で構成されるリストグループ

　各項目が「見出し」と「本文」で構成されるリストグループを作成することも可能です。この場合は、各項目内に適当な要素を記述してリストグループを作成していきます。

　以下は、リストグループの各項目をh5要素とaddress要素で作成した場合の例です。なお、p要素やaddress要素には`margin-bottom:1rem`のCSSが指定されているため、mb-0のクラスで「下の余白」を0にしておくと、見た目の整ったリストグループに仕上げられます。

sample464-01.html

```html
  ⋮
<h2 class="mt-5">店舗一覧</h2>
<hr class="mt-0 mb-2">
<p><b>boot dining</b>の系列店は都内に4店舗あります。………新規オープンする予定です。</p>
<div class="row">
  <div class="col-md-6">
    <div class="list-group">
      <a href="#" class="list-group-item list-group-item-action">
        <h5 class="mb-1">渋谷店</h5>
        <address class="mb-0 small">東京都渋谷区円山町0-0-0<br>TEL 03-1234-5678</address>
      </a>
      <a href="#" class="list-group-item list-group-item-action">
        <h5 class="mb-1">代々木店</h5>
        <address class="mb-0 small">東京都渋谷区代々木0-0-0<br>TEL 03-1234-5678</address>
      </a>
      <a href="#" class="list-group-item list-group-item-action">
        <h5 class="mb-1">目黒店</h5>
        <address class="mb-0 small">東京都目黒区下目黒0-0-0<br>TEL 03-1234-5678</address>
      </a>
      <a href="#" class="list-group-item list-group-item-action">
        <h5 class="mb-1">高田馬場店</h5>
        <address class="mb-0 small">東京都新宿区高田馬場0-0-0<br>TEL 03-1234-5678</address>
      </a>
      <span class="list-group-item list-group-item-action disabled">
        <h5 class="mb-1">青山店</h5>
        <p class="mb-0 small">※近日オープン予定</p>
      </span>
    </div>
  </div>
</div>
  ⋮
```

図4.6.4-1　見出しと本文で構成されるリストグループ

▼Bootstrap 3 からの変更点

─ 一部クラスの廃止 ─

　Bootstrap 3には、リストグループ内の「見出し」や「本文」の書式を指定するクラスとして、`list-group-item-heading`や`list-group-item-text`といったクラスが用意されていました。Bootstrap 4では、これらのクラスが廃止されているため、自分で書式を整える必要があります。

4.6.5　リストグループのレスポンシブ化

　続いては、リストグループのレスポンシブ対応について解説します。リストグループはパソコンでもスマートフォンでも問題なく閲覧できるため、必ずしもレスポンシブ対応を施す必要はありません。とはいえ、パソコンで見たときは通常のリスト（またはリンク）として表示したい場合もあるでしょう。

　このような場合は、表示/非表示を切り替えるクラスを活用すると、画面サイズに応じて表示を変化させることが可能となります。コンテンツ（文字情報）の記述が重複してしまうためスマートな手法とはいえませんが、一つのテクニックとして覚えておいてください。

以下の例は、「モバイル用」と「PC用」の店舗一覧を個別に記述した例です。「モバイル用」のリストグループには**d-md-none**のクラスが適用されているため、画面サイズが「768px以上」になると非表示になります。一方、「PC用」のdiv要素には**d-none**と**d-md-block**が適用されているため、画面サイズが「768px以上」のときのみ表示されます。

図4.6.5-1　画面サイズに応じて表示が変わるリストグループ

sample465-01.html

```
52    <h2 class="mt-5">店舗一覧</h2>
53    <hr class="mt-0 mb-2">
54    <p><b>boot dining</b>の系列店は都内に4店舗あります。………新規オープンする予定です。</p>
55
56    <!-- モバイル用 -->
57    <div class="list-group d-md-none">
58      <a href="#" class="list-group-item list-group-item-action">渋谷店</a>
59      <a href="#" class="list-group-item list-group-item-action">代々木店</a>
60      <a href="#" class="list-group-item list-group-item-action">目黒店</a>
61      <a href="#" class="list-group-item list-group-item-action">高田馬場店</a>
62      <span class="list-group-item disabled">青山店<small>　※近日オープン予定</small></span>
63    </div>
64
65    <!-- PC用 -->
66    <div class="d-none d-md-block">
67      <h5 class="mt-4 mb-1"><a href="#">渋谷店</a></h5>
68      <address class="small">東京都渋谷区円山町0-0-0<br>TEL 03-1234-5678</address>
```

```
69        <h5 class="mt-4 mb-1"><a href="#">代々木店</a></h5>
70        <address class="small">東京都渋谷区代々木0-0-0<br>TEL 03-1234-5678</address>
71        <h5 class="mt-4 mb-1"><a href="#">目黒店</a></h5>
72        <address class="small">東京都目黒区下目黒0-0-0<br>TEL 03-1234-5678</address>
73        <h5 class="mt-4 mb-1"><a href="#">高田馬場店</a></h5>
74        <address class="small">東京都新宿区高田馬場0-0-0<br>TEL 03-1234-5678</address>
75        <h5 class="mt-4 mb-1">青山店</h5>
76        <p class="small">※近日オープン予定</p>
77    </div>
        ⋮
```

4.6.6　リストグループを使った表示切り替え

最後に、リストグループを使って「別の領域にあるコンテンツ」の表示を切り替える方法を紹介しておきます。

図4.6.6-1　リストグループを使った表示切り替え

この機能を使用するときは、項目を作成するa要素に`data-toggle="list"`を追記し、`href="#(ID名)"`という形で「表示する内容のID名」を指定します。

「表示内容を切り替える領域」はdiv要素で作成し、`tab-content`のクラスを適用します。続いて、その中に「各項目に対応する内容」をdiv要素で作成していきます。このdiv要素には、各a要素に対応するID名を付け、`tab-pane`と`fade`のクラスを適用します。また、最初から表示しておく内容には`show`と`active`のクラスを追加しておきます。

文章で説明するより実例を見た方が分かりやすいと思うので、図4.6.6-1に示した例のHTMLを紹介しておきます。店舗名をクリックすると、それに応じて右側に表示される連絡先、営業時間が切り替わる仕組みになっています。

sample466-01.html

```
52      <h2 class="mt-5">店舗一覧</h2>
53      <hr class="mt-0 mb-2">
54      <p>店舗を選択すると、<span class="d-md-none">下に</span>連絡先が表示されます。</p>
55
56      <div class="row mt-4">
57
58        <div class="col-md-6">
59          <div class="list-group">
60            <a href="#shibuya" class="list-group-item list-group-item-action active" data-toggle="list">
61              渋谷店
62            </a>
63            <a href="#yoyogi" class="list-group-item list-group-item-action" data-toggle="list">
64              代々木店
65            </a>
              ︙
69            <a href="#baba" class="list-group-item list-group-item-action" data-toggle="list">
70              高田馬場店
71            </a>
72            <span class="list-group-item disabled">
73              青山店<small>　※近日オープン予定</small>
74            </span>
75          </div>
76        </div>
77
78        <div class="col-md-6 mt-4 mt-md-0">
79          <div class="tab-content bg-light p-3">
80            <div class="tab-pane fade show active" id="shibuya">
81              <h4>渋谷店</h4><address>東京都渋谷区円山町0-0-0<br>TEL 03-1234-5678</address>
82              <p>営業時間<br>（平日）10:00〜23:00<br>（土日・休日）11:30〜24:00</p>
83            </div>
84            <div class="tab-pane fade" id="yoyogi">
85              <h4>代々木店</h4><address>東京都渋谷区代々木0-0-0<br>TEL 03-1234-5678</address>
86              <p>営業時間<br>（平日）10:00〜24:00<br>（土日・休日）11:30〜24:00</p>
87            </div>
              ︙
92            <div class="tab-pane fade" id="baba">
93              <h4>高田馬場店</h4><address>東京都新宿区高田馬場0-0-0<br>TEL 03-1234-5678</address>
94              <p>営業時間<br>（平日）17:00〜翌3:00<br>（土日・休日）15:00〜翌3:00</p>
95            </div>
96          </div>
97        </div>
```

```
 98        </div>
 99              ⋮
105    <script src="js/jquery-3.3.1.slim.min.js"></script>
106    <script src="js/bootstrap.bundle.min.js"></script>
                 ⋮
```

今回の例では、「リストグループ」と「表示内容を切り替える領域」をグリッドシステムで配置しています。このため、スマートフォンで閲覧したときは、各領域が縦に配置されます。このことを訪問者に伝えるために、54行目のp要素で表示する文章を少し変化させています。スマートフォンで見た場合は文中に「下に」の文字が表示されますが、画面サイズが「768px以上」になると、`d-md-none`のクラスにより「下に」の文字は非表示になります。

図4.6.6-2　スマートフォンで閲覧した場合

なお、この機能を動作させるには、`script`要素を使ってJavaScriptを読み込んでおく必要があります。この記述を忘れると表示切り替えが機能しなくなることに注意してください。

▼ Bootstrap 3 からの変更点

─ 新たに採用された機能 ─

この機能は、Bootstrap 4で新たに採用された機能となります。

4.7 バッジの活用

続いては、文字をアイコン風に表示できる「バッジ」の使い方を解説します。4.6節で紹介したリストグループの各項目に数値を表示する場合などにも「バッジ」が活用できます。手軽に作成できるので、ぜひ使い方を覚えておいてください。

4.7.1 バッジの作成

　文字をアイコン風に表示したいときは**バッジ**を利用すると便利です。バッジを作成するときは、span要素に **badge** のクラスを適用し、さらに以下の表に示したクラスで**バッジの色**を指定します。

■バッジの色を指定するクラス

クラス	指定される色
badge-primary	#007BFF
badge-secondary	#6C757D
badge-success	#28A745
badge-info	#17A2B8
badge-warning	#FFC107
badge-danger	#DC3545
badge-dark	#343A40
badge-light	#F8F9FA

　以下は、これらのクラスを使ってバッジを作成した場合の例です。

sample471-01.html

```
15    <h1 class="mt-4 mb-2">今週の特売情報</h1>
16    <hr class="mt-0">
17    <h3 class="mt-3">液晶モニター全品<span class="badge badge-danger ml-2">30%OFF</span></h3>
18    <h4 class="mt-3">CD-R / DVD-R / BD-R<span class="badge badge-warning ml-2">25%OFF</span></h4>
19    <h5 class="mt-3">インクジェット専用紙<span class="badge badge-dark ml-2">15%OFF</span></h5>
```

4.7 バッジの活用

```
20
21      <h1 class="mt-5 mb-2">バッジの色</h1>
22      <hr class="mt-0">
23      <div style="font-size:1.4rem;">
24        <span class="badge badge-primary p-2">Primary</span>
25        <span class="badge badge-secondary p-2">Secondary</span>
            ︙
31        <span class="badge badge-light p-2">Light</span>
32      </div>
          ︙
```

図4.7.1-1　Bootstrapで作成したバッジ

　バッジ内の余白が小さいときは、上記の例のようにp-2などのクラスで余白（padding）を調整すると、バランスを整えることができます。

---

a要素でバッジを作成

　バッジをリンクとして機能させたいときは、a要素を使ってバッジを作成します。a要素に適用するクラスは、span要素でバッジを作成する場合と同じです。この場合は、マウスオーバー時にバッジの色が濃く表示されるようになります。

```
<a href="#" class="badge badge-primary">バッジの文字</a>
```

▼Bootstrap 3 からの変更点

ラベルはバッジに統一

　Bootstrap 3では同様の書式をlabelのクラスで指定していましたが、Bootstrap 4では**badge**に統一されています。注意するようにしてください。

4.7.2 ピル形式のバッジ

バッジの左右を円形にした**ピル形式のバッジ**を作成することも可能です。この場合は、span要素に**badge-pill**のクラスを追加します。

sample472-01.html

```
15    <h1 class="mt-4 mb-2">今週の特売情報</h1>
16    <hr class="mt-0">
17    <h3 class="mt-3">キーボード<span class="badge badge-pill badge-danger ml-2">30%OFF</span></h3>
18    <h4 class="mt-3">USBメモリ<span class="badge badge-pill badge-warning ml-2">25%OFF</span></h4>
19    <h5 class="mt-3">コピー用紙<span class="badge badge-pill badge-dark ml-2">15%OFF</span></h5>
20
21    <h1 class="mt-5 mb-2">バッジの色</h1>
22    <hr class="mt-0">
23    <div style="font-size:1.4rem;">
24      <span class="badge badge-pill badge-primary py-2">Primary</span>
25      <span class="badge badge-pill badge-secondary py-2">Secondary</span>
          ：
31      <span class="badge badge-pill badge-light py-2">Light</span>
32    </div>
```

図4.7.2-1　ピル形式のバッジ

ピル形式のバッジの場合は、p-3 / p-4 / p-5のクラスで余白を調整するか、もしくはpy-2などで上下の余白を変更してバランスを整えます。

4.7.3　リストグループ内にバッジを配置

リストグループ内に数値を示す場合にもバッジが活用できます。ただし、バッジの配置方法を工夫する必要があります。

図4.7.3-1　リストグループ内に配置したバッジ

図4.7.3-1のようにバッジを右端に配置するときは、li要素またはa要素に**d-flex**を追加し、子要素をフレックスアイテムとして扱います。さらに、**justify-content-between**（均等割り付け）と**align-items-center**（上下中央揃え）のクラスで「文字」と「バッジ」の配置を調整します。

```
sample473-01.html
52      <h3 class="mt-5">6月10日の空席状況</h3>
53
54      <div class="row">
55        <div class="col-md-6">
56          <div class="list-group">
57            <a href="#" class="list-group-item list-group-item-action list-group-item-success
58                       d-flex justify-content-between align-items-center">
59              渋谷店<span class="badge badge-light badge-pill">12</span>
60            </a>
```

```html
61          <a href="#" class="list-group-item list-group-item-action list-group-item-success
62                  d-flex justify-content-between align-items-center">
63            代々木店<span class="badge badge-danger badge-pill">4</span>
64          </a>
65          <a href="#" class="list-group-item list-group-item-action list-group-item-success
66                  d-flex justify-content-between align-items-center">
67            目黒店<span class="badge badge-light badge-pill">20</span>
68          </a>
69          <a href="#" class="list-group-item list-group-item-action list-group-item-success
70                  d-flex justify-content-between align-items-center">
71            高田馬場店<span class="badge badge-light badge-pill">15</span>
72          </a>
73          <span class="list-group-item disabled">
74            青山店<small>　※近日オープン予定</small>
75          </span>
76        </div>
77      </div>
78    </div>
          ⋮
```

　バッジ（span要素）にfloat-rightのクラスを適用して右端に配置することも可能ですが、この場合は「文字」と「バッジ」の上下中央が揃わなくなってしまうことに注意してください。

JavaScriptを利用した
コンテンツ

Bootstrap には JavaScript を利用したコンテンツも用意されています。続いては、Web サイトを彩る、動きのあるコンテンツを作成する方法を解説します。

5.1 ドロップダウン

ドロップダウンは、クリックによりサブメニューを開閉できる機能です。サブメニュー内に並ぶ項目をリンクとして機能させることができるため、ページを移動する際のナビゲーションなどに活用できます。

5.1.1 ドロップダウン ボタンの作成

　4.3.6項（P241～242）でも紹介したように、Bootstrapには**ドロップダウン形式のメニュー**を作成する機能が用意されています。まずは、ボタンにドロップダウン機能を追加する方法から解説します。

図5.1.1-1　ドロップダウン機能を追加したボタン

　ドロップダウン機能のあるボタンを作成するときは、button要素に`dropdown-toggle`のクラスを追加し、`data-toggle="dropdown"`という属性を追記します。
　続いて、`dropdown-menu`のクラスを適用したdiv要素でサブメニューを作成します。この中には、`dropdown-item`のクラスを適用したa要素でリンクを列記していきます。
　最後に、全体をdiv要素で囲み、このdiv要素に`dropdown`のクラスを適用すると、ドロップダウン ボタンを作成できます。

■ ドロップダウン ボタンの作成に使用するクラス、属性

要素	クラス/属性	概要
div	**dropdown**	ドロップダウンの範囲
button	**dropdown-toggle**	ドロップダウンボタンの書式指定
	data-toggle="dropdown"	ドロップダウン機能の追加
div	**dropdown-menu**	サブメニューの範囲
a	**dropdown-item**	各項目（リンク）の書式指定

　以下に、図5.1.1-1に示した例のHTMLを紹介しておくので、これを参考にドロップダウンボタンの作成方法を把握してください。

sample511-01.html

```
15    <h2 class="mt-4 mb-0">ドロップダウン形式のリンク</h2>
16    <hr class="mt-2 mb-4">
17    <div class="dropdown">
18      <button class="btn btn-primary dropdown-toggle" data-toggle="dropdown">国立美術館</button>
19      <div class="dropdown-menu">
20        <a href="http://www.momat.go.jp/" class="dropdown-item">東京国立近代美術館</a>
21        <a href="http://www.momak.go.jp/" class="dropdown-item">京都国立近代美術館</a>
22        <a href="http://www.nmwa.go.jp/" class="dropdown-item">国立西洋美術館</a>
23        <a href="http://www.nmao.go.jp/" class="dropdown-item">国立国際美術館</a>
24        <a href="http://www.nact.jp/" class="dropdown-item">国立新美術館</a>
25      </div>
26    </div>
        ⋮
30    <script src="js/jquery-3.3.1.slim.min.js"></script>
31    <script src="js/bootstrap.bundle.min.js"></script>
32  </body>
```

JavaScriptの読み込み

　ドロップダウンの機能を動作させるには、script要素を使ってJavaScriptを読み込んでおく必要があります（上記の例の30～31行目）。この記述を忘れると、ドロップダウンは機能しなくなります。
　第5章で解説する内容は、その大半がJavaScriptを利用したコンテンツになるため、JavaScriptの読み込みが必須となります。忘れないように注意してください。

ドロップダウンを利用する際に、複数のボタンを横に並べて配置したい場合もあると思います。この場合は、dropdownの代わりに**btn-group**のクラスを適用すると、ボタンを横に並べて配置できます。

sample511-02.html

```html
    ︙
15  <h2 class="mt-4 mb-0">ドロップダウン形式のリンク</h2>
16  <hr class="mt-2 mb-4">
17  <a href="http://www.ndl.go.jp/" class="btn btn-danger mr-2" >国立国会図書館</a>
18  <a href="http://www.kahaku.go.jp/" class="btn btn-success mr-2">国立科学博物館</a>
19  <div class="btn-group">
20    <button class="btn btn-primary dropdown-toggle" data-toggle="dropdown">国立美術館</button>
21    <div class="dropdown-menu">
22      <a href="http://www.momat.go.jp/" class="dropdown-item">東京国立近代美術館</a>
23      <a href="http://www.momak.go.jp/" class="dropdown-item">京都国立近代美術館</a>
24      <a href="http://www.nmwa.go.jp/" class="dropdown-item">国立西洋美術館</a>
25      <a href="http://www.nmao.go.jp/" class="dropdown-item">国立国際美術館</a>
26      <a href="http://www.nact.jp/" class="dropdown-item">国立新美術館</a>
27    </div>
28  </div>
    ︙
```

図5.1.1-2　ボタンを横に並べた場合

▼Bootstrap 3からの変更点
─ キャレット（▼記号）の記述が不要に ─

　Bootstrap 3では▼記号の表示に<span class="caret"></span>の記述が必要でしたが、Bootstrap 4では不要になりました。また、サブメニューの各項目をul要素とli要素で作成するのではなく、**dropdown-item**のクラスを適用したa要素で作成するように仕様が変更されています。

5.1.2　ボタンとキャレットの独立

「ボタン」と「▼」（キャレット）を独立させて、1つのボタンに2つの機能を割り当てることも可能です。たとえば、以下の例では、

- ボタンをクリック ……………「独立行政法人 国立美術館」のWebサイトへ移動
- ▼をクリック ……………………… サブメニューを表示

という具合に、1つのボタンに2つの機能を持たせています。

図5.1.2-1　キャレットを分離したドロップダウン ボタン

このように「ボタン」と「▼」に個別の機能を持たせるときは、以下のようにHTMLを記述します。

sample512-01.html

```
      ︙
15    <h2 class="mt-4 mb-0">ドロップダウン形式のリンク</h2>
16    <hr class="mt-2 mb-4">
```

```
17    <a href="http://www.ndl.go.jp/" class="btn btn-danger mr-2" >国立国会図書館</a>
18    <a href="http://www.kahaku.go.jp/" class="btn btn-success mr-2">国立科学博物館</a>
19    <div class="btn-group">
20      <a href="http://www.artmuseums.go.jp/" class="btn btn-primary">国立美術館</a>
21      <button class="btn btn-primary dropdown-toggle dropdown-toggle-split" data-toggle="dropdown">
22      </button>
23      <div class="dropdown-menu">
24        <a href="http://www.momat.go.jp/" class="dropdown-item">東京国立近代美術館</a>
25        <a href="http://www.momak.go.jp/" class="dropdown-item">京都国立近代美術館</a>
26        <a href="http://www.nmwa.go.jp/" class="dropdown-item">国立西洋美術館</a>
27        <a href="http://www.nmao.go.jp/" class="dropdown-item">国立国際美術館</a>
28        <a href="http://www.nact.jp/" class="dropdown-item">国立新美術館</a>
29      </div>
30    </div>
        ：
```

リンクとして機能させるボタンはa要素で作成し、btnとbtn-primaryなどのクラスを適用してボタン形式の表示にします（20行目）。続いて、「▼」の部分を「内容が空のbutton要素」で作成し、**dropdown-toggle-split**のクラスを追加します。それ以外の記述は、通常のドロップダウンボタンを作成する場合と同じです（21～22行目）。

最後に「**btn-group**のクラスを適用したdiv要素」で全体を囲み、a要素とbutton要素を結合表示させると、図5.1.2-1に示したようなボタンを作成できます。「リンク」と「サブメニューの開閉」の2つの機能を持つボタンを作成する方法として覚えておいてください。

5.1.3　サブメニューを表示する方向の指定

通常、ドロップダウンのサブメニューは下に表示されますが、この方向を上／左／右に変更することも可能です。この場合は、ドロップダウン全体を囲むdiv要素に以下のクラスを追加します。

dropup …………………… サブメニューを上に表示
dropright ………… サブメニューを右に表示
dropleft …………… サブメニューを左に表示

適用したクラスに応じて、▼（キャレット）の向きも自動的に調整されます。次ページの例は、droprightのクラスを追加してサブメニューを右に表示した場合です。

sample513-01.html

```
15  <h2 class="mt-4 mb-0">ドロップダウン形式のリンク</h2>
16  <hr class="mt-2 mb-4">
17  <a href="http://www.ndl.go.jp/" class="btn btn-danger mr-2" >国立国会図書館</a>
18  <a href="http://www.kahaku.go.jp/" class="btn btn-success mr-2">国立科学博物館</a>
19  <div class="btn-group dropright">
20    <button class="btn btn-primary dropdown-toggle" data-toggle="dropdown">国立美術館</button>
21    <div class="dropdown-menu">
22      <a href="http://www.momat.go.jp/" class="dropdown-item">東京国立近代美術館</a>
23      <a href="http://www.momak.go.jp/" class="dropdown-item">京都国立近代美術館</a>
24      <a href="http://www.nmwa.go.jp/" class="dropdown-item">国立西洋美術館</a>
25      <a href="http://www.nmao.go.jp/" class="dropdown-item">国立国際美術館</a>
26      <a href="http://www.nact.jp/" class="dropdown-item">国立新美術館</a>
27    </div>
28  </div>
```

図5.1.3-1　サブメニューを右側に表示

ただし、指定した方向に十分なスペースがない場合は、反対方向にサブメニューが表示されることに注意してください。サブメニューを開く方向を指定するときは、その方向に十分なスペースを確保しておく必要があります。

サブメニューの表示方向 ▼Bootstrap 3 からの変更点

`dropright` と `dropleft` は、Bootstrap 4 から採用された新しいクラスとなります。

また、ドロップダウンメニューをボタンの右端に揃えて表示するクラスも用意されています。この場合は、サブメニューを作成するdiv要素に**dropdown-menu-right**のクラスを追加します。

sample513-02.html

```html
    ︙
19  <div class="btn-group">
20    <button class="btn btn-primary dropdown-toggle" data-toggle="dropdown">国立美術館</button>
21    <div class="dropdown-menu dropdown-menu-right">
22      <a href="http://www.momat.go.jp/" class="dropdown-item">東京国立近代美術館</a>
23      <a href="http://www.momak.go.jp/" class="dropdown-item">京都国立近代美術館</a>
24      <a href="http://www.nmwa.go.jp/" class="dropdown-item">国立西洋美術館</a>
25      <a href="http://www.nmao.go.jp/" class="dropdown-item">国立国際美術館</a>
26      <a href="http://www.nact.jp/" class="dropdown-item">国立新美術館</a>
27    </div>
28  </div>
    ︙
```

図5.1.3-2　サブメニューを右揃えで表示

　P268の図5.1.1-2と比べてみると、サブメニューが表示される位置が変化しているのを確認できると思います。

5.1.4 サブメニュー表示のカスタマイズ

サブメニュー内の表示をカスタマイズするクラスも用意されています。サブメニュー内に「見出し」を配置したいときは、h6などの要素を使って文字を記述し、**dropdown-header**のクラスを適用します。また、**dropdown-divider**のクラスを適用した「空のdiv要素」を記述すると、その位置に区切り線を表示できます。

そのほか、項目を「選択中」として表示する**active**、項目を「使用不可」として表示する**disabled**といったクラスも利用できます。

sample514-01.html

```html
   ⋮
17    <div class="dropdown">
18      <button class="btn btn-primary dropdown-toggle" data-toggle="dropdown">Bootstrap</button>
19      <div class="dropdown-menu">
20        <h6 class="dropdown-header">バージョンを選択</h6>
21        <div class="dropdown-divider"></div>
22        <a href="#" class="dropdown-item disabled">Bootstrap 4.2.0</a>
23        <a href="https://getbootstrap.com/docs/4.1/" class="dropdown-item active">Bootstrap 4.1.0</a>
24        <a href="https://getbootstrap.com/docs/4.0/" class="dropdown-item">Bootstrap 4.0.0</a>
25        <div class="dropdown-divider"></div>
26        <a href="https://getbootstrap.com/docs/3.3/" class="dropdown-item">Bootstrap 3.3.7</a>
27        <a href="https://getbootstrap.com/2.3.2/" class="dropdown-item">Bootstrap 2.3.2</a>
28      </div>
29    </div>
   ⋮
```

図5.1.4-1　サブメニューのカスタマイズ

ただし、項目を「使用不可」にする`disabled`は見た目を変更するだけのクラスで、リンクを無効にする機能はありません。リンクを無効にするには、`span`要素で項目を作成するなどの工夫が必要です。そのほか、サブメニュー内に通常の文字を表示する**`dropdown-item-text`**というクラスも用意されています。

sample514-02.html

```html
    ⋮
<div class="dropdown">
  <button class="btn btn-primary dropdown-toggle" data-toggle="dropdown">Bootstrap</button>
  <div class="dropdown-menu">
    <h6 class="dropdown-header">バージョンを選択</h6>
    <div class="dropdown-divider"></div>
    <span class="dropdown-item-text">Bootstrap 4.3.0</span>
    <span class="dropdown-item disabled">Bootstrap 4.2.0</span>
    <a href="https://getbootstrap.com/docs/4.1/" class="dropdown-item active">Bootstrap 4.1.0</a>
    <a href="https://getbootstrap.com/docs/4.0/" class="dropdown-item">Bootstrap 4.0.0</a>
    <div class="dropdown-divider"></div>
    <a href="https://getbootstrap.com/docs/3.3/" class="dropdown-item">Bootstrap 3.3.7</a>
    <a href="https://getbootstrap.com/2.3.2/" class="dropdown-item">Bootstrap 2.3.2</a>
  </div>
</div>
    ⋮
```

図5.1.4-2 リンクにしない文字

5.1.5 汎用的なドロップダウン

ドロップダウンの機能をサブメニュー表示以外の用途に応用することも可能です。この場合における基本的な考え方は、以下のようになります。

<ドロップダウンの範囲>（div要素）
- dropdownのクラスを適用
（インラインブロック要素として扱う場合はbtn-groupのクラスを適用）

<開閉用のボタン>（button要素、a要素など）
- dropdown-toggleのクラスを適用
- data-toggle="dropdown" の属性を追記

<開閉される領域>（div要素）
- dropdown-menuのクラスを適用

たとえば、以下のようにHTMLを記述すると、「文字と画像で構成されるdiv要素」をボタンで開閉できるようになります。

sample515-01.html

```html
15      <h2 class="mt-4 mb-0">ドロップダウン機能の応用</h2>
16      <hr class="mt-2 mb-4">
17      <div class="dropdown">
18        <button class="btn btn-primary dropdown-toggle" data-toggle="dropdown">詳細を表示</button>
19        <div class="dropdown-menu p-4 bg-light">
20          <h5>ランチセットA</h5>
21          <p>全粒粉のパンを使ったサンドイッチ、卵とポテトの付け合わせ、コーヒー</p>
22          <img src="img/lunch-01.jpg" class="img-fluid">
23        </div>
24      </div>
```

開閉されるdiv要素には、p-4で適用な内余白を設け、bg-lightで薄い灰色の背景色を指定しています（19行目）。そして、この中にh5、p、imgといった要素を記述してコンテンツを作成しています。

図5.1.5-1　ドロップダウンの応用

　このように、<div class="dropdown-menu">〜</div>の部分にサブメニュー以外の内容を記述することも可能です。あらゆる状況に対応できる使い方ではありませんが、効果的に活用できる場合もあるので各自で研究してみてください。

5.2 モーダルダイアログ

続いては、Bootstrapに用意されているJavaScriptを使ってモーダルダイアログを作成する方法を解説します。メッセージの表示や写真の拡大表示などに活用できるので、使い方を覚えておいてください。

5.2.1 モーダルダイアログの作成

モーダルダイアログは、ボタンやリンクなどをクリックしたときに図5.2.1-1のようにダイアログを表示できる機能です。様々な用途に活用できるので、ぜひ使い方を覚えておいてください。

図5.2.1-1　モーダルダイアログの表示

それでは、モーダルダイアログの作成手順を解説していきましょう。以下に、図5.2.1-1に示した例のHTMLを紹介しておきます。

```
sample521-01.html
15      <h2 class="mt-4 mb-0">モーダルダイアログ</h2>
16      <hr class="mt-2 mb-4">
17
18      <button class="btn btn-info" data-toggle="modal" data-target="#holiday">今月の休業日</button>
19
20      <div class="modal fade" id="holiday" tabindex="-1">
21        <div class="modal-dialog">
22          <div class="modal-content">
23            <div class="modal-header">
24              <h5 class="modal-title">2018年6月の休業日</h5>
25              <button class="close" data-dismiss="modal"><span>&times;</span></button>
26            </div>
27            <div class="modal-body">
28              6月の定休日は<b>7日、14日、21日、28日</b>です。………よろしくお願い致します。
29            </div>
30            <div class="modal-footer">
31              <p class="mb-0 mr-3">boot dining 渋谷店</p>
32              <button class="btn btn-secondary" data-dismiss="modal">閉じる</button>
33            </div>
34          </div>
35        </div>
36      </div>
```

まずは、モーダルダイアログを開く要素（ボタン）の作成方法から解説します。この要素には**data-toggle="modal"**という属性を追記し、さらに**data-target**属性にモーダルダイアログのID名を指定します。このID名には、各自の好きな文字を指定できます（18行目）。

続いて、モーダルダイアログの内容を記述していきます（20〜36行目）。最初に**modal**と**fade**のクラスを適用した<div>〜</div>を作成し、先ほどの**data-target**属性と同じID名を指定します。続いて、この中に**modal-dialog**のクラスを適用した<div>〜</div>を作成し、さらに**modal-content**のクラスを適用した<div>〜</div>を作成します。

modal-contentの内部は、「ヘッダー」「本文」「フッター」の3つのdiv要素で構成します。ヘッダーには**modal-header**、本文には**modal-body**、フッターには**modal-footer**のクラスを適用します。このとき、ヘッダー内に表示する文字に**modal-title**のクラスを適用しておくと、余白や行間を適切な書式に指定できます。

div要素が頻発するので、</div>の書き忘れなどのミスを犯さないように注意してください。以下に、適用するクラスを表形式でまとめておくので参考にしてください。

■ モーダルダイアログの作成に使用するクラス

要素				クラス	概要
div(※1)				`modal`	モーダルダイアログの範囲
				`fade`	フェード効果の指定（省略可）
div				`modal-dialog`	ダイアログの書式指定（配置方法、サイズなど）
	div			`modal-content`	ダイアログの書式指定（配置方法、枠線、角丸など）
		div		`modal-header`	ヘッダーの領域（省略可）
			h1〜h6など	`modal-title`	「見出し」の書式指定（余白と行間の指定）
		div		`modal-body`	本文の領域
		div		`modal-footer`	フッターの領域（省略可）

（※1）data-target属性と同じID名をid属性で指定しておきます。

　また、モーダルダイアログを閉じるボタンも作成しておく必要があります。この要素には`data-dismiss="modal"`という属性を記述します。今回の例では、ヘッダーとフッターにダイアログを閉じるボタンを設置しました。

　ヘッダーにある × (`&times;`) は25行目で作成しています。`close`のクラスは × の書式を指定するために用意されているクラスです。`data-dismiss="modal"`の属性で「モーダルダイアログを閉じる」の機能を実現します。

　フッターにある「閉じる」ボタンも、`data-dismiss="modal"`の属性を記述することで、モーダルダイアログを閉じる機能を追加しています。

ヘッダー、フッターの配置

　Bootstrap 4では、モーダルダイアログ内の配置がフレックスボックス仕様に変更されていることに注意してください。このため、それぞれの要素はフレックスアイテムとして扱われます。なお、左右方向の配置は、ヘッダー領域が「均等割り付け」、フッター領域が「右揃え」に初期設定されています。

5.2.2　モーダルダイアログの応用例

　モーダルダイアログの機能を応用して、写真をライトボックスのように拡大表示することも可能です。以下に簡単な例を紹介しておくので参考にしてください。

sample522-01.html

```html
         ⋮
18  <a href="#photo-01" data-toggle="modal">
19    <img src="img/lighthouse-1ss.jpg" class="mb-3 mr-2">
20  </a>
21  <div class="modal fade" id="photo-01" tabindex="-1">
22    <div class="modal-dialog modal-dialog-centered">
23      <div class="modal-content">
24        <div class="modal-body">
25          <button class="close" data-dismiss="modal"><span>&times;</span></button>
26          <h6 class="modal-title">lighthouse-1.jpg</h6>
27          <img src="img/lighthouse-1.jpg" class="img-fluid mt-2">
28        </div>
29      </div>
30    </div>
31  </div>
         ⋮
```

　今回の例では、モーダルダイアログを開く要素をa要素で作成しています（18～20行目）。この場合は、data-target属性ではなく、**href属性**でモーダルダイアログのID名を指定できます。

　モーダルダイアログの作成手順は前回の例と同様です。今回はヘッダーとフッターを使用せずに、本文の領域に×のボタン（button）、見出し（h6）、画像（img）を配置しました（25～27行目）。画像を表示するimg要素にはimg-fluidのクラスを適用し、画像がモーダルダイアログから飛び出さないように縮小表示させています。

　また、「modal-dialogを適用したdiv要素」に**modal-dialog-centered**というクラスを追加しています（22行目）。このクラスには、モーダルダイアログを「画面の上下中央」に表示する書式が指定されています。モーダルダイアログを画面中央に表示したい場合に活用してください。

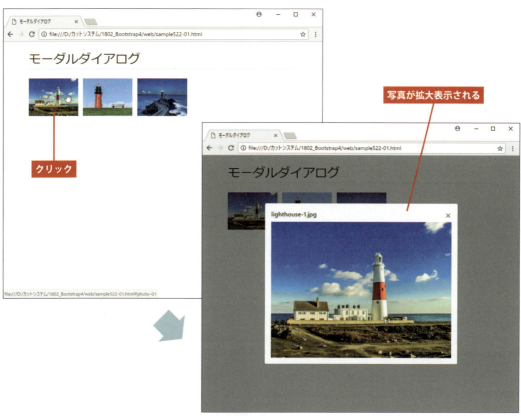

図5.2.2-1　モーダルダイアログを利用した写真の拡大表示

5.2.3　モーダルダイアログのサイズ

　Bootstrapには、モーダルダイアログのサイズを変更するクラスも用意されています。モーダルダイアログを大きいサイズで表示するときは**modal-lg**、小さいサイズで表示するときは**modal-sm**というクラスを「modal-dialogを適用したdiv要素」に追加します。

　以下に簡単な例を紹介しておくので参考にしてください。

sample523-01.html

```
     ︙
18   <a href="#photo-01" data-toggle="modal">
19     <img src="img/lighthouse-1ss.jpg" class="mb-3 mr-2">
20   </a>
```

```
21  <div class="modal fade" id="photo-01" tabindex="-1">
22    <div class="modal-dialog modal-dialog-centered modal-lg">
         ⋮
30    </div>
31  </div>
       ⋮
48  <a href="#photo-03" data-toggle="modal">
49    <img src="img/lighthouse-3ss.jpg" class="mb-3 mr-2">
50  </a>
51  <div class="modal fade" id="photo-03" tabindex="-1">
52    <div class="modal-dialog modal-dialog-centered modal-sm">
         ⋮
60    </div>
61  </div>
       ⋮
```

■大サイズ（modal-lg、幅800px）

■標準（サイズ指定なし、幅500px）

■小サイズ（modal-sm、幅300px）

図5.2.3-1　モーダルダイアログのサイズ

ちなみに、モーダルダイアログの表示サイズは、それぞれ以下のように設定されています。

- **標準（サイズ指定なし）**
  モーダルダイアログが**幅500px**で表示されます。
  ※画面サイズが「576px未満」のときは、画面の幅に合わせた表示になります。

- **大サイズ（`modal-lg`）**
  モーダルダイアログが**幅800px**で表示されます。ただし、この指定が有効になるのは画面サイズが「992px以上」のときだけです。
  ※画面サイズが「992px未満」のときは幅500pxで表示されます。
  ※画面サイズが「576px未満」のときは、画面の幅に合わせた表示になります。

- **小サイズ（`modal-sm`）**
  モーダルダイアログが**幅300px**で表示されます。ただし、この指定が有効になるのは画面サイズが「576px以上」のときだけです。
  ※画面サイズが「576px未満」のときは、画面の幅に合わせた表示になります。

▼ Bootstrap 3 からの変更点

モーダルダイアログのサイズ変更

モーダルダイアログの表示サイズは、Bootstrap 3とBootstrap 4で以下のように変化しています。

バージョン	大サイズ	標準	小サイズ
Bootstrap 3	幅900px	幅600px	幅300px
Bootstrap 4	幅800px	幅500px	幅300px

Bootstrap 4では、ダイアログの表示サイズが全体的に小さめなっていることに注意してください。

5.3 アラート

アラートは警告やメッセージを表示する場合などに活用できるコンポーネントです。JavaScriptは必須ではありませんが、アラートに「閉じる」の機能を追加するときはJavaScriptの読み込みが必要になります。

5.3.1 アラートの作成

続いては、Bootstrapに用意されている**アラート**について解説します。アラートは、Webサイトからのメッセージを表示する場合などに活用できる囲み記事です。

アラートを作成するときは、アラートの範囲を`<div>`〜`</div>`で囲み、このdiv要素に**alert**と**色指定**のクラスを適用します。色指定に使用できるクラスは以下のとおりです。

■アラートの色を指定するクラス

クラス	背景色	文字色
alert-primary	#CCE5FF	#004085;
alert-secondary	#E2E3E5	#383D41
alert-success	#D4EDDA	#155724
alert-info	#D1ECF1	#0C5460
alert-warning	#FFF3CD	#856404
alert-danger	#F8D7DA	#721C24
alert-dark	#D6D8D9	#1B1E21
alert-light	#FEFEFE	#818182

sample531-01.html

```
     ⋮
17   <div class="alert alert-danger">氏名は必ず全角文字で入力してください。</div>
18   <div class="alert alert-info">
19     2018/05/22  利用規約の一部を更新しました。<br>
20     2018/05/15  7月の予約受付を開始しました。<br>
21   </div>
     ⋮
```

図 5.3.1-1　アラートの表示

5.3.2　アラートを閉じる

　Bootstrapに用意されているJavaScriptを使って、アラートに「閉じる」（非表示にする）の機能を追加することも可能です。この機能を利用するときは、アラートの範囲を示すdiv要素に**alert-dismissible**のクラスを追加します。さらに、**fade**と**show**のクラスを追加しておくと、フェード効果のアニメーションとともにアラートを閉じることが可能となります。

　×（×）の記号はbutton要素で作成します。このbutton要素に**close**のクラスを適用すると適切な書式が指定され、×をアラートの右上に表示できます。そのほか、JavaScriptを正しく動作させるために、**data-dismiss="alert"**という属性を追記しておく必要もあります。

sample532-01.html

```html
17    <div class="alert alert-info alert-dismissible fade show">
18      2018/05/22　利用規約の一部を更新しました。<br>
19      2018/05/15　7月の予約受付を開始しました。<br>
20      <button class="close" data-dismiss="alert">&times;</button>
21    </div>
```

図5.3.2-1　閉じる機能を追加したアラート

5.3.3　アラート内の見出しとリンク

　アラート内に「見出し」や「リンク」を配置することも可能です。見出しの書式指定は**alert-heading**のクラスで行います。また、a要素に**alert-link**のクラスを適用すると、リンク文字を太字で表示できるようになります。
　なお、アラート内に配置したヘアライン（hr要素）は、「アラートの色」に応じて「ヘアラインの色」も自動調整される仕組みになっています。

sample533-01.html

```
17    <div class="alert alert-danger alert-dismissible fade show">
18      <h5 class="alert-heading">新着情報</h5>
19      <hr>
20      04/09  <a href="https://getbootstrap.com/" class="alert-link">Bootstrap 4.1</a>の配布開始<br>
21      04/01  テストサーバーの運用を開始
22      <hr>
23      03/25  会員数が10万人を突破<br>
24      03/02  会員数が5万人を突破<br>
25      <button class="close" data-dismiss="alert">&times;</button>
26    </div>
```

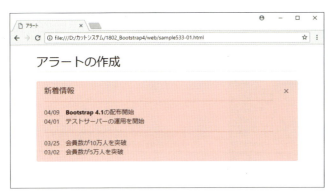

図5.3.3-1　見出し、リンク、ヘアラインを配置したアラート

―― 見出し用のクラスを新たに採用 ――　　　　　　　　　　　▼Bootstrap 3 からの変更点

`alert-heading` は Bootstrap 4 で新たに採用されたクラスで、親要素の文字色を引き継ぐ書式が指定されています。

5.4　カルーセル

カルーセルは画像を左右に次々とスライド表示できる機能で、商品やサービスの紹介、キャンペーン情報などをグラフィカルに表示したい場合に活用できます。続いては、Bootstrapを使ってカルーセルを作成する方法を解説します。

5.4.1　カルーセルの作成

　Bootstrapには、画像を次々とスライド表示できる**カルーセル**という機能が用意されています。カルーセルは企業サイトのトップページなどにもよく利用されている機能なので、実際に見たことがある方も多いと思います。よく分からない方は、sample541-01.htmlをブラウザで開いて動作を確認してみてください。すぐに概要を把握できると思います。

第 5 章　JavaScriptを利用したコンテンツ

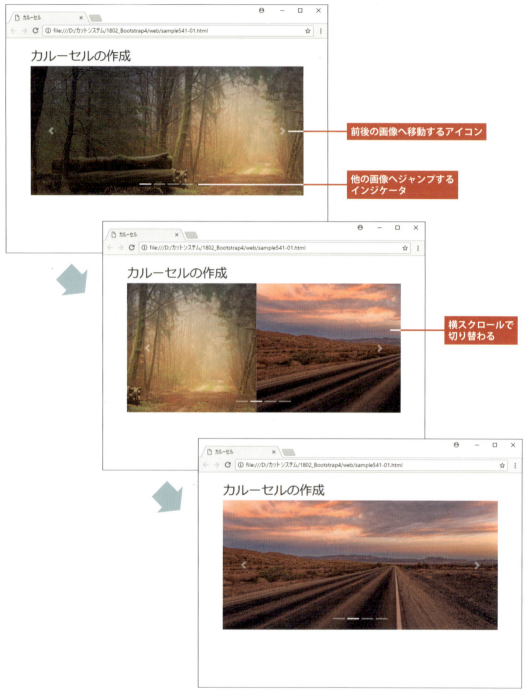

図 5.4.1- 1　Bootstrapで作成したカルーセル

　それでは、カルーセルの作成方法を解説していきましょう。図 5.4.1-1に示した例のHTMLは次ページのように記述されています。今回は合計 4 枚の画像をカルーセルで表示しました。

sample541-01.html

```html
17    <div class="carousel slide" id="c1" data-ride="carousel">
18      <ol class="carousel-indicators">
19        <li data-target="#c1" data-slide-to="0" class="active"></li>
20        <li data-target="#c1" data-slide-to="1"></li>
21        <li data-target="#c1" data-slide-to="2"></li>
22        <li data-target="#c1" data-slide-to="3"></li>
23      </ol>
24      <div class="carousel-inner">
25        <div class="carousel-item active"><img src="img/photo1.jpg" class="d-block w-100"></div>
26        <div class="carousel-item"><img src="img/photo2.jpg" class="d-block w-100"></div>
27        <div class="carousel-item"><img src="img/photo3.jpg" class="d-block w-100"></div>
28        <div class="carousel-item"><img src="img/photo4.jpg" class="d-block w-100"></div>
29      </div>
30      <a href="#c1" class="carousel-control-prev" data-slide="prev">
31        <span class="carousel-control-prev-icon"></span>
32        <span class="sr-only">前の画像へ</span>
33      </a>
34      <a href="#c1" class="carousel-control-next" data-slide="next">
35        <span class="carousel-control-next-icon"></span>
36        <span class="sr-only">次の画像へ</span>
37      </a>
38    </div>
```

カルーセルを作成するときは、その範囲をdiv要素で囲み、`carousel`と`slide`のクラスを適用します。さらに、カルーセルのJavaScriptを実行するために`data-ride="carousel"`という属性を追記しておきます。また、このdiv要素に適当なID名を付けておく必要があります。今回の例では"c1"というID名を付けました（17行目）。

続いて、カルーセルの下部に表示される「横棒のマーク」（インジケーター）を作成します。ol要素に`carousel-indicators`というクラスを適用し、画像を掲載する枚数分だけli要素を記述します。このli要素には`data-target`属性と`data-slide-to`属性を指定しなければいけません。data-target属性には、先ほどdiv要素に指定したID名を指定します。data-slide-to属性には、数値を0から順番に指定していきます。また、最初のインジケーターを「選択中」として表示するために、先頭のli要素に`active`のクラスを適用しておきます（18〜23行目）。

次は、カルーセルに表示する画像部分の作成です。`carousel-inner`のクラスを適用したdiv要素を用意し、この中に掲載する画像の枚数分だけ<div>〜</div>を記述します。このdiv要素には`carousel-item`のクラスを適用しなければいけません。また、最初に表示する

画像のdiv要素に`active`のクラスを適用しておきます（24～29行目）。
　カルーセル内の表示する画像はimg要素で指定し、`d-block`（ブロック要素として表示）と`w-100`（幅100%）のクラスを適用しておきます（26～28行目）。

　最後に、画像の左右に表示される◀と▶（コントローラー）を作成します。これらの作成にはa要素を使用します。
　左側に表示する◀には`carousel-control-prev`のクラスを適用し、`href属性`にカルーセルのID名を指定します。さらに`data-slide="prev"`という属性を記述して、前の画像に戻る機能を付加します。◀のアイコンは、span要素に`carousel-control-prev-icon`のクラスを適用すると表示できます（30～33行目）。
　同様の手順で▶のアイコンも作成します。こちらは、a要素に`carousel-control-next`のクラスを適用し、`data-slide="next"`という属性を記述します。▶のアイコンはspan要素に`carousel-control-next-icon`のクラスを適用すると表示できます（34～37行目）。
　なお、32行目と36行目にある記述は、目の不自由な方向けの記述となります。`sr-only`のクラスを適用することで、「画面には表示しないが、スクリーンリーダーでは読み上げる」という処理を施しています。

　以上が、カルーセルを作成するときの基本的な手順となります。少し複雑なので、指定すべきクラスと属性を次ページの表にまとめておきます。カルーセルを作成するときの参考にしてください。

　今回の例では4枚の画像を用意しましたが、同様の手順で5枚以上の画像をカルーセル内に表示していくことも可能です。使用する画像の枚数に合わせて、インジケーター用のli要素と`<div class="carousel-item">`～`</div>`の記述を繰り返してください。
　画像のサイズはカルーセルの幅に合わせて自動的に拡大／縮小されるため、自分でサイズを指定する必要はありません。ただし、画像の縦横比を揃えておく必要があります。画像の縦横比が異なると、画像が切り替わる度に「カルーセルの高さ」も変化してしまいます。

フェード効果で画像を切り替え

　カルーセル全体を囲むdiv要素に`carousel-fade`のクラスを追加すると、フェード効果のアニメーションで画像表示を切り替えられます。画像切り替えの演出を変更する方法として覚えておいてください。

```
<div class="carousel slide carousel-fade" id="(ID名)" data-ride="carousel">
    ⋮
</div>
```

■カルーセルの作成に使用するクラス、属性

要素	クラス／属性	概要
div	carousel	カルーセルの範囲
	slide	スライド効果の指定（省略可）
	id属性	カルーセルのID名
	data-ride="carousel"	カルーセルの機能を追加
ol	carousel-indicators	インジケーターの書式指定
li	data-target="#(ID名)"	カルーセルのID名を指定
	data-slide-to属性	画像番号を0から順番に指定
	active	最初に「選択中」になるインジケーター
div	carousel-inner	カルーセルの書式指定
div	carousel-item	個々のカルーセル
	active	最初に表示される画像
img	d-block	画像をブロック要素として表示
	w-100	画像を幅100%で表示
a	carousel-control-prev	◀の書式指定
	href属性	カルーセルのID名を指定
	data-slide="prev"	前の画像に戻る機能を追加
span	carousel-control-prev-icon	◀の表示
a	carousel-control-next	▶の書式指定
	href属性	カルーセルのID名を指定
	data-slide="next"	次の画像へ進む機能を追加
span	carousel-control-next-icon	▶の表示

▼Bootstrap 3 からの変更点

適用するクラスの変更

　カルーセルはBootstrap 3にも用意されていたコンポーネントですが、Bootstrap 4では適用すべきクラスなど、全体的な記述方法が大幅に変更されています。

5.4.2 リンクの設置

　カルーセルは、商品／サービス／キャンペーンなどの特設ページへ移動する**リンク**として利用されるケースがよくあります。そこで、カルーセルにリンクを設置する方法を紹介しておきます。といっても、これは特に難しいものではありません。カルーセル内に配置した画像（img要素）を囲むようにa要素を記述すると、それぞれの画像をリンクとして機能させることができます。

sample542-01.html

```html
        ⋮
17  <div class="carousel slide" id="c1" data-ride="carousel">
18    <ol class="carousel-indicators">
19      <li data-target="#c1" data-slide-to="0" class="active"></li>
20      <li data-target="#c1" data-slide-to="1"></li>
21      <li data-target="#c1" data-slide-to="2"></li>
22      <li data-target="#c1" data-slide-to="3"></li>
23    </ol>
24    <div class="carousel-inner">
25      <div class="carousel-item active">
26        <a href="https://getbootstrap.com/">
27          <img src="img/photo1.jpg" class="d-block w-100">
28        </a>
29      </div>
30      <div class="carousel-item">
31        <a href="https://www.w3.org/">
32          <img src="img/photo2.jpg" class="d-block w-100">
33        </a>
34      </div>
        ⋮
```

クリックでリンク先ページへ移動

図5.4.2-1　リンクを設置したカルーセル

5.4.3 カルーセル内に文字を配置

画像の上に「文字」を重ねて配置することも可能です。この場合は、**carousel-caption**のクラスを適用したdiv要素を使って文字を記述します。すると、各画像の下部に「白色、中央揃え」で文字を配置できます。

sample543-01.html

```
17    <div class="carousel slide" id="c1" data-ride="carousel">
24      <div class="carousel-inner">
25        <div class="carousel-item active">
26          <a href="https://getbootstrap.com/">
27            <img src="img/photo1.jpg" class="d-block w-100">
28            <div class="carousel-caption d-none d-sm-block">
29              <h4>Bootstrap</h4>
30              <p class="mb-2">定番CSSフレームワーク</p>
31            </div>
32          </a>
33        </div>
34        <div class="carousel-item">
35          <a href="https://www.w3.org/">
36            <img src="img/photo2.jpg" class="d-block w-100">
37            <div class="carousel-caption d-none d-sm-block">
38              <h4>W3C</h4>
39              <p class="mb-2">WWWの標準化を推進する団体</p>
40            </div>
41          </a>
42        </div>
```

図5.4.3-1　文字を配置したカルーセル

なお、カルーセルのあるWebページをスマートフォンで閲覧すると、画面の幅に応じて画像が縮小表示されるため、画像に対して「カルーセル上の文字」が大きくなりすぎる傾向があります。そこで、上記の例では**d-none**と**d-sm-block**のクラスを追加し、画面サイズが「576px以上」のときだけ文字を表示するようにしています。以下に、「文字の表示あり」と「文字の表示なし」の例を紹介しておくので、カルーセルを活用する際の参考としてください。

■文字の表示あり　　　　　　　■文字の表示なし

図5.4.3-2　スマートフォンで閲覧した場合

5.5 タブ切り替え

続いては、本書のP217〜226で解説したナビゲーションとJavaScriptを連動させて「タブ切り替え」を実現する方法を解説します。ページを移動せずに表示内容を切り替えたい場合に活用してください。

5.5.1 タブ切り替えの作成

　タブ形式やピル形式のナビゲーションを使って「コンテンツの表示切り替え」を行う方法も用意されています。たとえば、図5.5.1-1のように、タブのクリックにより表示内容を切り替えられるコンテンツを作成することも可能です。もちろん、この機能もBootstrapのJavaScriptに含まれているため、自分でプログラミングする必要はありません。

図5.5.1-1　タブ切り替えの例

それでは、タブ切り替えを実現する方法を解説していきましょう。図5.5.1-1に示したタブ切り替えのHTMLは、以下のように記述されています。

sample551-01.html

```
44      <h2 class="mt-5 mb-4">今週のイベント</h2>
45      <ul class="nav nav-tabs">
46        <li class="nav-item">
47          <a href="#22tue" class="nav-link active" data-toggle="tab">22(火)</a>
48        </li>
49        <li class="nav-item"><a href="#25fri" class="nav-link" data-toggle="tab">25(金)</a></li>
50        <li class="nav-item"><a href="#26sat" class="nav-link" data-toggle="tab">26(土)</a></li>
51      </ul>
52      <div class="tab-content">
53        <div class="tab-pane fade show active" id="22tue">
54          <h4 class="mt-4 mb-3">毎週火曜 生ビール半額！</h4>
55          <p>恒例の「生ビール半額Day」を今週も開催。<br class="d-none d-md-inline">
56              仕事を早めに切り上げて、<br class="d-none d-md-inline">
57              楽しいひとときを「boot dining」でリーズナブルにお楽しみください。<br><br>
58              <b>半額タイム</b>　17:30～19:30</p>
59        </div>
60        <div class="tab-pane fade" id="25fri">
61          <h4 class="mt-4 mb-3">Boot st.Rapper ライブ 5.25</h4>
62          <p>何かと話題を集めている「Boot st.Rapper」のライブを開催。<br class="d-none d-md-inline">
63              当店で働く山口もスペシャルゲストとして参加します。<br><br>
64              <b>開演</b>　20:30～<br><b>ライブチャージ</b>　無料</p>
65        </div>
66        <div class="tab-pane fade" id="26sat">
67          <h4 class="mt-4 mb-3">boot!! 料理教室 vol.16</h4>
68          <p>毎月恒例の料理教室を開催！<br class="d-none d-md-inline">
69              今月の食材は<b>「バナメイエビ」</b>。<br class="d-none d-md-inline">
70              復習用にレシピを記した小冊子も配布いたします。<br><br>
71              <b>時間</b>　15:00 ～ 17:30<br><b>参加料</b>　（大人）1,500円、（子供）800円</p>
72        </div>
73      </div>
```

タブ形式のナビゲーションを作成する手順は、本書のP217～220で示したとおりです。このナビゲーションを「タブ切り替え」として機能させるには、a要素の**href属性**に「表示内容が記述されているdiv要素のID名」を指定し、**data-toggle="tab"**という属性を追記しておく必要があります（47、49、50行目）。

続いて、表示内容を`tab-content`のクラスを適用した<div>〜</div>の中に作成していきます（52〜73行目）。各タブの表示内容は、`tab-pane`と`fade`のクラスを適用したdiv要素で作成し、a要素に対応するID名を付けておきます。また、最初から表示しておく内容には`show`と`active`のクラスを追加します。

以上が、「タブ切り替え」を実現するHTMLの概略となります。ページを移動せずに表示内容を切り替えたい場合に活用してください。

ちなみに、sample551-01.htmlの各所にある<br class="d-none d-md-inline">の記述は、「画面サイズが768px以上のときのみ改行する」という処理になります。
だけを記述すると文章が必ず改行されるため、スマートフォンで閲覧したときに図5.5.1-2（左）のように文章が何回も改行されてしまいます。画面の狭い端末で不要な改行を無効にする方法として覚えておいてください。

図5.5.1-2　スマートフォンで閲覧した場合（イメージ）

もちろん、ピル形式のナビゲーションでも同様の機能を実現できます。この場合は、a要素に`data-toggle="pill"`の属性を指定します。それ以外の記述は「タブ形式のナビゲーション」の場合と同じです。

sample551-02.html

```
44      <h2 class="mt-5 mb-4">今週のイベント</h2>
45      <ul class="nav nav-pills">
46        <li class="nav-item">
47          <a href="#22tue" class="nav-link active" data-toggle="pill">22(火)</a>
48        </li>
49        <li class="nav-item"><a href="#25fri" class="nav-link" data-toggle="pill">25(金)</a></li>
50        <li class="nav-item"><a href="#26sat" class="nav-link" data-toggle="pill">26(土)</a></li>
51      </ul>
52      <div class="tab-content">
53        <div class="tab-pane fade show active" id="22tue">
54          <h4 class="mt-4 mb-3">毎週火曜 生ビール半額!</h4>
55          <p>恒例の「生ビール半額Day」を今週も開催。<br class="d-none d-md-inline">
56             仕事を早めに切り上げて、<br class="d-none d-md-inline">
57             ：
```

図5.5.1-3 ピル形式を使った表示内容の切り替え

フェード効果を指定するクラス ▼Bootstrap 3 からの変更点

fade と show は、フェード効果のアニメーションを施すクラスとなります。Bootstrap 3 では同様の処理に fade と in のクラスを使用していましたが、Bootstrap 4 では in のクラス名が show に変更されていることに注意してください。もちろん、これらのクラスを削除して、フェード効果のないタブ切り替えに変更することも可能です。

5.6 アコーディオン

アコーディオンは、内容の表示/非表示をクリックにより切り替えられるJavaScriptです。カードにアコーディオンの機能を追加し、複数ある項目の中から内容を1つだけ表示することも可能です。

5.6.1 アコーディオンの基本

続いては、**アコーディオン**と呼ばれる機能の使い方を解説します。この機能は、上下にスライドするアニメーションとともに、内容の表示/非表示を切り替えられる機能です。まずは、簡単な例を示しておきましょう。

以下の例は、「ボタン」や「リンク」のクリックにより内容の表示/非表示を切り替え可能にした例です。

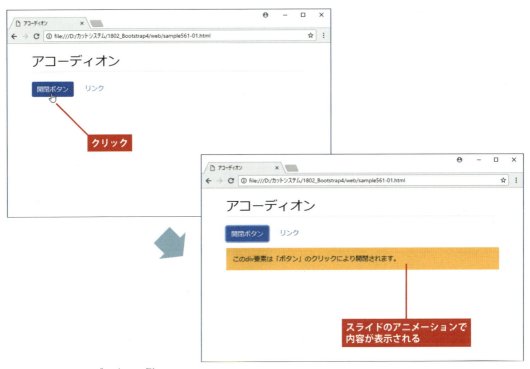

図5.6.1-1　アコーディオンの例

アコーディオンの機能を使うときは、表示／非表示を切り替える要素（ボタンなど）に`data-toggle="collapse"`という属性を追加し、`data-target="#(ID名)"`で開閉するdiv要素のID名を指定します。a要素の場合は、data-target属性の代わりに`href="#(ID名)"`でID名を指定しても構いません。

開閉される内容は`collapse`のクラスを適用したdiv要素で作成し、先の`data-target`属性（またはhref属性）に対応するID名を指定しておきます。

以下に図5.6.1-1に示した例のHTMLを紹介しておくので、これを参考にアコーディオンの使い方を把握してください。

sample561-01.html

```html
15    <h2 class="mt-4 mb-0">アコーディオン</h2>
16    <hr class="mt-2 mb-4">
17    <p>
18      <button class="btn btn-primary" data-toggle="collapse" data-target="#c1">開閉ボタン</button>
19      <a href="#c2" class="ml-4" data-toggle="collapse">リンク</a>
20    </p>
21    <div class="collapse" id="c1">
22      <div class="bg-warning p-3">このdiv要素は「ボタン」のクリックにより開閉されます。</div>
23    </div>
24    <div class="collapse" id="c2">
25      <div class="bg-light p-3">このdiv要素は「リンク」のクリックにより開閉されます。</div>
26    </div>
```

5.6.2 カードを活用したアコーディオン

3.7節で紹介した**カード**にアコーディオンの機能を応用して、内容の表示切り替えを行うことも可能です。次ページに具体的な例を紹介しておきます。

最初は「5/22（火）生ビール半額！」のカードだけ内容（本文）が表示されており、他のカードはヘッダーだけが表示された状態になっています。他のカードのヘッダーをクリックすると、その内容がアコーディオンのように伸長されて表示され、もともと表示されていた内容は非表示に切り替わります。このように、アコーディオンの機能をカードに応用すると、内容を1つだけ表示できるカード群を作成できます。

5.6 アコーディオン

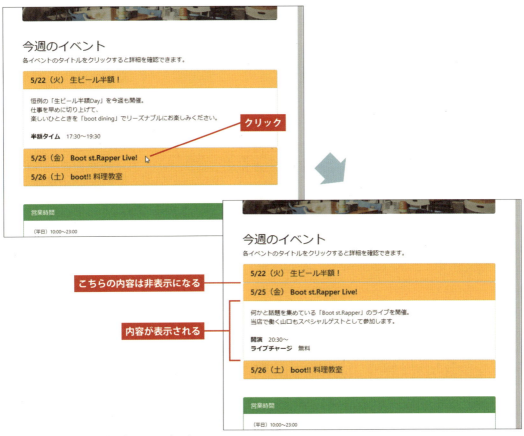

図5.6.2-1　カードを使ったアコーディオン

以下に図5.6.2-1のHTMLを示しておくので、これを参考に記述方法を把握してください。

sample562-01.html

```
44      <h2 class="mt-5">今週のイベント</h2>
45      <p>各イベントのタイトルをクリックすると詳細を確認できます。</p>
46
47      <div id="events-info">
48
49        <div class="card">
50          <h5 class="card-header bg-warning" data-toggle="collapse" data-target="#ac1">
51            5/22（火）　生ビール半額！
52          </h5>
53          <div class="collapse show" id="ac1" data-parent="#events-info">
54            <div class="card-body">
55              恒例の「生ビール半額Day」を今週も開催。<br class="d-none d-sm-inline">
56              仕事を早めに切り上げて、<br class="d-none d-md-inline">
```

```
57              楽しいひとときを「boot dining」でリーズナブルにお楽しみください。<br><br>
58              <b>半額タイム</b>　17:30〜19:30
59          </div>
60        </div>
61      </div>
62
63      <div class="card">
64        <h5 class="card-header bg-warning" data-toggle="collapse" data-target="#ac2">
65          5/25（金）　Boot st.Rapper Live!
66        </h5>
67        <div class="collapse" id="ac2" data-parent="#events-info">
68          <div class="card-body">
69            何かと話題を集めている「Boot st.Rapper」のライブを開催。<br class="d-none d-sm-inline">
70            当店で働く山口もスペシャルゲストとして参加します。<br><br>
71            <b>開演</b>　20:30〜<br><b>ライブチャージ</b>　無料
72          </div>
73        </div>
74      </div>
75
76      <div class="card">
77        <h5 class="card-header bg-warning" data-toggle="collapse" data-target="#ac3">
78          5/26（土）　boot!! 料理教室
79        </h5>
80        <div class="collapse" id="ac3" data-parent="#events-info">
81          <div class="card-body">
82            毎月恒例の料理教室を開催！<br class="d-none d-sm-inline">
83            今月の食材は<b>「バナメイエビ」</b>。<br class="d-none d-sm-inline">
84            復習用にレシピを記した小冊子も配布いたします。<br><br>
85            <b>時間</b>　15:00 〜 17:30<br><b>参加料</b>　（大人）1,500円、（子供）800円
86          </div>
87        </div>
88      </div>
89
90    </div>
        ⋮
```

　この機能を使うときは、適当な**ID名**を付けた<div>〜</div>で全体を囲んでおく必要があります。今回の例では"events-info"というID名を付けました（47〜90行目）。

　表示／非表示を切り替える要素（カードのヘッダー）の記述は、5.6.1項の解説と基本的に同じです。**data-toggle="collapse"**で開閉機能を追加し、**data-target="#（ID名）"**で開閉するdiv要素を指定します（50、64、77行目）。

　開閉される内容（カードの本体）は**collapse**のクラスを適用したdiv要素で囲み、対応する**ID名**を指定します。さらに、**data-parent="#（ID名）"**を追記して、「全体を囲むdiv要素のID名」を指定しておく必要があります（53、67、80行目）。なお、**show**のクラスは、初めから表示しておく内容を指定するクラスとなります。

▼Bootstrap 3 からの変更点

― パネルの廃止に伴う仕様変更 ―

　Bootstrap 3ではパネル（panel）を使ってアコーディオンの機能を実現していましたが、Bootstrap 4でパネルが廃止されたため、前述したようにカード（card）を利用する必要があります。

5.7　ツールチップとポップオーバー

最後に、ボタンの説明文を表示する場合などに活用できる「ツールチップ」と「ポップオーバー」の使い方を解説します。少しだけJavaScriptの記述が必要になりますが、JavaScriptに不慣れな方でも十分に使用できるレベルなので、いちど試してみてください。

5.7.1　ツールチップの表示

　ツールチップは、マウスオーバー時に図5.7.1-1のように説明文を表示できる機能です。アイコン表示されたボタンの補足説明を示す場合などに活用できると思います。

図5.7.1-1　ツールチップの表示

ツールチップを使うときは、要素に **`data-toggle="tooltip"`** の属性を追記し、さらに **`data-placement`属性**でツールチップを表示する方向を指定します。この値には、"top"（上）、"bottom"（下）、"left"（左）、"right"（右）のいずれかを指定します[※1]。ツールチップに表示する内容は **`title`属性**で指定します。

（※1）指定した方向に十分なスペースがない場合は、反対方向にツールチップが表示されます。また、data-placement属性を省略した場合は、「上」にツールチップが表示されます。

ただし、これらの属性を指定しただけではツールチップは機能しません。ツールチップを有効にするには、以下のJavaScriptを記述しておく必要があります。

```
<script>$('[data-toggle="tooltip"]').tooltip()</script>
```

簡単に解説しておくと、「data-toggle属性の値が"tooltip"の要素に対してtooltip()の関数を実行する」という記述になります。通常のJavaScriptではなく、jQueryを使った記述になるため少し分かりにくいかもしれません。よく分からない方は、「このように記述すればよい」と覚えておいてください。もちろん、tooltip()の関数はBootstrapに用意されているため、自分でJavaScriptを作成する必要はありません。

以下に、図5.7.1-1に示した例のHTMLを紹介しておきます。ツールチップを使用するときの参考としてください。なお、この例ではアイコンの表示にFont Awesomeのアイコンフォントを利用しています（P225～226参照）。

sample571-01.html

```
 4   <head>
 5     <meta charset="utf-8">
 6     <meta name="viewport" content="width=device-width, initial-scale=1, shrink-to-fit=no">
 7     <link rel="stylesheet" href="css/bootstrap.min.css">
 8     <link rel="stylesheet" href="https://use.fontawesome.com/releases/v5.0.10/css/all.css"
          integrity="sha384-+d0P83n9kaQMC………D/OvrJ+37WqIM7UoBtwHO6Nlg" crossorigin="anonymous">
 9     <title>ツールチップとポップオーバー</title>
10   </head>
      ⋮
16     <h2 class="mt-4 mb-0">ツールチップ</h2>
17     <hr class="mt-2 mb-5">
18     <div class="text-center">
19       <button class="btn btn-danger" data-toggle="tooltip" data-placement="left"
               title="お気に入りに追加します">
```

```html
21        <i class="fas fa-heart"></i>
22      </button>
23      <button class="btn btn-success" data-toggle="tooltip" data-placement="top"
24            title="新しいページを追加します">
25        <i class="fas fa-plus"></i>
26      </button>
27      <button class="btn btn-primary" data-toggle="tooltip" data-placement="bottom"
28            title="タイル表示に変更します">
29        <i class="fas fa-th"></i>
30      </button>
31      <button class="btn btn-secondary" data-toggle="tooltip" data-placement="right"
32            title="設定画面を表示します">
33        <i class="fas fa-cog"></i>
34      </button>
35    </div>
         ⋮
39   <script src="js/jquery-3.3.1.slim.min.js"></script>
40   <script src="js/bootstrap.bundle.min.js"></script>
41   <script>$('[data-toggle="tooltip"]').tooltip()</script>
42   </body>
         ⋮
```

ツールチップを機能させる JavaScript は、**Bootstrap が使用する JavaScript ファイルを読み込んだ後**に記述しなければいけません。注意するようにしてください。

クリック時にツールチップを表示

マウスオーバー時ではなく、クリック時にツールチップを表示することも可能です。この場合は、ツールチップを表示する要素に `data-trigger="click"` という属性を追加します。

5.7.2　ポップオーバーの表示

ツールチップとよく似た機能として、**ポップオーバー**という機能も用意されています。こちらは「見出し」と「本文」で説明文を表示する形式になります。また、ポップオーバーは、要素をクリックしたときに説明文が表示されるように初期設定されています。

第5章　JavaScriptを利用したコンテンツ

図5.7.2-1　ポップオーバーの表示

　ポップオーバーを使うときは、要素に**data-toggle="popover"**の属性を追記し、さらに**data-placement属性**でポップオーバーを表示する方向を指定します。この値には、"top"（上）、"bottom"（下）、"left"（左）、"right"（右）のいずれかを指定します[※1]。ポップオーバーに表示する内容は、「見出し」を**title属性**、「本文」を**data-content属性**で指定します。

（※1）指定した方向に十分なスペースがない場合は、反対方向にポップオーバーが表示されます。また、data-placement属性を省略した場合は、「右」にポップオーバーが表示されます。

　ポップオーバーの場合も、機能を有効にするJavaScriptの記述が必要になります。**Bootstrapが使用するJavaScriptファイルを読み込んだ後**に、以下の一文を記述しなければいけません。

```
<script>$('[data-toggle="popover"]').popover()</script>
```

　以下に、図5.7.2-1に示した例のHTMLを紹介しておきます。ポップオーバーを使用するときの参考としてください。なお、この例ではアイコンの表示にFont Awesomeのアイコンフォントを利用しています（P225～226参照）。

sample572-01.html

```
  ⋮
4  <head>
5    <meta charset="utf-8">
6    <meta name="viewport" content="width=device-width, initial-scale=1, shrink-to-fit=no">
7    <link rel="stylesheet" href="css/bootstrap.min.css">
```

```html
 8    <link rel="stylesheet" href="https://use.fontawesome.com/releases/v5.0.10/css/all.css"
         integrity="sha384-+d0P83n9kaQMC………D/OvrJ+37WqIM7UoBtwHO6Nlg" crossorigin="anonymous">
 9    <title>ツールチップとポップオーバー</title>
10  </head>
        ⋮
16    <h2 class="mt-4 mb-0">ポップオーバー</h2>
17    <hr class="mt-2 mb-5">
18    <div class="text-center">
19      <button class="btn btn-danger" data-toggle="popover" data-placement="left"
              title="お気に入り"
              data-content="選択した写真をお気に入りに追加します。">
22        <i class="fas fa-heart"></i>
23      </button>
24      <button class="btn btn-success" data-toggle="popover" data-placement="top"
              title="新規作成"
              data-content="新しいページを作成します。">
27        <i class="fas fa-plus"></i>
28      </button>
29      <button class="btn btn-primary" data-toggle="popover" data-placement="bottom"
              title="タイル表示"
              data-content="写真の表示方法を「タイル」に変更します。">
32        <i class="fas fa-th"></i>
33      </button>
34      <button class="btn btn-secondary" data-toggle="popover" data-placement="right"
              title="設定画面"
              data-content="設定画面を開きます。">
37        <i class="fas fa-cog"></i>
38      </button>
39    </div>
        ⋮
43  <script src="js/jquery-3.3.1.slim.min.js"></script>
44  <script src="js/bootstrap.bundle.min.js"></script>
45  <script>$('[data-toggle="popover"]').popover()</script>
46  </body>
        ⋮
```

マウスオーバー時にポップオーバーを表示

　クリック時ではなく、マウスオーバー時にポップオーバーを表示することも可能です。この場合は、ポップオーバーを表示する要素に`data-trigger="hover"`という属性を追加します。

Bootstrapのカスタマイズ

第6章では、Bootstrapをカスタマイズする方法を紹介します。配色などの書式指定を自由に変更できるように、カスタマイズ方法についても把握しておいてください。

6.1 テーマとテンプレート

Bootstrapの配色やデザインなどを変更した「テーマ」を利用すると、手軽にBootstrapをカスタマイズできます。まずは、テーマやテンプレートを使ったカスタマイズ方法を紹介します。

6.1.1 公式サイトに用意されているテーマ

　Bootstrapの公式サイトには、Bootstrapの開発チームなどが作成したテーマ（テンプレート）が配布されています。これらのファイルをダウンロードしてBootstrapをカスタマイズすることも可能です。

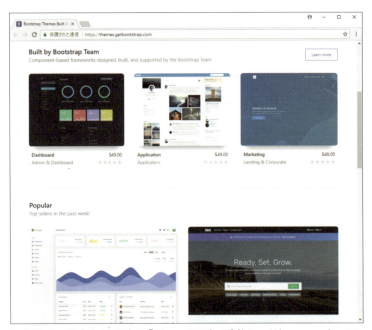

図6.1.1-1　公式サイトにある「テーマ」のページ（https://themes.getbootstrap.com/）

　このページに紹介されているテーマをクリックすると、その概要を紹介するページが表示されます。さらに「ライブプレビュー」をクリックすると、Webサイトの制作例を参照することができます。

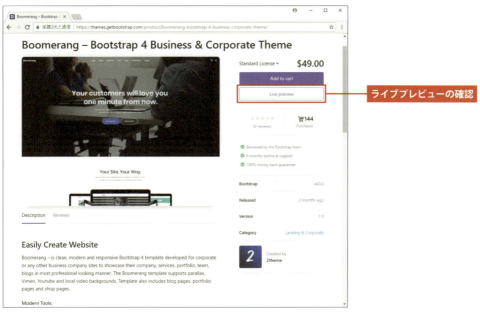

図6.1.1-2　各テーマの概要ページ

図6.1.1-3　ライブプレビューの例

　ただし、これらのテーマは有料で、ダウンロードするには39〜69ドル[※1]の料金を支払う必要があります。よって、気軽に試すことはできません。そこで、まずは無償で配布されているテーマを試してみることをお勧めします。

（※1）2018年4月時点の価格。

6.1.2　テーマやテンプレートの検索

　インターネットには、有志が作成したBootstrapのテーマ（テンプレート）を配布しているサイトもあります。これらの中には無償で利用できるものもあり、気軽にカスタマイズを試してみるには最適です。

　こういったサイトは、「bootstrap theme」や「bootstrap template」などのキーワードでWeb検索すると発見できます。英語のサイトが大半を占めますが、詳しいサンプルやプレビューを掲載しているサイトが多いため、少しくらい英語が苦手な方でも特に問題なくテーマの概要を把握できると思います。

図6.1.2-1　Bootstrapのテーマの検索

　たとえば「hackerthemes」というサイトには、無償（free and open source）で使えるテーマが15種類ほど紹介されています。

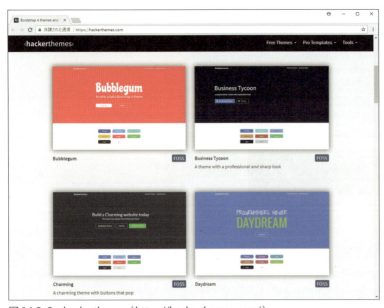

図6.1.2-2　hackerthemes（https://hackerthemes.com/）

各テーマをクリックすると、さまざまなパーツ（コンポーネント）のサンプルが表示され、配色やデザインを確認することができます。

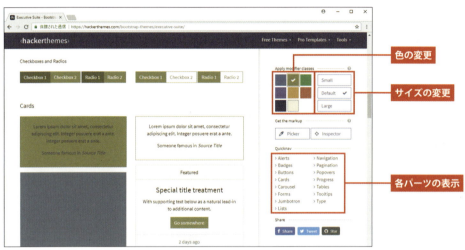

図6.1.2-3　テーマのサンプル表示

　同様に、「Start Bootstrap」というサイトにもBootstrapのテーマやテンプレートが配布されています。こちらもサンプルを確認してからダウンロードすることが可能です。

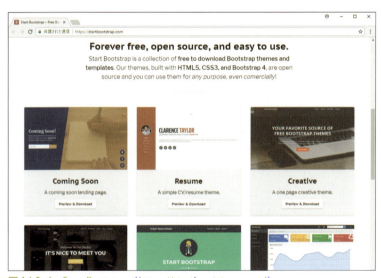

図6.1.2-4　Start Bootstrap（https://startbootstrap.com/）

　そのほか、「bootstrap　テーマ」や「bootstrap　テンプレート」などのキーワードで検索すると、代表的なテーマを紹介している日本語のサイトを発見できます。これらを参考にしながら自分好みのテーマを探し出してみるのも面白いと思います。

6.1.3 テーマやテンプレートを利用するときの注意点

続いては、テーマやテンプレートを利用するときの注意点について補足しておきます。

（1）価格の確認

インターネット上で配布されているテーマやテンプレートは、有料のものと無料のものがあります。ダウンロード時に規約などをよく確認してから利用するようにしてください。無料で利用できるものを探したいときは「free」などのキーワードを追加して検索すると上手くいくかもしれません。

（2）バージョンの確認

Bootstrapは、クラス名や使用方法がver.3とver.4で大きく異なります。本書を参考にWebサイトを制作する場合は、Bootstrap 4を基に作成されたテーマ（テンプレート）をダウンロードしなければいけません。

Bootstrap 4.0.0とBootstrap 4.1.0は基本的に同じ記述方法で使用できるため、ver.4.0.0とver4.1.0の違いは、それほど気にしなくても構いません。ただし、ver4.1.0で新たに採用されたクラスは、ver.4.0.0のテーマでは利用できないことに注意してください。

（3）ダウンロードされるファイルの内容

ダウンロードされるファイルの内容はテーマやテンプレートにより様々で、一貫性はありません。よって、内容をよく確認してから利用する必要があります。一般的には、

　　テーマ …………………… Bootstrapの配色やデザインをカスタマイズしたもの（CSSファイル）
　　テンプレート ………… ページ構成の雛形（HTMLファイル）

と考えるのが基本ですが、「テーマ」と「テンプレート」を区別していない場合も多く、ダウンロードしてみないと使い方を把握できない場合もあります。

そのほか、CSSファイルとHTMLファイルを組み合わせて使うもの、JavaScriptも同梱されているもの、画像ファイルやアイコンファイルが添付されているもの、というように複合的な構成になっているテーマ（テンプレート）もあります。

6.1.4　テーマの使い方

　ダウンロードしたテーマ（CSSファイル）は、HTMLから読み込んで利用します。この方法は、大きく分けて2通りあります。

　1つ目は、既存のCSSファイルと**差し替えて利用する方法**です。この場合は、bootstrap.min.cssを読み込む代わりに、ダウンロードしたCSSファイルを読み込んで利用します。たとえば、ダウンロードされたCSSファイルの名前が「xxx.min.css」であった場合、以下のようにlink要素を記述してCSSファイルを読み込みます。

```
<link rel="stylesheet" href="css/xxx.min.css">
```

※href属性のパスは、各自の環境に合わせて書き換えてください。

　2つ目は、bootstrap.min.cssに**追加して読み込む方法**です。この場合は、bootstrap.min.cssを読み込んだ後に、「ダウンロードしたCSSファイル」を読み込む必要があります。ダウンロードされたCSSファイルの名前が「xxx.min.css」であった場合、以下のようにlink要素を列記してCSSファイルを読み込みます。

```
<link rel="stylesheet" href="css/bootstrap.min.css">
<link rel="stylesheet" href="css/xxx.min.css">
```

※href属性のパスは、各自の環境に合わせて書き換えてください。

　どちらの方法で利用すればよいか分からない場合は、ダウンロードしたCSSファイル（minでない方）をテキストエディタで開いて確認してみるとよいでしょう。CSSの記述が短い場合は「追加して読み込む方法」になると考えられます。対して、CSSの記述が9,000行近くある場合は、「差し替えて利用する方法」になります。

　そのほか、テーマに「サンプルのHTMLファイル」が同梱されている場合もあります。この場合は、そのHTMLファイルを開いて記述を確認してみるのが最も確実な確認方法となります。

6.2 カスタマイズサイトの活用

誰かが作成したテーマを利用するのではなく、自分でオリジナルのテーマを作成したい場合は、Bootstrapのカスタマイズサイトを利用すると便利です。続いては、Bootstrapをカスタマイズできるサイトを紹介します。

6.2.1　Bootstrap Magic 4.0を使ったカスタマイズ

`primary`や`secodary`、`success`といったテーマカラーに好きな色を指定したり、ブレイクポイントの数値を変更したりしたい場合は、Bootstrapを自分でカスタマイズする必要があります。とはいえ、何千行もあるCSSファイルを書き換えていくのは非常に大変な作業で現実的とはいえません。

このような場合に活用できるのが**Bootstrapのカスタマイズサイト**です。カスタマイズサイトを使うと、画面上で色や余白、サイズなどを確認しながらオリジナルデザインのBootstrapに仕上げていくことができます。

ここでは例として「Bootstrap Magic 4.0」というサイトの使い方を簡単に紹介しておきます。このサイトを利用すると、Bootstrap 4の配色やブレイクポイント、余白、角丸などを自由にカスタマイズしたCSSを手軽に作成できます。

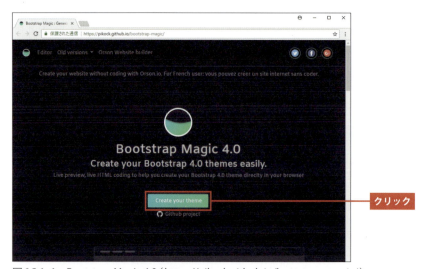

図6.2.1-1　Bootstrap Magic 4.0（https://pikock.github.io/bootstrap-magic/）

サイトを開いたら［Create your theme］ボタンをクリックして編集画面へ移動します。少し待つと、以下のような画面が表示されます。この画面は、左側が書式を指定する領域、右側がプレビュー領域となっています。

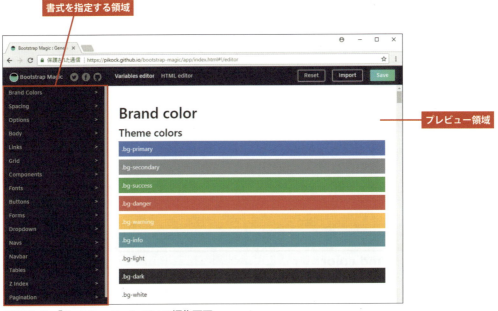

図6.2.1-2　「Bootstrap Magic 4.0」の編集画面

たとえば、Bootstrapの配色を変更するときは「Brand Colors」の項目を開き、各色の設定をRGBの16進数表記で指定していきます。試しに「$blue」の色を#ff0000に変更してみると、primaryの色が「赤色」に変更されるのを確認できます。

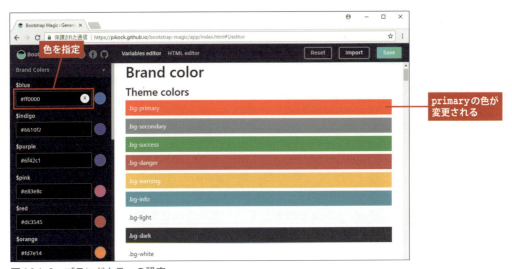

図6.2.1-3　ブランドカラーの設定

同様の手順でsecondaryやsuccessなどの色を変更していくことも可能ですが、そのためには各テーマカラーが「どのブランドカラーに対応しているか？」を確認しておく必要があります。画面左側を下へスクロールしていくと、「$theme-colors」という項目が見つかります。これが「テーマカラー」と「ブランドカラー」を対応付ける設定項目です。初期設定では、以下のように各色が対応付けられています。

```
primary   ………… $blue       warning   ………… $yellow
secondary ………… $gray-600   danger    ………… $red
success   ………… $green      light     ………… $gray-100
info      ………… $cyan       dark      ………… $gray-800
```

たとえば、secondaryの色を変更するときは、「$gray-600」の色を変更すればよいことになります。

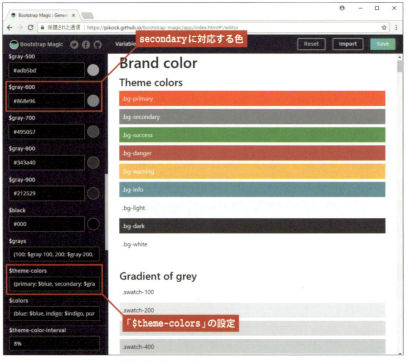

図6.2.1-4 テーマカラーに対応する色の設定

そのほか、「$theme-colors」の値を変更してテーマカラーを変更していくことも可能です。たとえば、この設定項目の記述を (primary:$orange,……) に変更すると、オレンジ色（$orangeに指定されている色）をprimaryの色に指定できます。

このように「ブランドカラー」や「$theme-colors」の値を変更していくことで、primaryなどの色を自由にカスタマズできます。ブランドカラーには「$blue」や「$red」などの名前が付けられていますが、必ずしも「$blue」＝青色でなくても構いません。画面右側に表示されるプレビューを確認しながら、好きな配色にカスタマイズしていくとよいでしょう。

なお、変更した値を初期値に戻したいときは、各項目の右端に表示される ⊗ をクリックします。

もちろん、配色以外の書式も変更できます。以下に、主な設定項目を紹介しておくので、Bootstrapをカスタマイズするときの参考にしてください。

■ Spacing

余白を調整するクラスの設定を変更できます。「$spacer」で基準値を指定し、「$spacers」でm-1やpx-3、mt-5などのクラスの余白を指定していきます。初期設定では「$spacers」が1remに設定されており、1が「$spacer」の0.25倍になっています。このため、m-1やp-1により設けられる余白は0.25remになります。同様に、2には「$spacer」の0.5倍が設定されているため、m-2やp-2により設けられる余白は0.5remになります。

図6.2.1-5　余白を指定するクラスの設定

■ Grid

グリッドシステムの設定を変更できます。「$grid-breakpoints」で**ブレイクポイント**を指定します。この値に応じて「sm／ml／lg／xlの添字を付けたクラス」が有効になる画面サイズが変化します。「$container-max-widths」は、containerのクラスを適用した要素の幅を指定する設定項目です。

「$grid-columns」は、全体幅の列数を指定する項目です。たとえば、この値を8に変更すると、全体幅を8列にするグリッドシステムを構築できます。同様に、20を指定すると、全体幅が20列のグリッドシステムになり、col-1〜col-12だけでなく、col-13〜col-20といっ

たクラスも利用できるようになります。もちろん、`col-sm-20`や`col-md-15`のように添字を付けたクラスも利用できます。

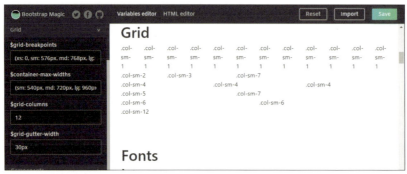

図6.2.1-6　グリッドシステムの設定

■ Components
　各クラスの**基準となる行間**、**線幅**、**角丸**などの書式を変更できます。$で始まる文字は「変数」であることを示しています。これらの変数を使って、各クラスの書式が指定されている場合もあります。

■ Fonts
　フォントや**基準の文字サイズ**、**行間**、**`h1`～`h6`の文字サイズ**などの書式を変更できます。

■ Buttons
　ボタンの内余白、行間、サイズ、影、角丸などの書式を指定できます。

図6.2.1-7　ボタンの設定

■ Forms
　テキストボックスの書式（背景色や文字色、枠線の書式、影、角丸など）、**チェックボックスやラジオボタンの書式**などを変更できます。

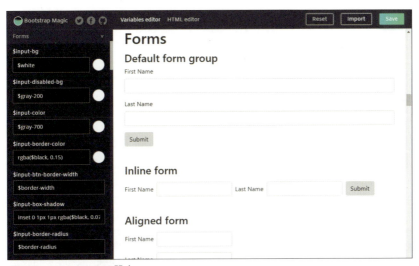

図6.2.1-8　フォームの設定

■ navs
　タブ形式やピル形式の**ナビゲーションの書式**（内余白、枠線、角丸など）を変更できます。

■ Navbar
　ナビゲーションバーの書式（内余白、文字サイズ、文字色など）を変更できます。

■ Tables
　テーブルの書式（内余白、背景色、枠線など）の書式を指定できます。

　詳しく紹介していくと切りがないので、これくらいで止めておきます。どの設定項目もCSSのプロパティ名を連想させる名前が付けられているため、CSSに詳しい人であれば各項目の設定内容をおおよそ把握できると思います。プレビューを見ながら色々と試してみてください。

　各コンポーネントのカスタマイズが済んだら、画面右上にある［Save］ボタンをクリックします。続いて、［Save CSS］ボタンをクリックすると、カスタマイズしたBootstrapのCSSファイルをダウンロードできます。

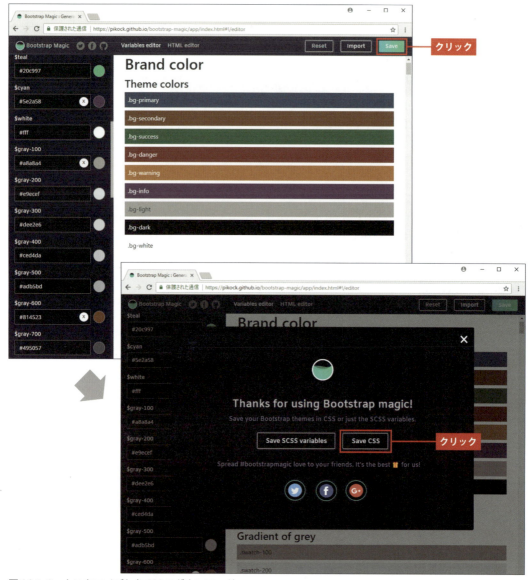

図6.2.1-9　カスタマイズしたCSSのダウンロード

　あとは、ダウンロードしたCSSファイルをHTMLから読み込むだけです。link要素の記述を変更する、もしくはダウンロードしたCSSファイルのファイル名を「bootstrap.min.css」に変更して適切なフォルダに保存します。これでオリジナルデザインのBootstrapを使用することが可能となります。

　なお、このサイトが対応するBootstrapのバージョンは4.0.0となるため、Bootstrap 4.1.0から採用されたクラスを使用することはできません。注意するようにしてください（2018年4月時点）。

6.2.2　Free Bootstrap Theme Builderを使ったカスタマイズ

6.2.1項で紹介したサイトのほかにも、Bootstrapをカスタマイズできるサイトはいくつかあります。たとえば「Free Bootstrap Theme Builder」というサイトでも、ほぼ同様の手順でBootstrapのカスタマイズを行えます。

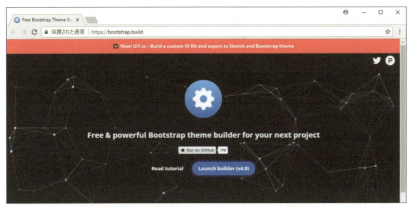

図6.2.2-1　Free Bootstrap Theme Builder（https://bootstrap.build/）

こちらは、画面左側でコンポーネント（パーツ）を選び、画面右側で書式を指定していく形になっています。

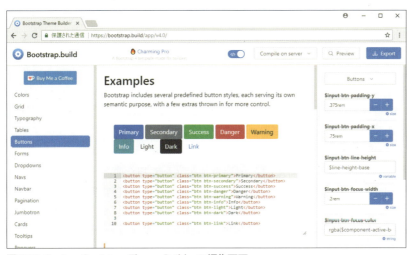

図6.2.2-2　Free Bootstrap Theme Builderの編集画面

このサイトも対応するBootstrapのバージョンは4.0.0となります。Bootstrap 4.1.0から採用されたクラスは使えないことに注意してください（2018年4月時点）。

> **公式サイトを使ったカスタマイズ** ▼Bootstrap 3 からの変更点
>
> Bootstrap 3.3では公式サイトにカスタマイズ機能が用意されていましたが、Bootstrap 4のカスタマイズ機能はまだ公開されていません（2018年4月時点）。いずれ公式サイトにもカスタマイズ機能が用意されるかもしれませんが、それまでは有志が作成したカスタマイズサイトを利用するのが手軽なカスタマイズ方法となります。

6.3 Sassを使ったカスタマイズ

Sassの記述を書き換えて、Bootstrapをカスタマイズしていくことも可能です。ただし、この方法を使うにはSassの知識と開発環境が必要になります。最後に、Sassについて簡単に紹介しておきます。

6.3.1 Sassとは？

　BootstrapはSassにより開発されています。Sassはメタ言語の一種で、CSSを拡張した言語と考えることができます。

　Sassを使うと、各プロパティの値を変数で指定する、繰り返し文によりクラスを自動生成する、他のファイルに記述されている書式を読み込む（ミックスイン）、といったプログラミング的な処理を行えるようになり、CSSファイルを効率よく作成することが可能となります。

　ただし、Sassを使用するには、Sassならではの記述方法を学んでおく必要があります。CSSを知っている人なら短期間で習得できると思われますが、本書の範囲を超えるので、詳しい解説は省略します。

　Sassについて詳しく勉強したい方は、「Sassファーストガイド」という書籍を参照してみるとよいでしょう。2015年に発刊された少し古い書籍になりますが、Sassの基本的な使い方を学ぶ際に役立つと思われます。

図6.3.1-1　Sass ファーストガイド（ISBN　978-4-87783-386-2）

6.3.2　Sass ファイルのダウンロード

　Sassを使ったカスタマイズを行うには、BootstrapのSassファイルをダウンロードしておく必要があります。Bootstrapの公式サイト（https://getbootstrap.com/）を開き、［Download］ボタンをクリックします。

図6.3.2-1　Bootstrapの公式サイト（https://getbootstrap.com/）

続いて、「Source files」の項目にある［Download souce］ボタンをクリックすると、Sassファイルをダウンロードできます。

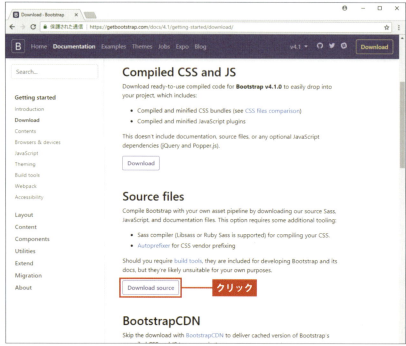

図6.3.2-2　Sassファイルのダウンロード

ダウンロードしたファイルを解凍して「scss」フォルダを開くと、以下のようなファイルが表示されます。BootstrapのSassファイルはSCSS形式で記述されているため、拡張子.scssのファイルがSassファイルとなります。

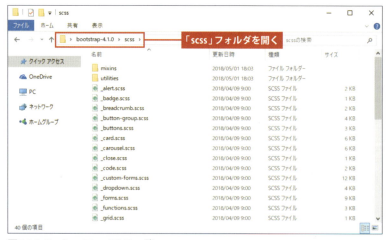

図6.3.2-3　Sassファイルの一覧

BootstrapのSassファイルは、コンポーネントごとに個別のファイルで管理されているため、必要なものだけを取り込んで利用する、といった使い方にも対応できます。Sassに慣れている方は、これらのファイルを自分用に書き換えて、部分的に活用しても構いません。

6.3.3　SassをCSSに変換する

Sassで記述した書式指定をそのまま利用することはできません。ブラウザが理解できるように、SassファイルをCSSファイルに変換（コンパイル）してから利用する必要があります。このため、SassをCSSに変換するコンパイラを用意しておく必要があります。

Windows環境の場合、RubyとSassをインストールする、もしくは「Prepros」や「Scout」などのアプリケーションをインストールすることで、Sass → CSSのコンパイル環境を構築できます。気になる方は、「Sass 導入」や「Sass コンパイル」といったキーワードでWebを検索してみてください。詳しい手順を紹介しているサイトを発見できると思います。

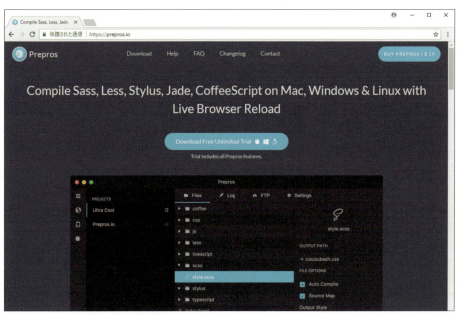

図6.3.3-1　「Prepros」の公式サイト（https://prepros.io/）

CSSファイルを作成するときは、bootstrap.scssをコンパイルします。すると、各コンポーネントのSassファイルが自動的に読み込まれ、BootstrapのCSSファイルが作成されます。CSSファイルに変換できれば、以降の作業は通常のWeb制作と同じです。作成されたCSSファイルをHTMLから読み込んで利用します。

Bootstrap簡易リファレンス

最後に、本書で紹介したBootstrapのクラスや属性などを簡単にまとめておきます。Webサイトを制作するときの簡易リファレンスとして活用してください。

A.1 HTMLの雛形

A.1.1　HTMLの基本構成

　Bootstrapを使ってWebサイトを制作するときは、以下のファイルをHTMLから読み込んでおく必要があります。

- **bootstrap.min.css**
- **jquery-3.3.1.slim.min.js**
- **popper.min.js**
- **bootstrap.min.js**

※または **bootstrap.bundle.min.js**

　以下に基本的なHTMLの構成を示しておくので参考にしてください。

```html
<!doctype html>
<html lang="ja">

<head>
  <meta charset="utf-8">
  <meta name="viewport" content="width=device-width, initial-scale=1, shrink-to-fit=no">
  <link rel="stylesheet" href="css/bootstrap.min.css">
  <title>●ページタイトル●</title>
</head>

<body>

<!-- ここにページ内容を記述 -->

<script src="js/jquery-3.3.1.slim.min.js"></script>
<script src="js/bootstrap.bundle.min.js"></script>
</body>

</html>
```

A.2　グリッドシステムとレスポンシブWebデザイン

A.2.1　画面サイズとブレイクポイント

　Bootstrapは、画面サイズ（ウィンドウ幅）に応じて4つの**ブレイクポイント**が設定されています。それぞれの画面サイズに対応する**添字**は以下のとおりです。

A.2.2　コンテナの作成

　コンテナは左右に15pxずつの余白を設ける書式指定です。グリッドシステムを利用するときは、その外側をコンテナで囲っておくのが基本です。コンテナを作成するクラスは、以下の2種類が用意されています。

■コンテナを作成するクラス

クラス	指定内容
`container`	固定幅のコンテナを作成
`container-fluid`	可変幅のコンテナを作成

■`container`クラスを適用した要素の幅

画面サイズ	0px〜	576px〜（sm）	768px〜（md）	992px〜（lg）	1200px〜（xl）
幅	100%	540px	720px	960px	1140px

A.2.3　グリッドシステムの行

グリッドシステムを利用するときは、各行を **row** のクラスで示しておくのが基本です。row のクラスには、領域を左右に 15px ずつ広げる書式も指定されています。

■ グリッドシステムの行に適用するクラス

クラス	指定内容
`row`	グリッドシステムの行を作成（必須） ※左右に -15px の外余白が指定される
`no-gutters`	左右の外余白を 0 に変更 ※各ブロックの内余白も 0 になる

A.2.4　各ブロックの幅

各ブロックの幅は以下のクラスで指定します。各行は、**幅の合計が 12 列**になるようにブロックを構成するのが基本です。複数のクラスを同時に適用して、画面サイズに応じて幅が変化するブロックを作成することも可能です。

■ ブロックの幅を指定するクラス

クラス	指定内容
`col-(添字)`	ブロックを等幅で配置
`col-(添字)-N`	ブロックの幅を N 列に指定

※ N の部分に 1 ～ 12 の数値を記述して列幅を指定します。
※ （添字）の部分には sm ／ md ／ lg ／ xl のいずれかを指定します。「-（添字）」の記述を省略して、全画面サイズを対象にすることも可能です。

■ 各クラスの優先度と有効範囲

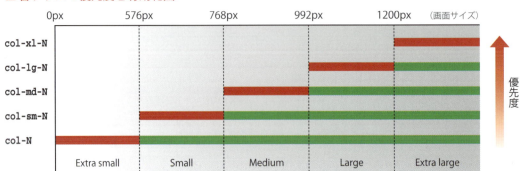

A.2.5　ブロックの配置

各行内のブロック配置を指定するときは、行（row）のdiv要素に以下のクラスを追加します。

■左右方向の位置揃えを指定するクラス

クラス	指定内容
`justify-content-start`	左揃え（初期値）
`justify-content-center`	中央揃え
`justify-content-end`	右揃え
`justify-content-between`	均等割り付け
`justify-content-around`	各ブロックの左右に均等の間隔

■上下方向の位置揃えを指定するクラス

クラス	指定内容
`align-items-start`	上揃え（初期値）
`align-items-center`	上下中央揃え
`align-items-end`	下揃え

　また、各ブロックの縦方向の配置を個別に指定するクラスも用意されています。このクラスは、各ブロック（`col`や`col-N`）のdiv要素に適用します。

■各ブロックの上下位置を指定するクラス

クラス	指定内容
`align-self-start`	そのブロックを上揃えで配置
`align-self-center`	そのブロックを上下中央揃えで配置
`align-self-end`	そのブロックを下揃えで配置

A.2.6　間隔や並び順の指定

　各ブロックの左側に間隔を設けたり、ブロックを並べる順番を指定したりするクラスも用意されています。

■ブロックの左側に間隔を設けるクラス

クラス	指定内容
`offset-(添字)-N`	ブロックの左側にN列の間隔を設ける

※Nの部分に1～12の数値を記述して間隔の列幅を指定します。
※（添字）の部分にはsm／md／lg／xlのいずれかを指定します。「-(添字)」の記述を省略して、全画面サイズを対象にすることも可能です。

■ブロックを並べる順番を指定するクラス

クラス	指定内容
`order-(添字)-N`	Nの数値が小さい順にブロックを並べる
`order-(添字)-first`	そのブロックを最初に表示
`order-(添字)-last`	そのブロックを最後に表示

※Nの部分に0～12の数値を記述してブロックを並べる順番を指定します。
※（添字）の部分にはsm／md／lg／xlのいずれかを指定します。「-(添字)」の記述を省略して、全画面サイズを対象にすることも可能です。

A.3 コンテンツの書式指定

A.3.1 文字の書式

　文字の書式をBootstrapで指定するときは、以下のクラスを適用します。行揃えを指定するクラスは、書式指定が有効になる画面サイズを限定できる（添字）にも対応しています。

■行揃えを指定するクラス

クラス	指定内容
`text-(添字)-left`	左揃え
`text-(添字)-center`	中央揃え
`text-(添字)-right`	右揃え
`text-justify`	両端揃え[※1]

※（添字）の部分にはsm／md／lg／xlのいずれかを指定します。「-(添字)」の記述を省略して、全画面サイズを対象にすることも可能です。
（※1）日本語（全角文字）を含む文章は、「両端揃え」を指定しても文章の右端が揃わない場合があります。この書式指定はブラウザに依存します。

■文字の太さを指定するクラス

クラス	指定内容
`font-weight-bold`	太字
`font-weight-normal`	標準
`font-weight-light`	細字

■斜体を指定するクラス

クラス	指定内容
`font-italic`	斜体

■ 文字色を指定するクラス

文字色の指定	指定される色（#RGB）
text-primary	#007BFF
text-secondary	#6C757D
text-success	#28A745
text-info	#17A2B8
text-warning	#FFC107
text-danger	#DC3545
text-dark	#343A40
text-muted	#6C757D
text-light	#F8F9FA
text-white	#FFFFFF
text-black-50	透明度50%の黒色[※1]
text-white-50	透明度50%の白色[※1]

（※1）Bootstrap 4.1.0で新たに採用されたクラス

■ 文字を「見出し」として表示するクラス

クラス	指定内容
h1～h6	文字にh1～h6要素と同じ書式を指定
display-1～display-4	文字を特大サイズの細字で表示

■ 文字サイズを調整するクラス

クラス	指定内容
small	文字サイズ80%、標準の太さ（400）で表示
lead	文字サイズ1.25rem、細字（300）で表示

■ 等幅フォントを指定するクラス

クラス	指定内容
text-monospace	文字を等幅フォントで表示[※1]

（※1）Bootstrap 4.1.0で新たに採用されたクラス

■文章を必ず1行で表示するクラス

クラス	指定内容
`text-nowrap`	折り返さずに配置
`text-truncate`	はみ出した文字を省略して表示

■ジャンボトロンを作成するクラス

クラス	指定内容
`jumbotron`	ジャンボトロンの作成
`jumbotron-fluid`	ジャンボトロンの「角丸」と「左右の余白」を0に

A.3.2　リストの書式

Bootstrapを使ってリストの書式を指定するときは、以下のクラスを各要素に適用します。

■マーカーを削除するクラス

要素	クラス	指定内容
`ul`、`ol`	`list-unstyled`	マーカーを削除して左の余白を0に指定

■リストを横並びで配置するクラス

要素	クラス	指定内容
`ul`、`ol`	`list-inline`	マーカーを削除して左の余白を0に指定
`li`	`list-inline-item`	各項目をインラインブロック要素として表示

A.3.3　画像の書式

画像の表示サイズや形状を指定するときは、img要素に以下のクラスを適用します。

■ 画像を親要素の幅に合わせて表示するクラス

クラス	指定内容
`img-fluid`	画像を幅100%で表示

※画像を親要素の幅に拡大する機能はありません。

■ 画像の形状を指定するクラス

クラス	指定内容
`img-thumbnail`	画像を角丸の枠線で囲って表示
`rounded`	画像の四隅を角丸にして表示
`rounded-circle`	画像を楕円形で表示

A.3.4　ブロックレベル要素の書式

Bootstrapは、ブロックレベル要素のサイズを「枠線まで含めた範囲」で指定する決まりになっています。widthやheightでサイズを指定するときは、間違えないようにしてください。

■ Bootstrapのサイズ指定（`box-sizing:border-box`）

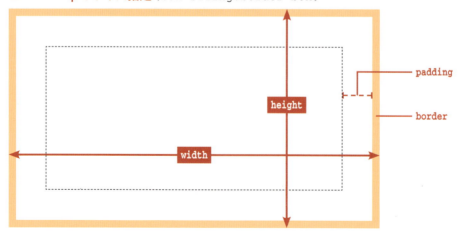

Bootstrapには、主にブロックレベル要素の書式を指定するクラスとして、以下のようなクラスが用意されています。

■ 幅を指定するクラス

クラス	指定内容
w-25	width:25%
w-50	width:50%
w-75	width:75%
w-100	width:100%
mw-100	max-width:100%
w-auto	width:auto (※1)

■ 高さを指定するクラス

クラス	指定内容
h-25	height:25%
h-50	height:50%
h-75	height:75%
h-100	height:100%
mh-100	max-height:100%
h-auto	height:auto (※1)

(※1) Bootstrap 4.1.0で新たに採用されたクラス

■ 背景色を指定するクラス

クラス	指定される色(#RGB)
bg-primary	#007BFF
bg-secondary	#6C757D
bg-success	#28A745
bg-info	#17A2B8
bg-warning	#FFC107
bg-danger	#DC3545
bg-dark	#343A40
bg-light	#F8F9FA
bg-white	#FFFFFF

■ 枠線を描画するクラス

クラス	枠線を描画する位置
border	上下左右
border-top	上
border-right	右
border-bottom	下
border-left	左

■ 枠線を消去するクラス

クラス	枠線を消去する位置
border-0	上下左右
border-top-0	上
border-right-0	右
border-bottom-0	下
border-left-0	左

■枠線の色を指定するクラス

クラス	指定される色（#RGB）
border-primary	#007BFF
border-secondary	#6C757D
border-success	#28A745
border-info	#17A2B8
border-warning	#FFC107

クラス	指定される色（#RGB）
border-danger	#DC3545
border-dark	#343A40
border-light	#F8F9FA
border-white	#FFFFFF

■角丸を指定するクラス

クラス	指定内容
rounded	四隅に0.25remの角丸を指定
rounded-top	上（左上と右上）に0.25remの角丸を指定
rounded-right	右（右上と右下）に0.25remの角丸を指定
rounded-bottom	下（右下と左下）に0.25remの角丸を指定
rounded-left	左（左上と左下）に0.25remの角丸を指定
rounded-circle	四隅に50%の角丸を指定
rounded-0	四隅の角丸を解除

■余白を指定するクラス

要素の外余白（margin）を指定するときは**m**で始まるクラス名、内余白（padding）を指定するときは**p**で始まるクラス名を以下の形式で記述します。

m（方向）-（添字）-（数値） ……………… marginの指定
p（方向）-（添字）-（数値） ……………… paddingの指定

■方向

t	上
r	右
b	下
l	左
x	左右
y	上下
なし	上下左右

■添字

なし	画面サイズ0px〜
sm	画面サイズ576px〜
md	画面サイズ768px〜
lg	画面サイズ992px〜
xl	画面サイズ1200px〜

■数値

0	0
1	0.25rem
2	0.5rem
3	1rem
4	1.5rem
5	3rem
auto	auto[※1]

（※1）marginのみ指定可能

■フロートを指定するクラス

クラス	指定内容
`float-(添字)-left`	左寄せ(float:left)
`float-(添字)-right`	右寄せ(float:right)
`float-(添字)-none`	フロートなし(float:none)
`clearfix`	子要素の回り込みを解除

※(添字)の部分にはsm／md／lg／xlのいずれかを指定します。「-(添字)」の記述を省略して、全画面サイズを対象にすることも可能です。

■要素を非表示にするクラス

画面サイズ	0px～	576px～	768px～	992px～	1200px～
`d-none`	非表示				
`d-sm-none`	－	非表示			
`d-md-none`	－		非表示		
`d-lg-none`	－			非表示	
`d-xl-none`	－				非表示

■要素を表示するクラス

画面サイズ	0px～	576px～	768px～	992px～	1200px～
`d-block`	表示				
`d-sm-block`	－	表示			
`d-md-block`	－		表示		
`d-lg-block`	－			表示	
`d-xl-block`	－				表示

なお、要素をインライン要素などで表示する場合は、以下のクラスを適用します。

- `d-(添字)-inline` …………………… インライン要素として表示
- `d-(添字)-inline-block` …………… インラインブロック要素として表示
- `d-(添字)-table` …………………… テーブル要素(table)として表示
- `d-(添字)-table-cell` ……………… テーブルのセル要素(th、td)として表示
- `d-(添字)-table-row` ……………… テーブルの行要素(tr)として表示

※(添字)の部分にはsm／md／lg／xlのいずれかを指定します。「-(添字)」の記述を省略して、全画面サイズを対象にすることも可能です。
※(添字)の部分にprintと記述すると、印刷時の表示／非表示を指定できます。

A.3.5　フレックスボックスの書式

　Bootstrapには、フレックスボックスの設定を行うクラスも用意されています。以下に示したクラスは**フレックスコンテナ**のdiv要素に適用します。

※（添字）の部分にはsm／md／lg／xlのいずれかを指定します。「-（添字）」を省略して、全画面サイズを対象にすることも可能です。

■フレックスコンテナを作成するクラス

クラス	指定内容
d-(添字)-flex	ブロックレベルのフレックスコンテナを作成
d-(添字)-inline-flex	インラインのフレックスコンテナを作成

■アイテムを並べる方向を指定するクラス

クラス	指定内容
flex-(添字)-row	横方向（左→右、初期値）
flex-(添字)-row-reverse	横方向（右→左）
flex-(添字)-column	縦方向（上→下）
flex-(添字)-column-reverse	縦方向（下→上）

■アイテムの折り返しを指定するクラス

クラス	指定内容
flex-(添字)-nowrap	折り返しなし（初期値）
flex-(添字)-wrap	折り返しあり
flex-(添字)-wrap-reverse	逆順で折り返し

■左右方向の位置揃えを指定するクラス

クラス	指定内容
justify-content-(添字)-start	左揃え（初期値）
justify-content-(添字)-center	中央揃え
justify-content-(添字)-end	右揃え
justify-content-(添字)-between	均等割り付け
justify-content-(添字)-around	各ブロックの左右に均等の間隔

■上下方向の位置揃えを指定するクラス

クラス	指定内容
`align-items-(添字)-start`	上揃え
`align-items-(添字)-center`	上下中央揃え
`align-items-(添字)-end`	下揃え
`align-items-(添字)-baseline`	ベースライン揃え
`align-items-(添字)-stretch`	コンテナの高さに伸長（初期値）

■アイテムを折り返すときの配置を指定するクラス

クラス	指定内容
`align-content-(添字)-start`	上揃え
`align-content-(添字)-center`	上下中央揃え
`align-content-(添字)-end`	下揃え
`align-content-(添字)-between`	上下に均等割り付け
`align-content-(添字)-around`	上下に等間隔
`align-content-(添字)-stretch`	上下に伸長（初期値）

　そのほか、各アイテムの配置を指定するクラスも用意されています。これらのクラスは**フレックスアイテム**に適用します。

■各アイテムの配置を指定するクラス

クラス	指定内容
`align-self-(添字)-start`	アイテムを「上揃え」で配置
`align-self-(添字)-center`	アイテムを「上下中央揃え」で配置
`align-self-(添字)-end`	アイテムを「下揃え」で配置
`align-self-(添字)-baseline`	アイテムを「ベースライン揃え」で配置
`align-self-(添字)-stretch`	アイテムを「コンテナの高さに伸長」
`flex-(添字)-fill`	アイテムの幅を伸縮して「コンテナ内の隙間を埋める」[※1]
`order-(添字)-N`	アイテムの並び順を指定

（※1）Bootstrap 4.1.0で新たに採用されたクラス

A.3.6 テーブルの書式

Bootstrapを使ってテーブルの書式を指定するときは、以下のクラスを適用します。

■ `table`要素に適用するクラス

クラス	指定内容
`table`	Bootstrapの書式指定でテーブルを表示（必須）
`table-dark`	背景を暗くしたデザインに変更
`table-striped`	1行おきに縞模様の背景色を表示
`table-bordered`	各セルを枠線で囲んで表示
`table-borderless`	表の枠線を消去[※1]
`table-hover`	マウスオーバーした行を強調して表示
`table-sm`	余白を小さくしてテーブルをコンパクトに表示

（※1）Bootstrap 4.1.0で新たに採用されたクラス

■ `thead`要素に適用するクラス

クラス	指定内容
`thead-light`	見出し（th要素）の背景を「灰色」で表示
`thead-dark`	見出し（th要素）の背景を「黒色」で表示

■ 背景色を指定するクラス

クラス	背景色
`table-active`	rgba(0, 0, 0, 0.075)
`table-primary`	#B8DAFF
`table-secondary`	#D6D8DB
`table-success`	#C3E6CB
`table-info`	#BEE5EB
`table-warning`	#FFEEBA
`table-danger`	#F5C6CB
`table-dark`	#C6C8CA
`table-light`	#FDFDFE

表の背景色
- table-active
- table-primary
- table-secondary
- table-success
- table-info
- table-warning
- table-danger
- table-dark
- table-light

※ table要素にtable-darkを適用している場合は、bg-primaryやbg-info などのクラスを使って背景色を指定するのが基本です。

スマートフォンで閲覧したときに、テーブルを横スクロールできるようにするクラスも用意されています。この場合はテーブルを`<div>`～`</div>`で囲み、以下のクラスを適用します。

■ **テーブルの横スクロール（div要素）**

要素	クラス	指定内容
div	`table-responsive`	内部にあるテーブルを横スクロール対応にする
table	`text-nowrap`	文字を折り返さずに配置

また、`table-responsive-（添字）`とクラス名を記述し、画面サイズを限定した書式指定にすることも可能です。ただし、書式指定が有効になる画面サイズが「○○px以上」ではなく、「○○px以下」となっていることに注意してください（P166参照）。

A.3.7　カード

カード形式のコンテンツを作成するときは、以下に示したクラスを各要素に適用します。

■ **カードの作成に使用するクラス**

要素	クラス	指定内容
div	`card`	カード全体の範囲
h4など	`card-header`	カードのヘッダーを作成
img	`card-img-top`	最上部に画像を配置する場合（上を角丸）
div	`card-body`	カードの本体の範囲（※1）
h5など	`card-title`	タイトルの書式指定（余白の調整）
h6など	`card-subtitle`	サブタイトルの書式指定（余白の調整）
pなど	`card-text`	本文の書式指定
img	`card-img`	カード内に画像を配置する場合（四隅を角丸）
a	`card-link`	リンクの書式指定（左右の間隔調整）
divなど	`card-footer`	カードのフッターを作成
img	`card-img-bottom`	最下部に画像を配置する場合（下を角丸）

なお、カードの背景に画像を敷く場合は、「カードの本体」を`card-img-overlay`のクラスで作成し、背景に敷く画像（img要素）に`card-img`のクラスを適用します（P174参照）。

複数枚のカードを1つのグループにまとめてレイアウトする方法も用意されています。この場合は、カードを`<div>`～`</div>`で囲み、このdiv要素に以下のいずれかのクラスを適用します。

■ カードをグループ化するクラス

クラス	指定内容
`card-group`	カードグループとして配置
`card-deck`	カードデッキとして配置
`card-columns`	カードカラムとして配置

※これらのレイアウトは、画面サイズが「576px以上」のときのみ有効になります。

A.3.8 メディアオブジェクト

メディアオブジェクトを使って「画像」と「文字」を配置するときは、以下に示したクラスを各要素に適用します。

■ メディアオブジェクトの作成に使用するクラス

要素	クラス	指定内容
div	`media`	メディアオブジェクトの範囲
a、imgなど	（`mr-3`など）	「右の余白」を指定するクラスを適用
div	`media-body`	「見出し」と「本文」の範囲

A.3.9　フォームの書式

Bootstrapを使ってフォームの書式を指定するときは、各要素に以下のクラスを適用します。

■ ラベルと入力欄／選択肢のグループ化（`div`要素）

クラス	指定内容
`form-group`	「ラベル」と「入力欄」のグループ化[※1]
`form-check`	「ラベル」と「チェックボックス／ラジオボタン」のグループ化[※1]
`form-check-inline`	チェックボックス／ラジオボタンを横に並べる場合[※2]
`form-row`	フォーム用のグリッドシステムを構築する場合[※3]

（※1）いずれかを必ず適用
（※2）form-checkに追加して適用します。
（※3）form-groupに追加して適用します。

■ インラインフォームで配置するクラス（`form`要素）

クラス	指定内容
`form-inline`	項目を横に並べて配置する場合

※この場合は、ラベルと入力欄をグループ化する必要はありません。
※画面サイズが「576px以上」のときのみ有効になります。

■ `label`要素に適用するクラス

クラス	指定内容
`col-form-label`	ラベルを「テキストボックスの上下中央」に配置[※1]
`col-form-label-lg`	入力欄のサイズを大きくしている場合[※1、※2]
`col-form-label-sm`	入力欄のサイズを小さくしている場合[※1、※2]
`form-check-label`	チェックボックス／ラジオボタン用のラベル

（※1）グリッドシステムを使ってフォームを配置する場合に適用します。
（※2）col-form-labelのクラスに追加して適用します。

■ input 要素に適用するクラス

クラス	指定内容
`form-control`	入力欄の書式指定
`form-control-lg`	入力欄のサイズを大きくする場合[※1]
`form-control-sm`	入力欄のサイズを小さくする場合[※1]
`form-control-plaintext`	テキストボックスを通常の文字として表示
`form-check-input`	チェックボックス／ラジオボタン用の書式指定

（※1）form-controlに追加して適用します。

■ select 要素に適用するクラス

クラス	指定内容
`form-control`	選択肢の書式指定
`form-control-lg`	選択肢のサイズを大きくする場合[※1]
`form-control-sm`	選択肢のサイズを小さくする場合[※1]
`custom-select`	カスタムされたプルダウンメニュー
`custom-select-lg`	選択肢のサイズを大きくする場合[※2]
`custom-select-sm`	選択肢のサイズを小さくする場合[※2]

（※1）form-controlに追加して適用します。
（※2）custom-selectに追加して適用します

■ 入力欄に関連するクラス

クラス	指定内容
`form-text`	補足説明の書式指定

A.4 ナビゲーションの書式指定

A.4.1 ボタン

ボタンの書式をBootstrapで指定するときは、以下のクラスをbutton要素またはa要素に適用します。

■ボタンの書式を指定するクラス

クラス	指定内容
btn	ボタンの書式指定（必須）

■ボタンのデザインを指定するクラス

背景色を指定するクラス	枠線を指定するクラス	指定される色
btn-primary	btn-outline-primary	#007BFF
btn-secondary	btn-outline-secondary	#6C757D
btn-success	btn-outline-success	#28A745
btn-info	btn-outline-info	#17A2B8
btn-warning	btn-outline-warning	#FFC107
btn-danger	btn-outline-danger	#DC3545
btn-dark	btn-outline-dark	#343A40
btn-light	btn-outline-light	#F8F9FA
btn-link	※リンク文字としてボタンを表示	

■ボタンのサイズを指定するクラス

クラス	指定内容
btn-lg	ボタンのサイズを大きくする
btn-sm	ボタンのサイズを小さくする
btn-block	ボタンをブロック要素に変更し、幅100%で表示

■ボタンの状況を示すクラス

クラス	指定内容
`active`	ボタンをONにした状態で表示
`disabled`	ボタンを使用不可の状態で表示

複数のボタンを`<div>`〜`</div>`で囲み、このdiv要素の以下のクラスを適用すると、ボタングループを作成できます。

■ボタングループを作成するクラス（`div`要素）

クラス	指定内容
`btn-group`	ボタングループを作成[※1]
`btn-group-vertical`	縦配置のボタングループを作成[※1]
`btn-group-lg`	各ボタンのサイズを大きくする場合
`btn-group-sm`	各ボタンのサイズを小さくする場合

（※1）いずれかを適用

さらに、複数のボタングループを`<div>`〜`</div>`で囲み、このdiv要素に以下のクラスを適用すると、ボタンツールバーを作成できます。

■ボタンツールバーを作成するクラス（`div`要素）

クラス	指定内容
`btn-toolbar`	ボタンツールバーを作成

A.4.2 ナビゲーション

　タブ形式やピル形式のナビゲーションを作成するときは、ul要素、li要素、a要素に以下のクラスを適用します。

■ **ナビゲーションの作成に使用するクラス**

要素	クラス	概要
ul	`nav`	ナビゲーションの範囲（必須）
	`nav-tabs`	タブ形式のナビゲーションを作成[※1]
	`nav-pills`	ピル形式のナビゲーションを作成[※1]
	`nav-fill`	幅100%で配置（各項目の幅は不均一）
	`nav-justified`	幅100%で配置（各項目の幅は均一）
li	`nav-item`	各項目の書式指定
a	`nav-link`	リンクの書式指定
	`active`	選択中の項目として表示
	`disabled`	無効な状態として表示

（※1）いずれかを適用

　nav要素とa要素でナビゲーションを作成することも可能です。この場合は、nav要素に`nav`や`nav-tabs`などのクラスを適用します。また、状況に応じてa要素に`nav-item`のクラスを追加する必要があります。

A.4.3　ナビゲーションバー

ナビゲーションバーを作成するときは、以下のような構成でHTMLを記述し、各要素にクラスを適用します。

■ **ナビゲーションバーの作成に使用するクラス**

要素	クラス/属性	概要
nav	`navbar`	ナビゲーションバーの範囲（必須）
	`navbar-expand-(添字)`	ブレイクポイントの指定（必須）
	`navbar-light`[※1]	文字色の指定（明るい背景色用）
	`navbar-dark`[※1]	文字色の指定（暗い背景色用）
	`bg-(色)`	背景色の指定
	`fixed-top`	画面上部に固定する場合
	`fixed-bottom`	画面下部に固定する場合
	`sticky-top`	スクロール量に応じて固定/移動を変化させる場合
a	`navbar-brand`	ブランド表記の書式指定
button	`navbar-toggler`	≡ボタンの書式指定
	`data-toggle="collapse"`	開閉機能の追加
	`data-target="#(ID名)"`	開閉するdiv要素のID名を指定
span	`navbar-toggler-icon`	≡の表示
div	`collapse`	開閉する範囲の書式指定（最初は非表示に）
	`navbar-collapse`	開閉する範囲の書式指定（ナビゲーションバー用）
	id属性	ID名の指定
ul	`navbar-nav`	ナビゲーション部分のリスト
li	`nav-item`	各項目の書式指定
	`active`	選択中の項目
a	`nav-link`	リンクの書式指定
span	`navbar-text`	通常の文字を表示する場合
form	`form-inline`	フォームを配置する場合
input	`form-control`	入力欄の書式指定

※（添字）の部分にはsm／md／lg／xlのいずれかを指定します。「-（添字）」を省略すると、常に展開表示されるナビゲーションバーになります。
（※1）いずれかを適用

（HTMLの記述例）
```html
<nav class="navbar navbar-expand-md navbar-dark bg-dark fixed-top">
  <a href="#" class="navbar-brand">ブランド名</a>
  <button class="navbar-toggler" data-toggle="collapse" data-target="#(ID名)">
    <span class="navbar-toggler-icon"></span>
  </button>
  <div class="collapse navbar-collapse" id="(ID名)">
    <ul class="navbar-nav">
      <li class="nav-item"><a href="#" class="nav-link">リンク1</a></li>
      <li class="nav-item active"><a href="#" class="nav-link">リンク2</a></li>
      <li class="nav-item"><a href="#" class="nav-link">リンク3</a></li>
      <li class="nav-item"><a href="#" class="nav-link">リンク4</a></li>
      <li class="nav-item"><a href="#" class="nav-link">リンク5</a></li>
    </ul>
  </div>
</nav>
```

A.4.4　パンくずリスト

　Bootstrapに用意されているクラスを使って「パンくずリスト」を作成するときは、以下のような構成でHTMLを記述します。

■パンくずリストの作成に使用するクラス

要素	クラス	概要
nav	―	パンくずリストの範囲
ol	breadcrumb	パンくずリストの書式指定
li	breadcrumb-item	各項目の書式指定
	active	選択中の項目
a	―	リンク機能の付加

A.4.5　ページネーション

　Bootstrapに用意されているクラスを使って「ページネーション」を作成するときは、以下のような構成でHTMLを記述します。

■ページネーションの作成に使用するクラス

要素	クラス	概要
nav	―	ページネーションの範囲
ul	`pagination`	ページネーションの書式指定
	`pagination-lg`	ページネーションのサイズを大きくする場合
	`pagination-sm`	ページネーションのサイズを小さくする場合
li	`page-item`	各項目の書式指定
	`active`	選択中の項目
	`disabled`	使用不可の項目
a	`page-link`	リンクの書式指定

A.4.6　リストグループ

　Bootstrapに用意されているクラスを使って「リストグループ」を作成するときは、以下のような構成でHTMLを記述します。

■リストグループの作成に使用するクラス

要素	クラス	概要
ul(div)	`list-group`	リストグループの書式指定
	`list-group-flush`	横線で区切った形式にする場合
li(a)	`list-group-item`	各項目の書式指定
	`list-group-item-action`	マウスオーバー時の書式指定
	`active`	選択中の項目
	`disabled`	使用不可の項目

■リストグループの色を指定するクラス（各項目に適用）

クラス	文字色	背景色
`list-group-item-primary`	#004085	#B8DAFF
`list-group-item-secondary`	#383D41	#D6D8DB
`list-group-item-success`	#155724	#C3E6CB
`list-group-item-info`	#0C5460	#BEE5EB
`list-group-item-warning`	#856404	#FFEEBA
`list-group-item-danger`	#721C24	#F5C6CB
`list-group-item-dark`	#1B1E21	#C6C8CA
`list-group-item-light`	#818182	#FDFDFE

　リストグループを使って「別の領域にあるコンテンツ」の表示を切り替える方法も用意されています。この場合はa要素に以下の属性を記述し、div要素で「表示が切り替わる領域」を作成します。

■表示切り替えの機能を追加する属性

要素	属性	概要
a	`href="#(ID名)"`	表示するdiv要素のID名を指定
	`data-toggle="list"`	表示切り替え機能の追加

■表示が切り替わる領域に適用するクラス／属性

要素	クラス／属性	概要
div	`tab-content`	表示が切り替わる領域
div	`tab-pane`	各領域の書式指定（最初は非表示に）
	`fade`	フェード効果とともに表示
	`show`	最初から表示しておく領域[※1]
	`active`	選択中の領域[※1]
	`id属性`	ID名の指定

（※1）最初から表示しておく領域にのみ適用します。

A.4.7 バッジ

文字をバッジとして表示するときは、span要素に以下のクラスを適用します。

■バッジとして表示するクラス

クラス	指定内容
badge	バッジとして表示（必須）
badge-pill	ピル形式のバッジにする場合

■バッジの色を指定するクラス

クラス	指定される色
badge-primary	#007BFF
badge-secondary	#6C757D
badge-success	#28A745
badge-info	#17A2B8
badge-warning	#FFC107
badge-danger	#DC3545
badge-dark	#343A40
badge-light	#F8F9FA

A.5 JavaScriptを利用したコンテンツ

A.5.1 ドロップダウン

ボタンにドロップダウン機能を追加するときは、各要素に次ページに示したクラス/属性を指定します。

A.5 JavaScriptを利用したコンテンツ

■ドロップダウン ボタンの作成に使用するクラス／属性

要素	クラス／属性	概要
div	`dropdown`	ドロップダウンの範囲(※1)
	`btn-group`	インラインブロック要素として扱う場合(※1)
	`dropup`	サブメニューを上に表示する場合
	`dropright`	サブメニューを右に表示する場合
	`dropleft`	サブメニューを左に表示する場合
button	`dropdown-toggle`	ドロップダウン ボタンの書式指定
	`data-toggle="dropdown"`	ドロップダウン機能の追加
div	`dropdown-menu`	サブメニューの範囲
	`dropdown-menu-right`	サブメニューを「右揃え」で表示する場合
a	`dropdown-item`	各項目（リンク）の書式指定
	`active`	選択中の項目
	`disabled`	使用不可の項目
h6など	`dropdown-header`	「見出し」として表示
span	`dropdown-item-text`	「通常の文字」として表示
div	`dropdown-divider`	「区切り線」の表示

（※1）いずれかを適用

（HTMLの記述例）

```html
<div class="dropdown">
  <button class="btn btn-primary dropdown-toggle" data-toggle="dropdown">開閉ボタン</button>
  <div class="dropdown-menu">
    <a href="#" class="dropdown-item">サブ項目1</a>
    <a href="#" class="dropdown-item">サブ項目2</a>
    <div class="dropdown-divider"></div>
    <a href="#" class="dropdown-item">サブ項目3</a>
  </div>
</div>
```

　なお、「ボタン」と「▼」（キャレット）を独立させる場合は、ボタンをa要素で作成し、▼の部分を`dropdown-toggle-split`のクラスを適用したbutton要素（空要素）で作成します。

（HTMLの記述例）

```html
<div class="btn-group">
  <a href="#" class="btn btn-primary">リンクボタン</a>
  <button class="btn btn-primary dropdown-toggle dropdown-toggle-split" data-toggle="dropdown"></button>
  <div class="dropdown-menu">
    ︙
```

A.5.2 モーダルダイアログ

モーダルダイアログを作成するときは、各要素に以下のクラス/属性を適用します。

■ダイアログを開くボタンに指定する属性

要素	属性	概要
buttonなど	`data-toggle="modal"`	モーダルダイアログを開く機能の追加
	`data-target="#(ID名)"`	モーダルダイアログのID名を指定

■モーダルダイアログの作成の使用するクラス/属性

要素	クラス/属性	概要
div	`modal`	モーダルダイアログの範囲(必須)
	`fade`	フェード効果の指定(省略可)
	id属性	ID名の指定
div	`modal-dialog`	ダイアログの書式指定(配置方法、サイズなど)
	`modal-dialog-centered`	ダイアログを画面中央に表示する場合
	`modal-lg`	サイズの大きいダイアログを表示する場合
	`modal-sm`	サイズの小さいダイアログを表示する場合
div	`modal-content`	ダイアログの書式指定(配置方法、枠線、角丸など)
div	`modal-header`	ヘッダーの領域(省略可)
h5など	`modal-title`	「見出し」の書式指定(余白と行間の指定)
div	`modal-body`	本文の領域
div	`modal-footer`	フッターの領域(省略可)

■ダイアログを閉じるボタンに使用するクラス/属性

要素	クラス/属性	概要
buttonなど	`data-dismiss="modal"`	モーダルダイアログを閉じる機能の追加
	`close`	×の配置の指定

(※1)この要素はモーダルダイアログ内に配置する必要があります。

（HTMLの記述例）

```html
<button class="btn btn-info" data-toggle="modal" data-target="#(ID名)">開くボタン</button>

<div class="modal fade" id="(ID名)" tabindex="-1">
  <div class="modal-dialog">
    <div class="modal-content">
      <div class="modal-header">
        <h5 class="modal-title">タイトル文字</h5>
        <button class="close" data-dismiss="modal"><span>&times;</span></button>
      </div>
      <div class="modal-body">
        モーダルダイアログの本文
      </div>
      <div class="modal-footer">
        <p class="mb-0 mr-3">フッターの文字</p>
        <button class="btn btn-secondary" data-dismiss="modal">閉じる</button>
      </div>
    </div>
  </div>
</div>
```

A.5.3 アラート

アラートを作成するときは、各要素に以下のクラス／属性を適用します。

■アラートの作成に使用するクラス／属性

要素	クラス／属性	概要
div	alert	アラートの書式指定（必須）
	alert-(色)	アラートの色指定（次ページの表を参照）
	alert-dismissible	「閉じる」ボタン用の余白を確保
	fade	フェード効果で閉じる
	show	最初は表示しておく
h4など	alert-heading	「見出し」の書式指定
a	alert-link	リンクを太字で表示
button	data-dismiss="alert"	アラートを閉じる機能の追加
	close	×の配置の指定

■ アラートの色を指定するクラス

クラス	背景色	文字色
`alert-primary`	#CCE5FF	#004085;
`alert-secondary`	#E2E3E5	#383D41
`alert-success`	#D4EDDA	#155724
`alert-info`	#D1ECF1	#0C5460
`alert-warning`	#FFF3CD	#856404
`alert-danger`	#F8D7DA	#721C24
`alert-dark`	#D6D8D9	#1B1E21
`alert-light`	#FEFEFE	#818182

A.5.4　カルーセル

カルーセルを作成するときは、各要素に次ページに示したクラス／属性を適用します。

（HTMLの記述例）

```html
<div class="carousel slide" id="(ID名)" data-ride="carousel">
  <ol class="carousel-indicators">
    <li data-target="#(ID名)" data-slide-to="0" class="active"></li>
    <li data-target="#(ID名)" data-slide-to="1"></li>
    <li data-target="#(ID名)" data-slide-to="2"></li>
    <li data-target="#(ID名)" data-slide-to="3"></li>
  </ol>
  <div class="carousel-inner">
    <div class="carousel-item active"><img src="xxx1.jpg" class="d-block w-100"></div>
    <div class="carousel-item"><img src="xxx2.jpg" class="d-block w-100"></div>
    <div class="carousel-item"><img src="xxx3.jpg" class="d-block w-100"></div>
    <div class="carousel-item"><img src="xxx4.jpg" class="d-block w-100"></div>
  </div>
  <a href="#(ID名)" class="carousel-control-prev" data-slide="prev">
    <span class="carousel-control-prev-icon"></span>
  </a>
  <a href="#(ID名)" class="carousel-control-next" data-slide="next">
    <span class="carousel-control-next-icon"></span>
  </a>
</div>
```

■カルーセルの作成に使用するクラス／属性

要素	クラス/属性	概要
div	carousel	カルーセルの範囲
	slide	スライド効果の指定（省略可）
	carousel-fade	フェード効果で切り替える場合
	id属性	カルーセルのID名
	data-ride="carousel"	カルーセルの機能を追加
ol	carousel-indicators	インジケーターの書式指定
li	data-target="#(ID名)"	カルーセルのID名を指定
	data-slide-to属性	画像番号を0から順番に指定
	active	最初に「選択中」になるインジケーター
div	carousel-inner	カルーセルの書式指定
div	carousel-item	個々のカルーセル
	active	最初に表示される画像
img	d-block	画像をブロック要素として表示
	w-100	画像を幅100%で表示
div	carousel-caption	画像の上に重ねる文字の書式指定
a	carousel-control-prev	◀の書式指定
	href属性	カルーセルのID名を指定
	data-slide="prev"	前の画像に戻る機能の追加
span	carousel-control-prev-icon	◀の表示
a	carousel-control-next	▶の書式指定
	href属性	カルーセルのID名を指定
	data-slide="next"	次の画像へ進む機能の追加
span	carousel-control-next-icon	▶の表示

A.5.5　タブ切り替え

　タブ形式やピル形式のナビゲーションに「表示内容を切り替える機能」を追加するときは、各要素に以下のクラス／属性を指定します。

■タブ（a要素）に指定する属性

属性	概要
href属性	表示内容が記述されているdiv要素のID名
data-toggle="tab"	タブ切り替えの機能を追加（タブ形式用）[※1]
data-toggle="pill"	タブ切り替えの機能を追加（ピル形式用）[※1]

（※1）いずれかを記述

■表示内容に指定するクラス／属性

要素	クラス／属性	概要
div	tab-content	表示内容全体の範囲
div	tab-pane	個々の表示内容
	fade	フェード効果の指定
	show	最初から表示しておく内容
	active	最初から表示しておく内容
	id属性	ID名の指定

（HTMLの記述例）

```html
<ul class="nav nav-tabs">
  <li class="nav-item"><a href="#(ID名1)" class="nav-link active" data-toggle="tab">項目1</a></li>
  <li class="nav-item"><a href="#(ID名2)" class="nav-link" data-toggle="tab">項目2</a></li>
  <li class="nav-item"><a href="#(ID名3)" class="nav-link" data-toggle="tab">項目3</a></li>
</ul>
<div class="tab-content">
  <div class="tab-pane fade show active" id="(ID名1)">
     (表示内容1)
  </div>
  <div class="tab-pane fade" id="(ID名2)">
     (表示内容2)
  </div>
  <div class="tab-pane fade" id="(ID名3)">
     (表示内容3)
  </div>
</div>
```

A.5.6 アコーディオン

アコーディオンを使って表示内容を開閉するときは、各要素に以下のクラス/属性を適用します。

■表示/非表示を切り替える要素に指定する属性

属性	概要
`data-toggle="collapse"`	アコーディオンの機能の追加
`data-target="#(ID名)"`	開閉するdiv要素のID名を指定[※1]
`href="#(ID名)"`	開閉するdiv要素のID名を指定（a要素の場合）[※1]

（※1）いずれかを記述

■開閉されるdiv要素

クラス/属性	概要
`collapse`	開閉される範囲の書式指定（最初は非表示に）
`id`属性	ID名の指定

（HTMLの記述例）

```html
<button class="btn btn-info" data-toggle="collapse" data-target="#(ID名1)">ボタン1</button>
<button class="btn btn-info" data-toggle="collapse" data-target="#(ID名2)">ボタン2</button>
<a href="#(ID名3)" data-toggle="collapse">リンク3</a>

<div class="collapse" id="(ID名1)">
  <div>開閉される内容1</div>
</div>
<div class="collapse" id="(ID名2)">
  <div>開閉される内容2</div>
</div>
<div class="collapse" id="(ID名3)">
  <div>開閉される内容3</div>
</div>
```

なお、選択中の内容だけを表示するようにし、他の内容を自動的に閉じたい場合は、全体を`<div>`〜`</div>`で囲み、このdiv要素の適当な**ID名**を付けます。さらに、開閉されるdiv要素に`data-parent="#(ID名)"`を追記して、親要素のID名（先ほどのdiv要素）を指定します。

（HTMLの記述例）

```
<div id="(親要素のID名)">

  <a href="#(ID名A)" data-toggle="collapse">リンク1</a>
  <a href="#(ID名B)" data-toggle="collapse">リンク2</a>
  <a href="#(ID名C)" data-toggle="collapse">リンク3</a>

  <div class="collapse" id="(ID名A)" data-parent="#(親要素のID名)">
    <div>開閉される内容1</div>
  </div>
  <div class="collapse" id="(ID名B)" data-parent="#(親要素のID名)">
    <div>開閉される内容2</div>
  </div>
  <div class="collapse" id="(ID名C)" data-parent="#(親要素のID名)">
    <div>開閉される内容3</div>
  </div>

</div>
```

A.5.7　ツールチップとポップオーバー

ツールチップで補足説明などを表示するときは、要素に以下の属性を指定します。

- `data-toggle="tooltip"` ……………… ツールチップの機能を追加
- `data-placement`属性 ………………… 方向を top / bottom / left / right で指定
- `title`属性 ……………………………… ツールチップに表示する内容
- `data-trigger="click"` ……………… クリック時に表示する場合

また、ツールチップを表示する機能を動作させるために、以下のJavaScriptを記述しておく必要があります。

```
<script>$('[data-toggle="tooltip"]').tooltip()</script>
```

ポップオーバーで補足説明などを表示するときは、要素に以下の属性を指定します。

`data-toggle="popover"`	ポップオーバーの機能の追加
`data-placement` 属性	方向を`top`/`bottom`/`left`/`right`で指定
`title` 属性	ポップオーバーに表示する「見出し」
`data-content` 属性	ポップオーバーに表示する「本文」
`data-trigger="hover"`	マウスオーバー時に表示する場合

また、ツールチップを表示する機能を動作させるために、以下のJavaScript を記述しておく必要があります。

```
<script>$('[data-toggle="popover"]').popover()</script>
```

索引

用語

【英字】

CDNサーバー	10
Font Awesome	225
jQuery	12、16
popper.js	12、18
rem	94
Sass	8、324

【あ】

アコーディオン	299
アラート	284
インラインフォーム	193
内余白	133

【か】

カード	167、300
カードカラム	182
カードグループ	178
カードデッキ	180
カスタマイズサイト	316
画像	121
角丸	132
カルーセル	287
行揃え	104
グリッドシステム	30、195
コンテナ	38

【さ】

斜体	107
ジャンボトロン	112
セレクトメニュー	203
外余白	133

【た】

タブ切り替え	295
タブ形式のナビゲーション	219、295
チェックボックス	200
ツールチップ	303
テーブル	153
テーマ	310
テキストボックス	198
テンプレート	310
トグルボタン	212
ドロップダウン	241、266

【な】

ナビゲーション	217
ナビゲーションバー	227
ネガティブマージン	40、68

【は】

背景色	108、129
バッジ	260
パンくずリスト	243
表	153
ピル形式のナビゲーション	221、295
ピル形式のバッジ	262
フォーム	190、235
太字	107
プルダウンメニュー	203
ブレイクポイント	49、74
フレックスアイテム	136
フレックスコンテナ	136
フレックスボックス	136
フロート	134
ブロックレベル要素	126
ページネーション	245
ボタン	206
ボタングループ	212
ボタンツールバー	215
ポップオーバー	305

【ま】

回り込み	134
見出し	110
メディアオブジェクト	184
メディアリスト	187
モーダルダイアログ	277
文字色	108

モバイルファースト	77

【や】

余白	133

【ら】

ラジオボタン	200
リスト	115
リストグループ	249

【わ】

枠線	130

Bootstrap - クラス

【A】

active	211、219、228、243、245、249、257、273、289、297
alert	284
alert-(色)	284
alert-dismissible	285
alert-heading	286
alert-link	286
align-content-(添字)-(方向)	146、152
align-items-(添字)-(方向)	54、141、152
align-self-(添字)-(方向)	55、144、152

【B】

badge	260
badge-(色)	260
badge-pill	262
bg-(色)	108、129
bg-transparent	177
border	130
border-(色)	130
border-(方向)	130
border-(方向)-0	130
border-0	130
breadcrumb	243
breadcrumb-item	243
btn	206
btn-(色)	206
btn-block	209
btn-group	212、268
btn-group-lg	213
btn-group-sm	213
btn-group-vertical	214
btn-lg	209
btn-link	206
btn-outline-(色)	206
btn-sm	209
btn-toolbar	215

【C】

card	167
card-body	167
card-columns	182
card-deck	180
card-footer	175
card-group	179
card-header	175
card-img	171、174
card-img-bottom	171
card-img-overlay	174
card-img-top	171
card-link	167
card-subtitle	167
card-text	167
card-title	167
carousel	289
carousel-caption	293
carousel-control-next	290
carousel-control-next-icon	290
carousel-control-prev	290

carousel-control-prev-icon	290
carousel-fade	290
carousel-indicators	289
carousel-inner	289
carousel-item	289
clearfix	134
close	279、285
col-(添字)	30、76
col-(添字)-N	33、72
col-form-label	195
col-form-label-lg	197
col-form-label-sm	197
collapse	238、300
container	38、44
container-fluid	38、44
custom-select	204

【D】

d-(添字)-block	87、290
d-(添字)-flex	136、149
d-(添字)-inline-flex	136、149
d-(添字)-none	86
d-(添字)-(表示形式)	89
d-print-block	102
d-print-inline	102
d-print-inline-block	102
d-print-none	99
disabled	211、217、245、249、273
display-1～display-4	110
dropdown	241、266
dropdown-divider	273
dropdown-header	273
dropdown-item	241、266
dropdown-item-text	274
dropdown-menu	241、266
dropdown-menu-right	271
dropdown-toggle	241、266
dropdown-toggle-split	270
dropleft	270
dropright	270
dropup	270

【F】

fade	257、278、285、297
fixed-bottom	233
fixed-top	232
flex-(添字)-column	140、152
flex-(添字)-column-reverse	140、152
flex-(添字)-fill	144、152
flex-(添字)-nowrap	145、152
flex-(添字)-row	140、152
flex-(添字)-row-reverse	140、152
flex-(添字)-wrap	144、152
flex-(添字)-wrap-reverse	145、152
float-(添字)-left	134
float-(添字)-right	134
float-(添字)-none	134
font-italic	107
font-weight-bold	107
font-weight-light	107
font-weight-normal	107
form-check	200
form-check-inline	201
form-check-input	200
form-check-label	200
form-control	190、203、235
form-control-lg	192、203
form-control-plaintext	199
form-control-sm	192、203
form-group	190

form-inline	193、235	【M】	
form-row	196	m(方向)-(添字)-(数値)	91、133
form-text	198	media	184
		media-body	184
		mh-100	129
【H】		mw-100	129
h1〜h6	110	ml-(添字)-auto	57、83
h-25	124	modal	278
h-50	124	modal-body	278
h-75	124	modal-content	278
h-100	124	modal-dialog	278
h-auto	124	modal-dialog-centered	280
		modal-footer	278
		modal-header	278
【I】		modal-lg	281
img-fluid	63、121	modal-sm	281
img-thumbnail	122	modal-title	278
		mr-(添字)-auto	57、83
【J】		【N】	
jumbotron	112	nav	217
jumbotron-fluid	112	navbar	228
justify-content-(添字)-(方向)		navbar-brand	228
	51、138、152	navbar-collapse	238
		navbar-dark	228
		navbar-expand-(添字)	228、237
【L】		navbar-light	228
lead	114	navbar-nav	228
list-group	249	navbar-text	231
list-group-flush	252	navbar-toggler	238
list-group-item	249	navbar-toggler-icon	238
list-group-item-(色)	253	nav-fill	222
list-group-item-action	250	nav-item	217、220、228
list-inline	117	nav-justified	222
list-inline-item	117	nav-link	217、228
list-unstyled	115、187		

nav-pills 221
nav-tabs 219
no-gutters 41、68

【O】
offset-(添字)-N 56、82
order-(添字)-first 60
order-(添字)-last 60
order-(添字)-N 59、84、148、152

【P】
p(方向)-(添字)-(数値) 133
page-item 246
page-link 246
pagination 246
pagination-lg 247
pagination-sm 247

【R】
rounded 124、132
rounded-(方向) 132
rounded-0 132
rounded-circle 124、132
row 30、40

【S】
show 257、285、297、302
slide 289
small 111
sr-only 194、290
sticky-top 234

【T】
tab-content 257
tab-content 297
table 153
table-(色) 161
table-active 161
table-bordered 159
table-borderless 159
table-dark 154
table-hover 160
table-responsive-(添字) 164
table-sm 163
table-striped 157
tab-pane 257、297
text-(色) 108
text-(添字)-left 104
text-(添字)-center 104
text-(添字)-right 104
text-black-50 109
text-justify 104
text-monospace 111
text-nowrap 104、164
text-truncate 120
text-white-50 109
thead-dark 155
thead-light 155

【W】
w-25 36、129
w-50 36、129
w-75 36、129
w-100 36、129、290
w-auto 124

Bootstrap - 属性

```
data-content ···································· 306
data-dismiss
      ="alert" ···································· 285
      ="modal" ···································· 279
data-parent ···································· 302
data-placement ····················· 304、306
data-ride="carousel" ···················· 289
data-slide
      ="next" ····································· 290
      ="prev" ····································· 290
data-slide-to ································· 289
data-target ·············· 238、278、289、300
```

```
data-toggle
      ="button" ·································· 212
      ="collapse" ························ 238、300
      ="dropdown" ························ 241、266
      ="list" ····································· 257
      ="modal" ···································· 278
      ="pill" ····································· 297
      ="popover" ·································· 306
      ="tab" ······································ 296
      ="tooltip" ································· 304
data-trigger
      ="click" ···································· 305
      ="hover" ···································· 307
```

Bootstrap 4 ファーストガイド
CSS 設計の手間を大幅に削減！

2018年5月20日　初版第1刷発行

著　者	相澤 裕介	
発行人	石塚 勝敏	
発　行	株式会社 カットシステム	
	〒169-0073 東京都新宿区百人町4-9-7　新宿ユーエストビル8F	
	TEL　（03）5348-3850　　FAX　（03）5348-3851	
	URL　http://www.cutt.co.jp/	
	振替　00130-6-17174	
印　刷	シナノ書籍印刷 株式会社	

本書の内容の一部あるいは全部を無断で複写複製（コピー・電子入力）することは、法律で認められた場合を除き、著作者および出版者の権利の侵害になりますので、その場合はあらかじめ小社あてに許諾をお求めください。

本書に関するご意見、ご質問は小社出版部宛まで文書か、sales@cutt.co.jp 宛に e-mail でお送りください。電話によるお問い合わせはご遠慮ください。また、本書の内容を超えるご質問にはお答えできませんので、あらかじめご了承ください。

Cover design Y.Yamaguchi　　　　　　　　　　Copyright©2018　相澤 裕介
Printed in Japan　　ISBN 978-4-87783-432-6